AF524210

Pier Paolo Pasolini

in persona

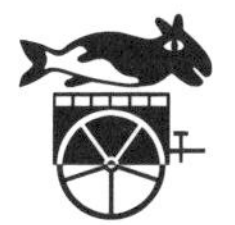

PIER PAOLO PASOLINI
in persona
Gespräche und Selbstzeugnisse

Herausgegeben und mit einem Vorwort
von Gaetano Biccari

Aus dem Italienischen
von Martin Hallmannsecker u. a.

Verlag Klaus Wagenbach Berlin

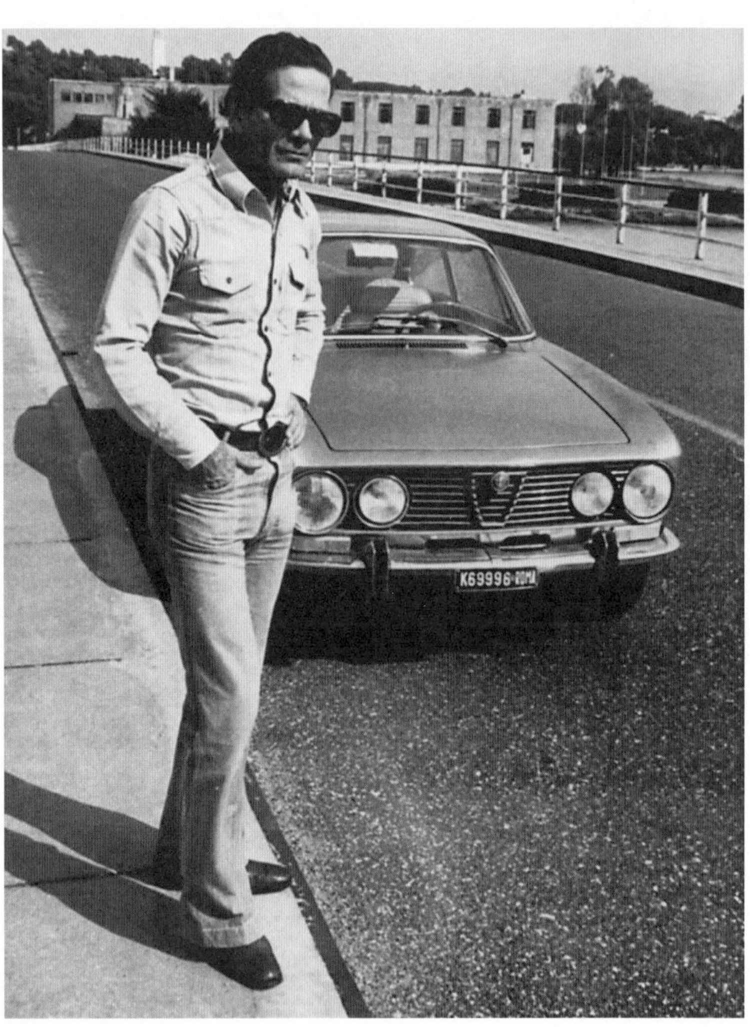
K69996

VORWORT DES HERAUSGEBERS (»absolut zu lesen«)

»Wer es so weit schafft, interviewt zu werden, ist kein normaler Mensch mehr: Er ist objektiv und subjektiv gesehen ein Dissoziierter und im eigentlichen Sinne des Wortes auch schizoid. Er ist objektiv und subjektiv lächerlich.«[1]

Dieses Zitat Pier Paolo Pasolinis entstammt dem »Vorwort des Interviewten (absolut zu lesen)«, das Pasolinis Gesprächsbuch mit Jean Duflot eröffnet. Sein Unbehagen ist nicht ohne Koketterie. Denn Pasolini hat im Laufe seines Lebens als Dichter, Romancier, Filmregisseur, Kulturkritiker, Dramatiker, Zeichner und öffentlicher Intellektueller sowohl traditionellen Printmedien als auch Rundfunk und Fernsehen mindestens dreihundert Interviews gegeben – »Aber nur aus reiner Schwäche, weil ich nicht nein sagen kann, weil ich denke, es wird dem Interviewer von Nutzen sein.«

Warum aber klagt Pasolini so sehr darüber, interviewt zu werden? Sind solche Gespräche für ihn wirklich nur ein notwendiges Übel? Und was könnte ihr Nutzen sein? Diese Fragen gaben Anlass zu vorliegendem Band: einer möglichst repräsentativen Auswahl von Interviews, die Pasolini zwischen 1958 und 1975 den unterschiedlichsten Medien gewährt hat – und die hier zu einem Großteil erstmals auf Deutsch erscheinen. Abgesehen von den wenigen ausführlichen Gesprächen (die bemerkenswerterweise stets von Nicht-Italienern wie Oswald Stack alias Jon Halliday, Jean Duflot und Gideon Bachmann angeregt wurden)[2] haben Pasolinis Interviews bisher kaum Beachtung gefunden. Das mag nicht nur angesichts ihrer Vielzahl und bekannten Gesprächspartnern wie Oriana Fallaci, Dacia Maraini oder Ferdinando Camon verwundern. Denn ist der Blick erst einmal dafür geschärft, tauchen Interviews an vielen Stellen in Pasolinis Gesamtwerk auf: Er tritt selbst als Interviewer in Erscheinung – von Menschen an italienischen Stränden, unter anderem des von ihm verehrten Dichters Giuseppe Ungaretti, für seinen Dokumentarfilm *Gastmahl der Liebe*,[3] oder des von ihm ebenfalls hochgeschätzten Lyrikers Ezra Pound. Fiktive Interviews sind Teil von Pasolinis autobiografischem Gedicht *Eine verzweifelte Vitalität*, des Romans *Teorema* und des Films *La ricotta*. Man denke auch an die ständige Befragung der zwei naiven Protagonisten durch den marxistischen Raben (eine Maskierung des Interviewers Pasolini) in seinem Film *Große Vögel, kleine Vögel*. Sogar ein Selbstinterview zu seinem letzten Film *Salò* hat Pasolini veröffentlicht – mit erkennbarer Freude an der polemischen Selbstinszenierung als Skandalfigur.[4]

Das Interview als Genre an der Schwelle zwischen Literatur und Journalismus, Fiktion und Realität, Inszenierung und Dokument, Performance und Chronik, Intimität und Öffentlichkeit ist im Fall Pasolinis zweierlei. Als Nebensache eröffnen die Interviews einen anderen Zugang zu den Hauptsachen der literarischen, filmischen und kulturkritischen Produktion (an ihnen orientieren sich die Kapitel dieses Buchs lose). Darüber hinaus aber werden sie formal wie inhaltlich selbst zur Hauptsache: Denn Pasolini gestaltet Interviews, Gespräche und das gesamte Spektrum des Autobiografischen (ob in Form von Langgedichten, auf sich selbst verfassten Nachrufen oder quasi-testamentarischen »Wörterbüchern«) immer ganz bewusst.

Hier versucht er seine widersprüchliche Persona und die sich wandelnden Selbstbilder in Szene zu setzen, verfolgt mit seinen Gesprächspartnern aber auch das Ideal eines demokratischen Diskurses. Dieser verläuft und endet »*a canone sospeso*«,[5] das heißt im radikalen Verzicht auf jedwede dogmatische Setzung. Er sucht im Dialog mit dem anderen die gleichberechtigte Kommunikation offenen Ausgangs, zum Beispiel in den langen geduldigen Gesprächen mit Gideon Bachmann. Das typische, am Schreibtisch durchgeplante Interview als kurzangebundener Frage-Antwort-Schlagabtausch lehnt er ab und tendiert zum Gespräch als *work in progress*, in dem auch Selbstkorrekturen und -widersprüche seinen Platz finden. *In persona* zeichnet deswegen die notwendigerweise unscharfen Konturen eines facettenreichen Künstlers und Intellektuellen vor und hinter der Schauspielermaske (der *persona* aus dem von ihm geliebten antiken Theater).

In seinem Kampf gegen die Uniformität der Massen- und Konsumgesellschaft nutzt Pasolini gerade die beliebtesten Formate und Medien jenes Kulturbetriebs, der den gesellschaftspolitischen Diskurs in die Nähe von Unterhaltung und Lifestyle rückt. So kommt es, dass der Freibeuter und Ketzer Pasolini sich im von ihm so verachteten wie immer häufiger besuchten Fernsehen über die Kommunikations- und Skandalisierungsformen des Mediums auslässt – und sie zugleich bedient. Die Interviews zeigen Pasolini als Medienintellektuellen daher auch in permanenter Auseinandersetzung mit der eigenen Eingebundenheit in eine Öffentlichkeit, die er unerbittlich kritisiert, ja ablehnt, ohne die er aber nicht mehr auskommt. Seine Strategie ist dabei die eines fortwährenden aktiven Widerstandes, für den die physische Präsenz der Autoren-Persona zur notwendigen Bedingung wird: »Ich möchte mich durch Beispiele ausdrücken. / Meinen Körper in den Kampf werfen.«[6] Die Mini-Dramen seiner Interviews sind dafür wie gemacht.

Auch darüber hinaus korrespondiert das Mischgenre Interview mit Pasolinis unverwechselbarer Autorschaft: »Stilistisch bin ich ein *pasticheur*: Ich verwende das unterschiedlichste stilistische Material (…) Meine Arbeiten sind alle stilistisch unrein, ich habe keinen wirklich persönlich entwickelten eigenen Stil, auch wenn man meinen Stil recht einfach erkennt. Aber man erkennt mich (…) aufgrund der Intensität der ›Verunreinigung‹ und der Vermischung unterschiedlicher Stile.«[7] Der »Verunreiniger« Pasolini ist zugleich eine *Bestia da stile* (so der Titel seiner letzten »bürgerlichen Tragödie«). Die Wendung *Stilbestie* ist passend für Pasolinis Hang zur Vermischung von *high* und *low*, von Gattungen, Genres, Stilen und Medien. Mit dieser Ästhetik amalgamiert Pasolini seine heterogenen formalen wie inhaltlichen Impulse zu einem Gesamtkunstwerk, das vor allem von ihm selbst und seiner Performance zusammengehalten wird. In den Interviews und Selbstzeugnissen, in denen er sein künstlerisch-publizistisches Wirken authentifiziert, verteidigt oder widerruft, wird dies besonders deutlich.

Ganz im Sinne der Verunreinigungsarbeit vermischen sich die Hauptsachen von Literatur, Kino, politischen Interventionen und Autobiografischem in Pasolinis Interviews laufend. Die Kapitelzuordnung in diesem Band spiegelt diesen Umstand wider, innerhalb der Abschnitte sind die Texte jedoch chronologisch angeordnet. Eine kurze Einleitung erhellt jeweils den Kontext.

Die ersten Annäherungen erfolgen über den Blick von außen, Oriana Fallacis Reportage über die längst öffentliche Persona auf New-York-Reise, sowie über die eigene Kindheit, von der Pasolini seiner Freundin Dacia Maraini erzählt. Der zweite Abschnitt widmet sich der »Wunde Italien«: Sie prägt Pasolinis Gesamtwerk und zwingt den Autor zur konstanten Auseinandersetzung mit der gesellschaftlichen und anthropologischen Veränderung des Landes durch die Politisierung der Sexualität, die von ihm kritisch betrachtete 68er-Bewegung und den totalitären Neokapitalismus. Schon 1958, kurz nach seinem literarischen Durchbruch mit *Ragazzi di vita*, zeichnet Pasolini ein düsteres Bild der Konsequenzen, die Konsum und das omnipräsente Fernsehen für Individuum und Gesellschaft mit sich bringen. Das Kapitel *Stilbestie* nimmt den Literaten in den Blick, dessen Leben »in meinen Büchern« steckt, der seine Autorschaft im Langgedicht *Who Is Me. Dichter der Asche* und um 1968 seinen Abschied von der Literatur inszeniert – um sich der *Arbeit am Kino* zu widmen. Pasolini entdeckt den Film als prägnante Sprache der Realität und konkrete Form der politischen Aktion; eine Auffassung, die sein Publikum nur bedingt teilt, wie eine Konfrontation mit Zuschauern beweist. In *Verzweifelt lebendig* erscheint Pasolini als unbeugsamer Kritiker bürgerlicher Doppelmoral und früher Fußballfeuilletonist. Eine erst postum ausgestrahlte Fernsehsendung, ein ausführliches Gespräch mit dem Journalisten Enzo Biagi und ehemaligen Mitschülern, zeigt schließlich Pasolinis Wunsch nach Verständigung, seine ungebrochene Lust an der Provokation, seinen Witz und seine Lebensbejahung ohne Hoffnung.

In seinem letzten Interview sagt Pasolini: »Ich verlange, dass du dich umschaust und dir die Tragödie, die sich gerade abspielt, vergegenwärtigst. Worin besteht diese Tragödie? Die besteht darin, dass es keine menschlichen Wesen mehr gibt, es gibt nur mehr komische Maschinen, die aufeinanderprallen.«[8] Der Tragödienautor Pasolini sieht und erlebt am eigenen Leibe, dass die Entfremdung im neokapitalistischen System ein unermessliches Gewaltpotenzial freisetzt; wenige Stunden später wird er ermordet.

Der Band endet jedoch nicht mit der pessimistischen Prophetie Pasolinis, der aus unorthodox-marxistischer Perspektive Klassenherrschaft und Rassismus, Gender, Migration und Umweltzerstörung analysierte, bevor sie zu zentralen Themen unserer Gegenwart wurden. Das letzte Kapitel des Bandes enthält vielmehr zwei Beiträge, in denen Pasolini sein Nachleben zu Lebzeiten genauso humorvoll und selbstironisch feiert, wie er seine Abneigung gegen Interviews und Gespräche als ein Stück absurden Theaters formuliert.

1 Pasolini, *Der Traum des Centaur. Dialoge 1968–1975*, hg. von Jean Duflot, Oberbaum Verlag: Berlin 2002, S. 7

2 Vgl. *Pasolini über Pasolini. Im Gespräch mit Jon Halliday*, Folio Verlag: Wien–Bozen 1995; *Bachmann-Gespräche. Pasolini. Bachmann. Gespräche 1963–1975*, hg. von Fabien Vitali / Gabriella Angheleddu, Galerie der abseitigen Künste: Hamburg 2022

3 Siehe S. 39 f. in diesem Band

4 Siehe S. 141–145 in diesem Band

5 »Manifesto per un nuovo teatro«, in: Pasolini, *Il sogno del centauro*, Editori Riuniti: Rom 1993, S. 134–150, hier S. 137

6 Die zitierten Verse stammen aus dem Gedicht *Who is me. Dichter der Asche*, S. 59–87 in diesem Band

7 Siehe S. 117 in diesem Band

8 Siehe S. 171 in diesem Band

EIN MARXIST IN NEW YORK

Im Gespräch mit Oriana Fallaci, 1966

Seine erste New-York-Reise bringt Pasolini die begeisternde Entdeckung der New Left, der Black-Power-Bewegung, von Allen Ginsberg und einer überwältigenden Weltmetropole. Auf der New Yorker Upper East Side lebte da bereits seit Jahren – als freie Autorin für Times, Life *und andere – die italienische Journalistin und Schriftstellerin Oriana Fallaci. Sie trifft Pasolini für eine Reportage, die am 13. Oktober 1966 unter dem Titel* Ein Marxist in New York *in der Wochenzeitung* L'Europeo *erscheint.*

Da ist er ja: klein, zerbrechlich, ausgezehrt von seinen unzähligen Sehnsüchten, von seinen unzähligen Verzweiflungen, Verbitterungen, gekleidet wie ein College-Junge. Ihr wisst schon, diese flotten, sportlichen Typen, die Baseball spielen und Sex im Auto haben. Ein haselnussfarbener Pullover mit einer Brusttasche aus Leder auf Höhe des Herzens, eine haselnussfarbene Cordhose, ein bisschen eng, Wildlederschuhe mit Gummisohle. Seine vierundvierzig Jahre sieht man ihm wirklich nicht an. Damit sie sichtbar werden, diese vierundvierzig Jahre, muss er ans Fenster treten, wo das Licht ihm unbarmherzig ins Gesicht schlägt, auf diese schimmernden, schmerzvollen Augen, auf diese hageren, verbrauchten Wangen, auf diese Haut, die so straff über die Backenknochen gespannt ist, dass sein Schädel hervortritt. Aus Müdigkeit, vermute ich. Nachts entzieht er sich allen Einladungen und geht allein in die dunkelsten Straßen von Harlem, von Greenwich Village, von Brooklyn, oder an den Hafen, in Bars, in die nicht einmal die Polizei einen Fuß setzt, auf der Suche nach dem dreckigen, unglücklichen, gewalttätigen Amerika, das zu seinen Problemen passt, das nach seinem Geschmack ist, und in sein Hotel in Manhattan kommt er erst bei Tagesanbruch zurück: Seine Augenlider sind geschwollen, sein Körper schmerzt vor lauter Überraschung, am Leben zu sein. Viele von uns denken, dass er noch mit einer Kugel in der Brust oder aufgeschlitzter Kehle enden wird, wenn er nicht damit aufhört: Ist er denn wahnsinnig, so durch New York zu laufen? Seit zehn Tagen ist er in New York. Er ist wegen des Filmfestivals gekommen, zwei seiner Filme wurden dort gezeigt. Ich bin wirklich neugierig, zu erfahren, ob Amerika diesem überzeugten Marxisten gefällt, diesem wütenden Christen, kurz: Pasolini. Zehn Tage sind nicht viel, um sich ein Urteil zu bilden, das stimmt schon, aber Orson Welles hat mir einmal gesagt, dass es zehn Tage oder zehn Jahre dauert, ein Land zu verstehen: Am elften Tag hat man sich daran gewöhnt und sieht nichts mehr. Morgen, an seinem elften Tag, wird er wieder abreisen. Deshalb habe ich ihn gebeten, bei mir auf einen Drink vorbeizuschauen.

»Whisky?«, frage ich ihn. »Bier? Cognac?«

»Coca-Cola«, antwortet er.

Vom Fenster aus sieht man eine Straße mit Wolkenkratzern, einer neben dem anderen, einer nach dem anderen, vom East River bis zum Hudson. Es wird einem schwindelig, wenn man sie anschaut, man fühlt sich gefangen, wie ein Tier, das sich nach dem Grünen sehnt. Oder nach Stille. Durch das halboffen stehende Fenster dringt die Hölle ins Zimmer: das Lärmen von Motoren, das Hupen von Autos, das Hämmern von Bohrmaschinen, das Heulen von Sirenen. Die Stadt hat die Zentralheizungen aufgedreht, der schwarze Staub legt sich einem sogar auf die Wimpern und macht einen blind. Es regnet, es ist einer jener Tage, an denen einen alles verärgert, jegliche Begeisterung zunichtegemacht wird. Er hingegen trinkt seine Cola, und plötzlich ruft er aus:

Ich wollte, ich wäre achtzehn und könnte mein ganzes Leben dort unten verbringen.

Dort unten?! In New York?

Es ist eine magische, überwältigende, wunderschöne Stadt. Eine jener Städte, die vom Glück begnadet sind. Wie manche Dichter, bei denen jedes Mal, wenn sie eine Zeile schreiben, ein schönes Gedicht herauskommt. Es ist schade, dass ich nicht schon viel früher hierhergekommen bin, vor zwanzig oder dreißig Jahren, um länger zu bleiben. Das ist mir auf meinen Reisen noch nie passiert. Außer in Afrika vielleicht. Aber in Afrika würde ich länger bleiben, um mich nicht umzubringen. Afrika ist wie eine Droge, die man nimmt, um sich nicht umzubringen, eine Flucht. New York ist keine Flucht: Es ist eine Aufgabe, eine Schlacht. Es erfüllt einen mit dem Wunsch, zu machen, etwas anzupacken, sich zu ändern: Es gefällt einem wie jene Dinge, die einem eben gefallen, wenn man zwanzig ist. Das habe ich bei meiner Ankunft sofort verstanden. Ich kam aus Montreal, mit dem Zug. Ausgestiegen bin ich an einer riesigen unterirdischen Station, die vollständig im Dunkeln lag. Es gab keine Gepäckträger, mein Koffer war ziemlich schwer. Und trotzdem wirkte er beim Gehen ganz leicht. Ich bewegte mich auf ein gleißendes Licht zu, am Ende des Tunnels war ein gleißendes Licht, und als ich draußen war, kam die Stadt wie eine Erscheinung über mich. Jerusalem, das dem Gekreuzigten in einer Vision erscheint. Ich fühlte mich nicht fremd, ich lernte sofort, wie ich mich auf den Straßen verhalten musste, auch wenn ich nicht hier geboren war: Und dennoch erkannte ich die Stadt nicht wieder. Denn niemand hat New York je dargestellt. In der Literatur wurde es nicht dargestellt: Abgesehen von den Comic-Heften von Arcibaldo & Petronilla gibt es über New York nur die Gedichte Ginsbergs. In der Malerei wurde es nicht dargestellt: Es gibt keine Bilder von New York. Im Kino wurde es nicht dargestellt, weil ... Ich weiß es nicht. Vielleicht ist es mit filmischen Mitteln nicht darstellbar. Aus der Entfernung ist es wie die Dolomiten, zu fotogen, zu wundervoll, es nervt. Aus der Nähe betrachtet, von innen, sieht man es nicht: Das Objektiv kann einen Wolkenkratzer nicht in seiner ganzen Größe einfangen. Aber nicht nur New Yorks physische Schönheit spielt hier eine Rolle. Sondern vor allem seine Jugend. Es ist eine Stadt der jungen Leute, die am wenigsten vor sich hin dämmernde Stadt, die ich je gesehen habe. Und wie elegant die jungen Leute hier sind.

Elegant?!
Sie haben einen fabelhaften Geschmack: Schau doch, wie sie sich kleiden. Auf die vorstellbar aufrichtigste, antikonformistischste Art und Weise. Sie scheren sich nicht um kleinbürgerliche Regeln oder die Normen des einfachen Volks. Diese knalligen Pullover, diese billigen Jacken, diese unglaublichen Farben. Sie kleiden sich nicht, sie verkleiden sich: wie wenn du als kleines Kind den weiten Überrock deiner Großmutter angezogen hast. Und in dieser Verkleidung stolzieren sie herum, im Bewusstsein ihrer Eleganz, die nie eine mythische oder unbedarfte Eleganz ist. Man bekommt Lust, sie nachzuahmen, und vielleicht tut man das auch, denn wo sonst kann man sich schon so anziehen? In Rom? In Mailand? In Paris? Dort habe ich immer Angst, dass die Leute sich umdrehen und mich mustern. Hier habe ich keinerlei Komplexe, ich kann herumlaufen, wie ich will, ohne dass sich irgendjemand umdreht und mich mustert. Hier belästigt einen auch niemand mit seiner Neugierde. Gestern habe ich auf der Fünfundvierzigsten einen Mann gesehen, dem es dreckig ging. Er hatte eine Schachtel in der Hand: Er hielt sie fest, dann hat er sie so wild herumgeschleudert, dass sie kaputtging. Wer weiß, was da drin war. Danach hat er sich an eine Mauer gelehnt und den Kopf auf seinen Unterarm gestützt,

dann rutschte er ganz langsam zu Boden und blieb dort weinend sitzen. Oder sterbend. Ohne dass irgendwer stehen geblieben wäre und nach ihm gesehen hätte, ihm ein Glas Wasser, Hilfe angeboten hätte. Später an diesem Abend habe ich in der Nähe des Metropolitan dann einen alten Mann gesehen, der auf dem Bürgersteig lag: mit einer Wolldecke zugedeckt. Neben ihm stand ein schöner, in deinen Worten eleganter junger Mann: makellose Lederschuhe, dünne Socken, gut geschnittene Hose, großartiger Pullover. Der Alte drückte die Hand des jungen Mannes an seine Brust, sein Gesicht war weiß, bereits vom Tod gezeichnet. Alle gingen vorbei, niemand blieb stehen, irgendjemand lachte. Aber ist das so schlimm? Ist es nicht schlimmer, wenn wir neugierig stehen bleiben? Es ist ja nicht gesagt, dass ihr Schweigen fehlendes Mitleid ist, vielleicht ist es eine höhere Form des Mitleids. Das Mitleid, nicht näherzukommen, nicht neugierig zu sein …

Amerika ist wirklich eine Femme fatale, es verführt jeden. Mir ist bisher noch kein einziger Kommunist begegnet, dem bei seiner Ankunft dort nicht der Kopf verdreht worden wäre. Sie kommen voller Feindseligkeit, Vorurteile, vielleicht Verachtung, und fallen augenblicklich um, getroffen von der Offenbarung, der Gnade. Alles ist für sie in Ordnung, alles gefällt ihnen: Bei ihrer Abreise sind sie verliebt, haben Tränen in den Augen. Ja oder nein, Pasolini?

(Schüttelt verächtlich die Schultern.) Ich bin schon seit meiner Kindheit in Amerika verliebt. Weshalb? Das weiß ich nicht genau. Die amerikanische Literatur, um nur ein Beispiel zu nennen, hat mir jedenfalls nie gefallen. Ich mag weder Hemingway noch Steinbeck, von Faulkner sehr wenig: Von Melville springe ich zu Allen Ginsberg. Und das amerikanische Establishment hat sich natürlich nie mit meinem marxistischen Glaubensbekenntnis versöhnen können. Was dann? Vielleicht das Kino. Meine ganze Jugend hindurch war ich von amerikanischen Filmen fasziniert, also von einem gewalttätigen, brutalen Amerika. Aber nicht dieses Amerika habe ich hier vorgefunden, sondern ein junges, verzweifeltes, idealistisches Amerika.

Bei den Amerikanern gibt es einen großen Pragmatismus und zugleich einen ebenso großen Idealismus. Nie sind sie zynisch, skeptisch, wie wir es sind. Nie sind sie unpolitisch oder realistisch: Immer leben sie in ihren Träumen und müssen alles idealisieren. Auch die Reichen, auch jene, die die Macht in ihren Händen halten. Das wahre weltrevolutionäre Moment sehe ich weder in China noch in Russland, sondern in Amerika. Verstehst du, was ich meine? Fahr nach Moskau, fahr nach Prag, fahr nach Budapest, und du wirst feststellen, dass die

Revolution gescheitert ist: Der Sozialismus hat eine Klasse von Bossen an die Macht gebracht, die Arbeiter sind nicht Herr ihres eigenen Schicksals. Fahr nach Frankreich, nach Italien, und du wirst merken, dass die europäischen Kommunisten leere Menschen sind. Komm nach Amerika, und dir wird die beste Linke begegnen, die ein Marxist heutzutage finden kann.

Ich habe die jungen Leute vom SNCC[1] kennengelernt, Studenten, die in die Südstaaten fahren, um die Schwarzen zu mobilisieren. Sie erinnern mich an die frühen Christen, in ihnen ist dieselbe Absolutheit, deretwegen Jesus zu dem jungen Reichen sagte: »Um mit mir zu kommen, musst du alles aufgeben, wer Vater und Mutter liebt, hasst mich.«[2] Sie sind weder Kommunisten noch Antikommunisten, sie sind Mystiker der Demokratie: Ihre Revolution besteht darin, die Demokratie auf die Spitze zu treiben, sie zu ihrer letzten verrückten Konsequenz zu führen. Als ich sie kennengelernt habe, kam mir eine Idee: meinen Film über den heiligen Paulus in Amerika spielen zu lassen.

Ich will die gesamte Handlung von Rom ins New York unserer Zeit verlagern, ohne irgendetwas zu verändern. Mich ganz eng an seine Briefe halten. New York weist viele Analogien zum antiken Rom auf, von dem Paulus spricht. Korruption, Vetternwirtschaft, die Schwarzen-Frage, das Problem mit den Junkies. Und auf all dies gab Paulus eine heilige, also skandalöse Antwort, wie die Leute vom SNCC (...) Der wichtigste Aspekt dieser Stadt ist das Elend.

Elend? In New York?

Ja. Dieselbe Art von Elend oder Armut, die man in den ehemaligen, seit kurzem unabhängigen Kolonien vorfindet. Dieselbe Art von Armut wie in Kalkutta, Bombay, Casablanca. Kein wirtschaftliches Elend, das Elend von Menschen, die nichts zu essen haben: sondern, ja, ein psychologisches Elend. Dieser Schmutz überall, alles ein Provisorium. Die schlecht asphaltierten Straßen, die bei Regen von großen Pfützen übersät sind. Die schwarzen oder braunen Mauern, die hastig hochgezogen wurden, damit sie hastig wieder abgerissen werden können. Und nirgends eine herausgeputzte Ecke, kein Ort, der dauerhaft bleiben soll. Natürlich gibt es hier auch die Park Avenue, es gibt die prächtigen Wolkenkratzer aus Glas: Aber das sind Pyramiden. Als wäre man im alten Ägypten, als die Sklaven die Pyramiden errichteten ... Der wichtigste Aspekt bleibt dieses Elend einer ehemaligen Kolonie, das Elend des Lumpenproletariats.

Lumpenproletariat? In New York?

Ja. Bei allen Menschen dort finden sich die Stigmata derselben lumpenproletarischen Herkunft: Auf den ersten Blick kann man überhaupt keine Klassenunterschiede erkennen. Wie in Moskau, wo man beim Spazierengehen auch denkt, alle seien gleich. Natürlich gibt es Unterschiede, aber die sind den Leuten nicht bewusst, die sind uns nicht bewusst. Und weißt du, warum? Weil es in ihnen kein Klassenbewusstsein gibt. Für jemanden aus Italien ist die Verwirrung dort größer als in Afrika oder Indien. Ich will damit sagen, dass man nach Kalkutta oder Khartum kommt und in das Herz eines Menschenschlags vordringt, eines sozialen Kontexts: Arbeiterklasse, Bourgeoisie, Kleinbürgertum, alle mit ihrem eigenen Existenzbewusstsein. Du kommst nach New York, und was findest du da? Ein Feuerwerk der Rassen, die einander durch dasselbe System, durch denselben Hintergrund assimiliert und ähnlich gemacht werden: das Lumpenproletariat.

Schau dir nur den amerikanischen Arbeiter an, diese monströse und faszinierende Mischform aus Lumpenproletariat und Kleinbürgertum. Den Arbeiter an sich gibt es dort nicht, da es in ihm kein Bewusstsein der Arbeiterklasse gibt. Ein schwindelnder Abgrund. Aber wohin auch immer man sich in Amerika begibt, in einen menschlichen Geist, in eine Straße, in ein Milieu, man bewegt sich auf einen Abgrund zu. Als würde man sich über das Geländer eines Wolkenkratzers lehnen. In Europa käme mir das wie etwas Negatives vor, hier nicht. Ich bewundere das revolutionäre Moment Amerikas; natürlich schlägt mein Herz für die armen Schwarzen oder die armen Kalabrier; und gleichzeitig empfinde ich Respekt für das amerikanische Establishment, für das amerikanische System … Ich muss unbedingt hierher zurückkommen und meine Eindrücke vertiefen.

(…)

ERINNERUNGEN WIE TRÄUME

Im Gespräch mit Dacia Maraini über seine Kindheit, 1971

Im Mai 1971 interviewte die bekannte italienische Schriftstellerin Dacia Maraini Pasolini für die Vogue Italia. *Die beiden waren eng befreundet, zusammen mit ihr und ihrem Lebensgefährten Alberto Moravia unternahm Pasolini zahlreiche Reisen nach Afrika und in den Nahen Osten.*

Du wurdest in Bologna geboren, richtig? In welchem Jahr?
1922.

Was ist die früheste Erinnerung aus deiner Kindheit?
Ich erinnere mich an das Zimmer, in dem ich schlief, als ich ein Jahr alt war. Es war das Esszimmer, und meine Wiege stand an die Wand gelehnt in einer Ecke. Davor befand sich ein großer Alkoven aus Holz, in dem meine Großmutter schlief. Ich erinnere mich auch an ein Sofa, das uns das ganze Leben lang begleitete. Die Armlehne dieses Sofas war so abgewetzt, dass man das Holz darunter sehen konnte. Auf dieses Holz habe ich mit einem Bleistift ein Auto gezeichnet und es »Rupepé« genannt.

Du hast ein sehr gutes Gedächtnis. Erinnerst du dich noch an etwas anderes?
Ich erinnere mich an die Giardini Margherita; an eine Straße in Bologna, wo ich mit einer meiner Tanten spazieren ging, und ihr gegenüber wurde ich regelmäßig bockig, weil ich mit der Kutsche nach Hause fahren wollte. Man versuchte mich umzustimmen, man schrie mich an. Aber gewonnen habe ich. In meinen Launen war ich ungestüm und unnachgiebig.

Sind das schöne oder unerfreuliche Erinnerungen?
Weder das eine noch das andere, wie Träume. Besonders eine hat für mich etwas Schreckliches: ein Zimmer mit großen weißen Vorhängen, und unten auf der Gasse fuhren Pferdekutschen vorbei. Das Klappern der Hufe machte mir Angst, aber gleichzeitig zog es mich auf eine magische und geheimnisvolle Art an.

Was war dein Vater von Beruf?
Mein Vater war Infanterieoffizier. In den ersten Jahren meines Lebens war er für mich wichtiger als meine Mutter. Seine Gegenwart hatte etwas Beruhigendes, Starkes. Ein echter Vater, warmherzig und fürsorglich. Als ich etwa drei Jahre alt war, brach dann plötzlich der Konflikt aus. Seit damals herrschte zwischen mir und ihm stets ein antagonistisches, dramatisches, tragisches Spannungsverhältnis.

Wie sah dein Vater aus?
Er war ein wunderschöner Mann. Als ich zur Welt kam, war er achtundzwanzig Jahre alt. Er war nicht allzu groß, brünett, sehr stark, hatte dunkle, klare Augen und markante Gesichtszüge.

Und wie war er charakterlich?
Er war brutal, besitzergreifend, tyrannisch. In meinen ersten drei Lebensjahren ist er in meiner Erinnerung auch fröhlich. Danach kann ich mich an kein einziges Lächeln von ihm erinnern (aber wenn er lachte, was nicht oft vorkam, jauchzte er geradezu).

Ähnelst du ihm?
Ja, sehr.

Und wie war deine Mutter als junge Frau? Wie ist sie in deiner Erinnerung?
Wunderschön. Sie war klein, zerbrechlich, hatte einen schneeweißen Hals und kastanienbraune Haare. In der Erinnerung meiner ersten Lebensjahre ist sie so gut wie unsichtbar. Mit drei Jahren tritt sie dann plötzlich in den Vordergrund, und seitdem hat sich mein ganzes Leben auf sie gestützt.

Du hattest auch einen Bruder, richtig?
Ja. Er wurde in Belluno geboren, als ich drei war. Ich erinnere mich an meine schwangere Mutter und an meine Frage: »Mama, wie kommen die Kinder auf die Welt?« Und sie antwortete mir sanft und liebevoll: »Sie kommen aus dem Bauch ihrer Mutter.« Das wollte ich damals natürlich nicht glauben.

Dein Leben hat sich schlagartig verändert, du hast einen Weg eingeschlagen, dem du bis jetzt gefolgt bist. Kann man das so sagen?
Ja, als ich drei Jahre alt war, hat sich alles verändert. Als meine Mutter in den Wehen lag, begannen meine Augen schmerzhaft zu brennen. Mein

Vater fixierte mich auf dem Küchentisch, öffnete mir die Augen mit seinen Fingern und träufelte mir Augentropfen hinein. In diesem »symbolträchtigen« Moment habe ich aufgehört, meinen Vater zu lieben.

Hast du damals mit anderen Kindern gespielt oder warst du eher ein Einzelgänger?
Ich war erst drei! Ich erinnere mich daran, wie ich in einer Gruppe von kleinen Jungen stand, die auf dem Platz vor unserem Haus spielten. Ihre Beine zogen mich an, genauer gesagt: ihre Kniekehlen. Das ist das erste Körperteil, das ich als Körper wahrgenommen habe. Einen der Jungen fand ich anziehend, und ich wusste nicht, warum. Dieses Gefühl der Zuneigung habe ich »Teta-veleta« genannt. Vor ein paar Jahren hat mich Contini[3] darauf hingewiesen, dass *Tetis* auf Griechisch das Geschlechtsorgan bezeichne (sowohl das männliche als auch das weibliche) und dass »Teta-veleta« einer jener *reminder* sei, wie man sie in archaischen Sprachen verwendete. Dasselbe Gefühl von »Teta-veleta« empfand ich gegenüber dem Busen meiner Mutter.

Ru-pepé, Teta-veleta. Deine Kindheit scheint um Schlüsselwörter zu kreisen.
Nicht nur meine Kindheit, sondern mein ganzes Leben ist übersät von Schlüsselwörtern.

Wie lange seid ihr in Bologna geblieben?
Nur anderthalb Jahre. Dann sind wir nach Parma gezogen, dann nach Belluno, dann nach Conegliano. Jedes Jahr wechselten wir die Stadt. Aus der Zeit in Parma kann ich mich nur noch an ein Stachelschwein erinnern. Ich erinnere mich an einen breiten Weg am Stadtrand und ein Stachelschwein mitten auf dem Weg. Dieses Tier faszinierte mich sehr. Was mich aber am meisten verwunderte, war sein Name. Ich fragte mich: Aber wieso denn Schwein?

Mit wie viel Jahren hast du zu sprechen begonnen?
Sehr früh. Und schreiben gelernt habe ich mit vier.

Welche Erinnerungen hast du an die Zeit in Belluno?
Abgesehen von dem, was ich dir über die Augentropfen und »Teta-veleta« erzählt habe, erinnere ich mich daran, wie einmal der König nach Belluno kam. Die Einwohner haben ihn sehr kühl empfangen. Meine Mutter, die Antifaschistin war und doch arglos dem König die Treue hielt, rief ganz allein in die Stille hinein: »Es lebe der König!« An dieses

»Es lebe der König« kann ich mich noch gut erinnern. Ich hatte jedoch nicht bemerkt, wie feindselig die Einwohner gestimmt waren. Ich hatte nur auf die schöne kindliche Stimme meiner Mutter geachtet.

Mit wie viel Jahren bist du in die Schule gekommen?
Genau in diesem Jahr, in Belluno, bin ich in den Kindergarten gekommen. Damit wir möglichst brav spielten, haben uns die Nonnen gesagt, dass wir einen Schatz fänden, wenn wir in der Erde graben würden. Tagelang habe ich weitergegraben. Dann habe ich die Lust verloren und wollte nicht mehr in den Kindergarten gehen. Auch dieses Mal habe ich gewonnen. Meine Weigerung war entschieden und kategorisch. Ich bin dann tatsächlich nicht mehr hingegangen.

Wie warst du als Kind?
Wie jetzt. Nur witziger. Ich war arglos, leichtgläubig. Sehr launisch. Ich konnte mich leicht für etwas begeistern. Ich wollte die Dinge verstehen, ich war neugierig und dickköpfig.

Warst du verschlossen?
Nein. Ich war schüchtern. Unbeholfen.

Was mochtest du in diesem Alter am liebsten von allen Dingen?
Ich mochte Märchen, Geschichten, das Lernen. Erkenntnisse über die Welt.

Hat dir deine Mutter Geschichten erzählt?
Immer. Sie erzählte mir Geschichten, Märchen, sie las mir vor. Meine Mutter war für mich wie Sokrates. Sie hatte und hat ein entschieden idealistisches und idealisiertes Weltbild. Sie glaubt wirklich an Heldentum, an Barmherzigkeit, an Mitleid, an Selbstlosigkeit. Und ich habe mir all das auf eine beinahe pathologische Art und Weise zu eigen gemacht.

Hat deine Mutter je gearbeitet?
Ja, sie hat als Lehrerin gearbeitet. Im Jahr darauf in Conegliano hatte ich immer wieder den gleichen Traum, dass ich meine Mutter verloren hätte und sie in einer Stadt suchen ging, die Bologna war. Das Seltsame ist, dass ich mich an Bologna hauptsächlich über diese Träume erinnere. Der Albtraum endete mit Treppen, die ich hinaufrannte, immer noch verzweifelt auf der Suche nach meiner Mutter. Dann wachte ich im Bett meiner Eltern auf. Zu dieser Zeit begann bei mir eine

Art Herzneurose. Ich hatte gelernt, das Herz sei der Motor des Lebens, und mich ergriff die Angst, dass es aufhören könnte zu schlagen.

Wie alt warst du da?
Vier.

Und hast du auch später noch unter dieser Angst gelitten?
Ja, etwa ein Jahr später in Casarsa, infolge irgendeines wirtschaftlichen Desasters. Mein Vater hatte sich verschuldet und war in ziemlichen Schwierigkeiten. Meine Mutter fing daraufhin wieder an, als Lehrerin zu arbeiten. Zu dieser Zeit schlief ich mit ihr in einem Bett.

Und ist diese Neurose danach noch einmal aufgetreten?
Ja, einmal hat sie mich dann noch in Bologna befallen, als ich siebzehn Jahre alt war. Eines Nachts erwachte ich mit dem Gefühl, mein Herz würde nicht mehr schlagen.

Hast du denn wirklich an einer Herzkrankheit gelitten?
Nein, körperlich ging es mir ausgezeichnet. Ich war schon immer kräftig und kerngesund. Es handelte sich lediglich um eine Angststörung.

Du hast einmal gesagt, Angst sei für dich der Normalzustand in deinem Leben. Was ist es, das dich so leiden lässt?
Mein Leiden ist der Tatsache geschuldet, dass ein Unglück für mich nie nur dieses eine konkrete Unglück ist, sondern ein Unglück kosmischen Ausmaßes, das mein ganzes Dasein infrage stellt. Jede Niederlage ist für mich eine totale Niederlage.

Leidest du mehr unter deinen Freunden oder unter deinen Feinden?
Ich leide unter objektiven Dingen wie Strafanzeigen, Verleumdungen, Behinderungen meiner Arbeit. Die Menschen, die mir wichtig sind, verursachen mir kein Leid.

Um zu deiner Kindheit zurückzukehren, war es eine glückliche oder eine unglückliche Kindheit?
Ich habe ruhmreiche Erinnerungen. Jeden Monat wurden (in der ersten Grundschulklasse in Conegliano) Medaillen an die besten Schüler vergeben. Ich erinnere mich an eine herrliche grüne Schleife. Ich rannte nach Hause. Ich sah meine Mutter am Fenster und zeigte ihr sofort die Schleife auf meiner Brust.

Warst du immer gut in der Schule?
Nicht in allen Fächern. Manchmal hatte ich seltsame Wissenslücken, obwohl ich gelernt hatte.

War Anerkennung in der Schule wichtig für dich? Und falls ja, weshalb?
Ja, sehr. Eben wegen jener Werte, die mich meine Mutter gelehrt hatte: Ernsthaftigkeit, Fleiß, Begeisterung für das Lernen. Zu jener Zeit, in Conegliano, habe ich angefangen zu lügen. Damit habe ich zum ersten Mal bewusst Schuld auf mich geladen.

Was für Lügen waren das?
Eigentlich unbegründete Lügen. Meine Mutter sagte zu mir »Geh nicht auf die Straße«, und ich ging heimlich auf die Straße und erzählte ihr danach, ich sei im Haus gewesen. Wenn ich ihr gesagt hätte, dass ich draußen spielen will, hätte sie es mir wahrscheinlich gar nicht verboten. Aber ich erzählte trotzdem diese Lügengeschichten. Es gefiel mir. Diese Lügen sind für mich eng mit einem wunderschönen Farbton zwischen Grün und Blau verbunden, vielleicht hatte das Kleid meiner Mutter oder eine Bluse aus jener Zeit diese Farbe, ich weiß es nicht.

Wie alt warst du da?
Fünf. Aber diese Lügenphase ging schnell vorüber. Wir sind dann nach Casarsa gezogen, wo ich die zweite Grundschulklasse besuchte. Die zweite Grundschulklasse ist einer der Höhepunkte meines Lebens. Zum ersten Mal lebte ich in einem eigenen Haus, inmitten einer neuen Welt von Cousins, Cousinen, Tanten, Onkeln, Großvätern und Großmüttern. In diesem Jahr hegte ich eine große Liebe für meine Cousine Franca, ein wunderschönes und fröhliches Mädchen.

Und dann?
Im Jahr darauf sind wir wieder umgezogen (diesmal nach Sacile). Aber in den Sommerferien kehrten wir immer nach Casarsa zurück.

War die Familie deiner Mutter reich oder arm?
Es war eine Familie von Kleinbauern. Es gab meine Oma Giulia, die ich über alles liebte. Mein Großvater starb genau in dem Jahr, in dem wir dort lebten. Er hatte eine Destillerie gebaut, die danach pleiteging. Geld war nicht viel da. Aber meine Mutter und meine Tante sind Lehrerinnen geworden. Sie war also eine jener Bauersfamilien, die ihre Kinder zur Schule schicken können.

Und die Familie deines Vaters?
Die Familie meines Vaters war sehr reich. Mein Großvater Argobasto besaß Ländereien, Mehrfamilienhäuser, Vermögen. Als er starb, hat mein Vater, der damals noch jung war, alles geerbt. Aber innerhalb weniger Jahre hatte er alles durchgebracht. Er war arm geworden, ärmer als meine Mutter.

Wie hat er dieses ganze Geld denn durchgebracht?
Das weiß ich nicht. Mir wurde erzählt, dass er mit vierzehn von zu Hause abgehauen ist, mit einer Tänzerin.

Hat dein Vater denn nie mit dir über seine Vergangenheit gesprochen?
Nein, nie. Mein Vater war ein leidenschaftlicher, sinnlicher, orientierungsloser Mensch, und als er sich dann der Ordnung in die Arme warf, meinte er das ernst. Er wurde zum faschistischen Nationalisten.

Hat er nie über seine Jugend gesprochen?
Nein. Er war stolz auf seine adlige Herkunft. Besonders stolz war er auf einen seiner Brüder, der Pier Paolo hieß und Gedichte schrieb. Dieser Bruder war im Alter von zwanzig Jahren gestorben, im Meer ertrunken, glaube ich.

Hat er dich deswegen Pier Paolo genannt?
Ja. Und das Seltsame ist, dass mein Vater aus Liebe zu seinem jung verstorbenen Bruder meine dichterischen Ambitionen unterstützte, was eigentlich geradezu gegen seine Natur war. Bis ich sechzehn war, wollte ich Marineoffizier werden. Er hingegen sagte, ich solle Literaturwissenschaften studieren. Später haben sich seine Ermunterungen selbstverständlich gegen ihn gewandt.

Wieso haben sie sich gegen ihn gewandt?
Weil er der Poesie einen offiziellen Charakter zuschrieb. Es kam ihm nicht in den Sinn, dass sie subversiv, skandalträchtig sein könnte. Er dachte an Carducci, an D'Annunzio.

Mit wie vielen Jahren hast du begonnen, Gedichte zu schreiben?
Mit sieben, in der dritten Grundschulklasse, in Sacile.

Was waren das für Gedichte?
Es waren »erhabene« Gedichte in der Tradition Petrarcas. Von da an

habe ich immer geschrieben. Ich besitze eine ganze Truhe voller Texte aus meiner Kindheit.

War dein Verhältnis zu anderen Kindern in dieser Zeit schwierig oder entspannt?
Am schlimmsten fand ich damals, dass ich zur Balilla[4] gehen und bei den Märschen mitmachen musste. Als Sohn eines Offiziers musste ich von der Gruppe getrennt stehen und »Eins, zwei, eins, zwei!« brüllen. Es war ein Albtraum.

Hast du dich mit deinem Bruder gut verstanden?
Wir haben gestritten, aber wir waren sehr eng befreundet. Er bewunderte mich, weil ich in der Schule die besten Noten hatte. Weil ich größer und stärker war. Wir trafen uns mit anderen Kindern, um uns gegenseitig mit Steinen zu bewerfen. In Idria (in der vierten Grundschulklasse) kam uns einmal die Idee, uns vom Regimentsschmied Metallschilde anfertigen zu lassen. Dieser Schild war für mich einer der größten Schätze meines Lebens. Als die Kinder der gegnerischen Bande Steine zu werfen begannen, preschten wir von den Schilden geschützt vor wie ein Heer von Trojanern beim Angriff. Alle waren vor Bewunderung ganz überwältigt. In diesem Jahr war der größte Verdruss für mich mein Lehrer, Herr Cravatta. Er hegte große Abneigung gegen mich, und ich verstand nicht, weshalb. Vielleicht war ich etwas zu vorlaut[5] geworden.

Du warst also Klassenbester?
Ja.

Kannst du dich erinnern, welche Bücher du damals gelesen hast?
Abenteuergeschichten. Ich erinnere mich an die Geschichte eines Cowboys namens Morning Star, Morgenstern. Ein aufgeweckter junger Mann mit Lederhosen und einem roten Halstuch. Und dann Emilio Salgari, alles von Salgari. Das waren die schönsten Leseerfahrungen meines Lebens. Unvergleichliche Lektüren.

Welches war das erste Erwachsenenbuch, das du gelesen hast?
Macbeth. Mit vierzehn, in Bologna, habe ich unvermittelt den entscheidenden Sprung gemacht. Ich entdeckte die Portici della Morte, wo man gebrauchte Bücher kaufen konnte. Ich hörte auf, an Gott zu glauben. Alles zur selben Zeit.

War deine Familie religiös?
Meine Mutter war auf eine sanfte, bäuerliche Art religiös. Mein Vater schleppte uns in die Kirche, aber für ihn war das eine offizielle Angelegenheit, die ihm völlig gleichgültig war.

Und glaubst du heute an Gott?
Nein. Mein Glauben ist mir mit vierzehn vergangen, sozusagen über Nacht.

Aber du hattest stets eine gewisse Faszination für das Christentum.
Mein Interesse am Christentum ist nach dem Krieg erwacht, mitten im täglichen Albtraum des Todes, durch den Kontakt mit der bäuerlichen Welt von Casarsa. Über die Ästhetik habe ich die Religion wiederentdeckt.

Lass uns noch mal einen Schritt zurückgehen. Wo seid ihr von Idria aus hingezogen?
Von Idria wieder nach Sacile. Wo meine Mitschüler bis zur Unkenntlichkeit älter geworden waren. Ich traf Norma, Lavinia, Margherita, die beiden Fatati-Brüder wieder. Ich hörte, wie sie über ein gewisses »taculin« sprachen, also ein *taccuino* (eine Brieftasche). Schlagartig fühlte ich mich ausgeschlossen.

Weshalb?
Sie sprachen mit einer großen Natürlichkeit in einem vertraulichen Tonfall, zu dem ich niemals in der Lage gewesen wäre. Es lag etwas Sündhaftes und zugleich Normales in ihrem Benehmen, das mich sehr getroffen hat.

Und was hast du getan?
Nichts. Ich hörte ihnen neidisch und leicht beklommen zu, wie sie von dem »taculin« sprachen. Und fühlte mich für immer ausgeschlossen.

Und wie lief es in deiner Familie? Sind dein Vater und deine Mutter gut miteinander ausgekommen?
Mein Vater und meine Mutter kamen überhaupt nicht miteinander aus. Mein ganzes Leben ist von den Szenen beeinflusst worden, die mein Vater meiner Mutter machte. Diese Streitereien weckten in mir den Wunsch, zu sterben. Mein Vater war irrsinnig in meine Mutter verliebt, aber auf eine verkehrte, leidenschaftliche, besitzergreifende

Art. Das Abscheuliche war außerdem, dass er seine unerwiderte Leidenschaft in kleine Vorhaltungen kanalisierte, wie dass ein Glas am falschen Platz stand, ein Handtuch nicht gewaschen war, das Essen zu salzig und so weiter.

Und wie reagierte deine Mutter darauf?
Sie beschwerte sich vorsichtig.

Was warf dein Vater ihr denn vor?
Er warf ihr vor, eine Träumerin zu sein. Aber das stimmte nicht. Die Sache ist, dass er Faschist war und sie nicht. Sie sprachen nie über Politik, aber mein Vater wusste, dass meine Mutter dachte, Mussolini sei ein »Arsch«, ein »Fettarsch«, wie meine Großmutter ihn in Gadda'scher Manier nannte. Eine Träumerin zu sein bedeutete für ihn jedenfalls, nonkonformistisch zu sein, im Widerspruch zu den Gesetzen des Staates zu leben, in Konflikt mit der Meinung der Mächtigen zu stehen.

Hast du je zugunsten deiner Mutter interveniert?
Ich war einfach nur verängstigt. Ich hörte, wie sie sich beklagte und wie er sie anherrschte, ständig. Das war der Albtraum meines Lebens. Jeden Abend erwartete ich mit Schrecken die Stunde des Abendessens, weil ich wusste, dass es wieder zu Streitereien kommen würde.

Hat sich dein Vater denn seinen Soldaten in der Kaserne gegenüber auch so verhalten?
Nein. Als Offizier war er ganz anders, menschlich, verständnisvoll. Außerhalb des Hauses war er anständig. Alle mochten ihn. Als er starb, kam ein Soldat aus Sizilien angereist, mit einem Korb voller Orangen.

Und wie erklärst du dir dieses unterschiedliche Verhalten außerhalb des Hauses und zu Hause?
Das ist typisch für Paranoiker und Menschen, die trinken.

Hat dein Vater viel getrunken? Wann hat er angefangen, zu trinken?
Ja, er trank und wurde aggressiv. Er hat wenige Jahre nach der Hochzeit damit angefangen.

Und wie hat dein Bruder auf diese Szenen reagiert?
Mein Bruder war ein ganz normaler Junge. Auch er litt darunter, aber er machte keine Tragödie draus.

Und weshalb hast du eine Tragödie daraus gemacht?
In mir war es zu einer anfänglichen Verdrängung der Mutter gekommen, was bei mir zu einer Kindheitsneurose geführt hat. Diese Neurose ließ mich rastlos werden, eine Rastlosigkeit, die mein Dasein in der Welt zu jedem Zeitpunkt infrage stellte.

Lass uns noch einmal zurückgehen. In die fünfte Grundschulklasse.
In der fünften Klasse ist etwas Unerhörtes passiert. Sie haben mich in »geschriebenem Italienisch« durchfallen lassen. Der Vorwurf lautete, mein Aufsatz sei zu poetisch gewesen.

Hat dich das sehr verletzt?
In höchstem Maße. Ich war es gewohnt, in allem gut zu sein, besonders in Italienisch.

Wo seid ihr von Sacile aus hingezogen?
Nach Cremona. Wo ich drei Jahre lang geblieben bin. Aber um noch einmal zurückzugehen: Ich war in die erste Mittelschulklasse gekommen und musste von Sacile mit dem Zug nach Conegliano fahren. Da war ich zehn. Ich fuhr allein mit dem Zug hin und her, mit meinen Büchern und einem in Papier gewickelten belegten Brötchen. Ich kam so früh zum Gymnasium, dass es noch ganz ausgestorben war, und ich stand da und musste warten.

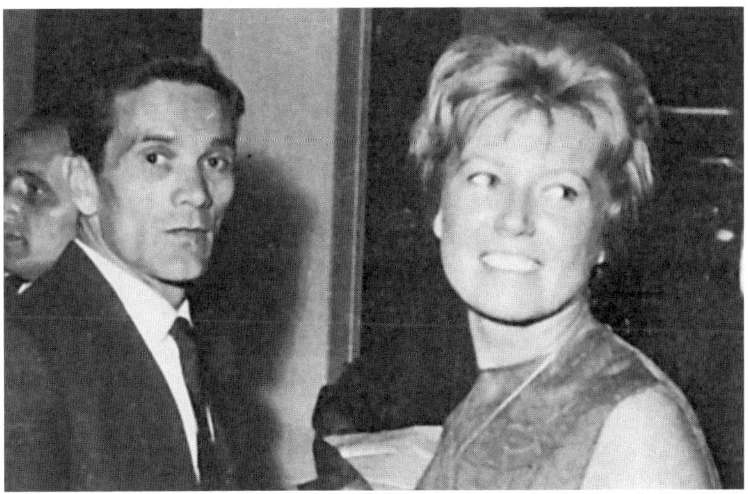

Pasolini und Dacia Maraini, 1963

Fandest du diese einsamen Reisen schlimm?

Nein, im Gegenteil. Diese Zugfahrten ganz allein waren wichtig für mich. Ich lernte, allein zu sein, mir selbst zu helfen, nachzudenken und zu beobachten.

Cremona war dann also die erste Stadt in deiner Kindheit?

Ja, Cremona war eine traumatische Erfahrung für mich. In Cremona ging meine Kindheit zu Ende.

Wie alt warst du, als deine Kindheit zu Ende ging?

Dreizehn. Wie bei allen anderen auch: Mit dreizehn erreicht man das Greisenalter der Kindheit und daher auch einen Moment großer Weisheit.

Warst du mit dir im Reinen?

Es war eine glückliche Zeit in meinem Leben. In der Schule war ich der Beste. Dann kam der Sommer 34. Eine Phase meines Lebens ging zu Ende, ich hatte eine Erfahrung abgeschlossen und war bereit, eine neue zu beginnen. Diese Tage, die dem Sommer 34 vorausgingen, zählen zu den schönsten und wunderbarsten Tagen meines Lebens.

Trauerst du deiner Kindheit sehr nach?

Bis ich dreißig wurde, habe ich ihr nachgetrauert und sie auf narzisstische Weise immer wieder durchlebt. Übrigens habe ich bereits zwei oder drei Jahre nach dem Ende meiner Kindheit begonnen, ihr nachzutrauern. Weil es eine glückliche Zeit war, voller Idealismus. Es war die heroische Phase meines Lebens. Ich habe ihr verzweifelt nachgetrauert. Jetzt ist das vorbei. Ich habe wohl seit fünfzehn Jahren nicht mehr über sie gesprochen.

»DIE GESELLSCHAFT BIETET JUNGEN MENSCHEN UNENDLICHE MÖGLICHKEITEN, DIE GEGENWART ZU VERGESSEN«

Über Fernsehkonformismus, 1958

Der Politik- und Medienjournalist Arturo Gismondi interviewt Pasolini für die Wochenzeitschrift der Kommunistischen Partei Italiens (PCI) Vie Nuove *(dort unter dem Titel »Fernseh-Neokapitalismus« am 20. Dezember 1958 veröffentlicht). In* Vie Nuove *hatte Pasolini von 1960 bis 1965 eine Kolumne, in der er auf Leserfragen antwortete.*[6]

Haben Sie als Schriftsteller, der ein besonderes Augenmerk auf das Leben des einfachen Volks legt, im Besonderen auf das Leben der untersten Schichten der römischen Bevölkerung, der schutzlosesten, auch kulturell gesprochen, spezielle Einflüsse des Fernsehens auf Leben und Kultur der Menschen festgestellt, mit denen Sie in Kontakt stehen?
Selbstverständlich ist mir das Phänomen, von dem Sie sprechen, auch aufgefallen. Als ich meinen ersten Roman *Ragazzi di vita* [1955] schrieb, gab es noch kein Fernsehen. Mehr noch: Viele andere Dinge, die heutzutage zum Leben der jungen Leute und der Armen im Allgemeinen gehören, gab es damals nicht. Es gab damals keine Flipperautomaten, kein Tischfußball, keine gelb-roten oder weiß-blauen Jugendclubs,[7] keine Comic-Hefte oder Fotogramme, so elaboriert und faszinierend diese heute auch sein mögen; auch jene Art des Kinos, mit dem die Produzenten speziell auf ein armes Publikum abzielen, hatte sich damals noch nicht etabliert oder zumindest nicht im gegenwärtigen Ausmaß. Vom Standpunkt heutiger Vergnügungen aus war das Leben der *ragazzi di vita* also trostlos und leer. Heutzutage bietet die Gesellschaft den jungen Leuten nicht Arbeit, sondern unendliche Möglichkeiten, die Gegenwart zu vergessen.

Das Fernsehen ist in das Leben und die Gewohnheiten der jungen Leute eingedrungen. Meine Figuren stammen aus den römischen Vorstädten, aus dem Lumpenproletariat, das an den Rändern der Stadt lebt. Zwischen heute und der Zeit, in der ich *Ragazzi di vita* geschrieben habe und in der es noch kein Fernsehen gab, lassen sich bei ihnen gewisse Veränderungen feststellen: vor allem eine Erweiterung ihres Sprachschatzes, des Jargons, aber auch bei gehobenen oder zumindest einer konformistischen Sprache zugehörigen Wörtern und Ausdrücken, die sie jedoch obendrein offensichtlich ironisch verwenden. Hierbei handelt es sich um eine primitive Art der Selbstverteidigung gegen den ideologischen Einfluss des Fernsehens, den weniger konformistische Milieus tendenziell eher ablehnen und der bei ihnen bereits eine Art von Transformation durchläuft. Bestimmte Schichten der römischen Bevölkerung, jene, denen mein Interesse gilt und die sozusagen über reichere und stärkere eigene kulturelle Traditionen, Sitten und Moralkodizes verfügen, können der gleichmacherischen Wirkungsweise des Fernsehens in diesem Sinne besser widerstehen und lehnen den durch es verursachten offenkundigen Konformismus instinktiv ab.

Auffällig ist jedoch, dass das Kino eine andere, stärkere Durchschlagskraft aufweist. (Im Heidentum, das der römischen Unterwelt wesenseigen ist, scheint sich beispielsweise eine Art von moralistischer Grausamkeit protestantischer Prägung einzuschleichen, die in erster Linie auf amerikanische Filme zurückzuführen ist.) Diese Durchschlagskraft lässt sich durch die besonderen Eigenarten der

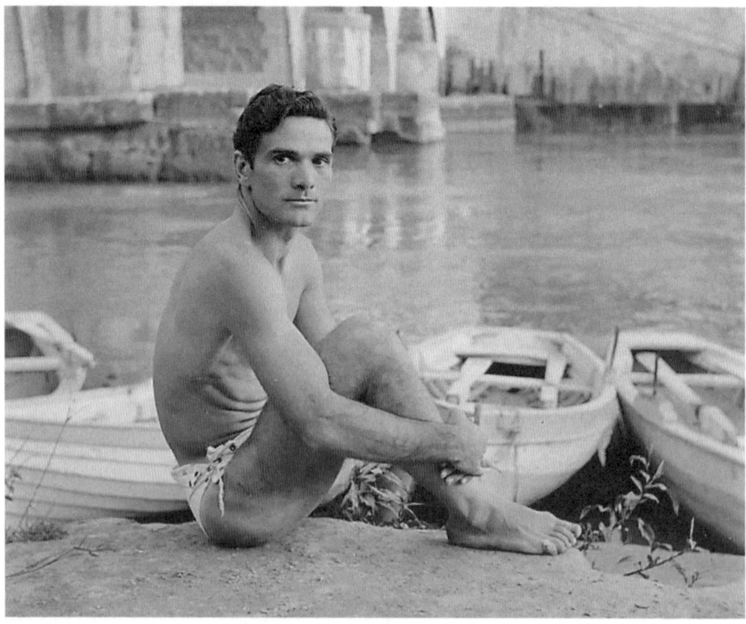

Pasolini am Tiber, Anfang der Fünfzigerjahre

Filmsprache erklären, die auch dank der Fiktionalität der Handlung leichter ins Herz der Leute eindringt als das kältere, künstlichere, distanziertere und offiziellere Fernsehen.

Und gelten dieselben Beobachtungen auch für andere Bevölkerungsschichten?
Nein, ich glaube, man muss hier differenzieren. Der Typ Mensch, auf den ich mich bezog, ist sehr speziell, es sind die Figuren in meinen Büchern. Aber der Einfluss des Fernsehens zeigt sich auch auf ganz andere Weise. Zum Beispiel im Kleinbürgertum und in konservativen Kreisen. Dort fällt der Fernsehkonformismus auf fruchtbaren Boden. Für diese Gesellschaftsschichten ist das Fernsehen ein großes kulturelles Ereignis, als Teil jener Kultur natürlich, die von der hegemonialen Klasse bereitgestellt wird. Lächerlich und unverhältnismäßig finde ich da die Empörung dieser Intellektuellen, die, obwohl sie ja der hegemonialen Klasse angehören, den Großteil der Fernsehproduktionen, nämlich die populärsten, verächtlich ablehnen. Das Fernsehen ist weit entfernt davon, bloß zusammenhanglose Ideen ohne eine vereinende Sicht auf Leben und Welt zu verbreiten, in Wahrheit ist es ein äußerst mächtiges Medium zur Verbreitung einer Ideologie, insbesondere der von der hegemonialen Klasse gefeierten Ideologie. Ganz im Gegenteil scheint mir das Durchschnittsniveau der konformistischen kleinbürgerlichen Kultur durch das Fernsehen beträchtlich gehoben und verbessert werden zu können.

Meinen Sie nicht, dass das Fernsehen eine ähnliche Funktion auch für die ärmeren Gesellschaftsschichten erfüllen könnte?
Indem das Fernsehen Sendungen von einem gewissen künstlerischen und kulturellen Wert (Theater) neben solche von viel niedrigerem Niveau stellt, trägt es meiner Ansicht nach nicht nur nicht dazu bei, das kulturelle Niveau der unteren Schichten zu heben, sondern löst in ihnen sogar ein Gefühl der Minderwertigkeit, ja der Beklemmung aus. Die ärmeren Schichten werden so ständig zu einer Entscheidung gedrängt, die zwangsläufig zugunsten der Sendungen von niedrigerem Niveau ausfällt. In diesem Sinne ist das Fernsehen, wenn ich das so sagen darf, Teil des allgemeinen Phänomens des Neokapitalismus. Denn das Fernsehen neigt eben dazu, den Wissensstand jener ein bisschen zu heben, die sich bereits auf einem höheren Niveau befinden, aber jene, die sich auf einem niedrigeren Niveau befinden, noch weiter in die Tiefe zu stürzen.

ITALIEN? EINE BRUCHBUDE MIT FERNSEHER

Über den neuen Wohlstand, den Süden als Zukunft und den Wunsch, fortzugehen, 1963

Anfang Januar 1963 wird Pasolini von dem Schriftsteller Alberto Arbasino interviewt, dessen literarische Anfänge er unterstützt, zugleich aber als »provinziell« kritisiert hatte. Trotz teils freundschaftlicher Nähe standen beide kulturell wie politisch für grundverschiedene Positionen. Arbasino veröffentlichte das Interview in seinem Buch Sessanta posizioni, *Mailand 1971.*

Wie beurteilst du ganz allgemein die aktuelle Vermögensverteilung in Italien? Den Zugang großer Bevölkerungsschichten zu einem nie gekannten Wohlstand, mit der Möglichkeit, sich Transistorradios und andere Frivolitäten zu kaufen, wo man sich vielleicht noch bis vor kurzem beim Abendessen zu fünft einen Teller Kartoffeln teilte? Für mich ist das natürlich etwas Positives: Das Wesentliche scheint mir doch unbedingt die Befreiung aus der Not, aus der Angst und der Erpressung durch den Hunger zu sein. Wir wissen aber auch, wie viele unserer Freunde die möglichen Folgen mit großer Sorge betrachten: Sind Haus, Arbeitsstelle und vielleicht ein Auto erst einmal gesichert, sind also die Grundbedürfnisse befriedigt, kommen gleich die verrücktesten und verachtenswertesten Wünsche zum Vorschein, angestachelt von der Konsumgesellschaft, von der Massenkultur ... Aber ich will hier auch nicht Comic-Hefte und Transistorradios verurteilen, da ich auf eine Langzeitperspektive aus bin. Das Amerika des Goldrauschs war so gierig, vulgär und materialistisch wie Italien zur Zeit des Wirtschaftswunders, nicht mehr, nicht weniger; aber es genügten wenige Jahrzehnte, damit die Amerikaner ernsthafter und nachdenklicher wurden und die Klassiker für einen halben Dollar im Supermarkt kauften. Entschuldige diese schreckliche Vereinfachung, aber angesichts dessen, dass wir in allen Bereichen immer hinterherhinken, scheint mir die Situation doch Parallelen aufzuweisen: Und wenn dem so ist, werden die Kinder der heutigen Fans des Festivals von San Remo die von dir verehrten Bach und Vivaldi zu schätzen wissen ...

Ich habe keine direkte Erfahrung mit dem Wohlstand. Für mich gibt's das nicht. Ich wohne ja auch nicht in Mailand. Andererseits erreichen mich täglich mindestens vier oder fünf Briefe mit Bitten um finanzielle Unterstützung, und täglich wenden sich mindestens sieben oder acht Menschen verzweifelt an mich, damit ich ihnen helfe, Arbeit zu finden. Mein Fall ist sicherlich eine Ausnahme. Aber ich lebe inmitten einer Welt der beklemmendsten Not.

Ich werde dir etwas Kindisches sagen. Ich war schon lange nicht mehr in den Straßen der römischen Vorstädte, in den *borgate*, unterwegs: Neulich bin ich zufällig nachts mit dem Auto dorthin gefahren, mit Fellini. Ich wäre fast in Tränen ausgebrochen. Tiburtino lag da, vor meinen Augen, noch genauso wie vor zehn Jahren, in jener für mich so weit entfernten – und abgeschlossenen – Zeit, als ich *Ragazzi di vita* schrieb. Verflucht! Man spricht von Wohlstand: Und dabei tut man so, als wäre der eine wissenschaftlich bewiesene, reale, greifbare, überwältigend gegenwärtige Tatsache. Und wer dem nicht zustimmt, ist altmodisch, disqualifiziert sich selbst. Weißt du, wie mir Italien vorkommt? Wie eine Bruchbude, deren Bewohner es geschafft haben, sich einen Fernseher zu kaufen, und beim Anblick der Antenne sagen die Nachbarn, als würden sie einen Gesetzesparagrafen zitieren: »Die sind reich! Denen geht es gut!«

Rom entwickelt sich zu einer abscheulichen Stadt: Über den alten Vorstädten, die wie eine unauslöschliche, traumgleiche, archaische Stadt in der Stadt überlebt haben, erheben sich neue Vorstadtschichten, noch grässlichere, wenn das überhaupt möglich ist. Das ist der Anblick, der mir jeden Tag vor Augen steht.

Du weißt ganz genau, dass euer »Wohlstand« (und es macht mich wütend, dass auch du seine Realität so optimistisch beschwingt anerkennst, wie jemand, der sich ein angesagtes neues Jackett anzieht und damit all jene auf grausame Weise alt aussehen lässt, die noch eines aus der letzten Saison tragen) auch »Notstand« mit sich bringt, oder: Der Neokapitalismus vertieft die Kluft zwischen Norden und Süden; während der Norden allmählich immer reicher wird, wird der Süden – in relativem und absolutem Sinn – immer ärmer. Ich kann in meiner gegenwärtigen Lage nur diese Regression wahrnehmen (du weißt ganz genau, dass der Süden an den Rändern Roms beginnt): die Verarmung Italiens, das ist für mich das Aktuelle, die »angesagte« Geschichte.

Entschuldige, aber ich spiele hier nicht den Mailänder, auch sehe ich nicht nur Marrons glacés. Das Gegenteil ist der Fall. Ich

versuche, eine ziemlich neue Situation zu erfassen, ohne die Vergangenheit zu verklären und ohne allzu nachsichtig zu sein. Bis vor kurzem war das Elend noch das Alibi für jedwede Form moralischer Niedertracht. Daher lautet mein Vorschlag, sobald der »hundertjährige Hunger« gestillt ist und der überflüssige Konsum beginnt: Lasst uns sofort strenger werden; lasst uns die Bewertungsmaßstäbe wieder höher ansetzen; lasst uns (kulturell gesehen) höhere Ansprüche haben; lasst uns strenger sein und uns mit gehobeneren Themen auseinandersetzen. Lasst uns so sein wie jene strengen Lehrer, die eine Drei geben, wenn es angemessen ist (und nicht eine Zwei wie damals, als eine gewisse Nachsicht vielleicht noch zu tolerieren war, auch um in einer schwierigen kulturellen Situation unterstützend zu wirken).

Ja doch, in Ordnung ... Aber im Vergleich zum Pessimismus meiner Ansichten ist die Bemühung um Strenge oder um schlechtere Noten ja bereits ein klares Zeichen der Vitalität oder zumindest des Vertrauens in die Zukunft der Bürgerlichen.

Und was siehst du?

Zwei Formen der Prähistorie:[8] die archaische Prähistorie des Südens und die neue Prähistorie im Norden. Ich verfüge nicht über die nötigen Waffen, um den norditalienisch-amerikanischen »Massen« entgegenzutreten. Die Koexistenz dieser beiden Prähistorien (und das schleichende Ende der Geschichte, das sich bislang nur im marxistischen Denken abzeichnet) macht mich zu einem einsamen Menschen und stellt mich vor eine gleichermaßen verzweifelte Entscheidung: mich entweder in der südlichen, afrikanischen Prähistorie, in den Reichen von Bandung zu verlieren oder mich kopfüber in die Prähistorie des Neokapitalismus zu stürzen, in das mechanische Leben der hochindustrialisierten Bevölkerungsteile, ins Reich des Fernsehens. Unsere Kinder verlieren sich in dieser Zukunft, für hundert, zweihundert, zweitausend, zehntausend, dreißigtausend Jahre. Die Milliarden von biblischen Bauern, die auch heutzutage noch unter prähistorischen Bedingungen leben, werden nach und nach aussterben oder zu einem anderen Menschenschlag werden. Die anderen, die Industrialisierten, werden daraus als etwas – aus unserer Perspektive – nicht mehr als menschlich Erkennbares hervorgehen. Man wird produzieren und konsumieren, und das war's. Und die Welt wird so sein, wie sie das Fernsehen – diese Degeneration der menschlichen Sinne – heute schon mit staunenswertem, quälendem prophetischen Geist darstellt.

Wenn du »Bandung« sagst, auch in deinen Gedichten, was bedeutet dieser Name für dich? Ist er ein geografischer Marker für einen exotischen und geheimnisvollen Ort, wie etwa Sansibar und Timbuktu? Oder eher ein politischer (wie wenn man München, Portoria, Aspromonte sagt und »Appeasement«, »Balillas Steinwurf«,[9] »Garibaldi wurde verletzt«[10] meint), gerade angesichts der Tatsache, dass die neuen afrikanischen und asiatischen Nationen 1955 zum ersten Mal bei der Konferenz von Bandung zusammenkamen, um den Kolonialismus anzuprangern, und dass dort die Dritte Welt geboren wurde?

Ich verwende den Namen in seiner gesamten breitgefächerten Bedeutung, inklusive der Wiedergeburt, des Kampfes für die Wiedergeburt, den noch zurückzulegenden Weg, um zu uns hier unten in unserer famosen Geschichtlichkeit aufzuschließen. Ich verwende den Namen und impliziere damit auch die Kämpfe des algerischen und angolanischen Lumpenproletariats und dem der Kikuyu … Gandhi, Kenyatta … Ich verwende den Namen und impliziere damit auch Ghana, das innerhalb weniger Jahrzehnte so reich sein wird wie die Schweiz … Aber ich verwende den Namen in erster Linie als geografische Chiffre, um die Körperlichkeit der »Reiche des Hungers« einzufangen, den »Schafsgestank jener Welt, die ihre eigenen Produkte verzehrt«.[11] (Der Bezug zu den historischen Ereignissen, die sich in Bandung zugetragen haben, ist also nebensächlich und zufällig.)

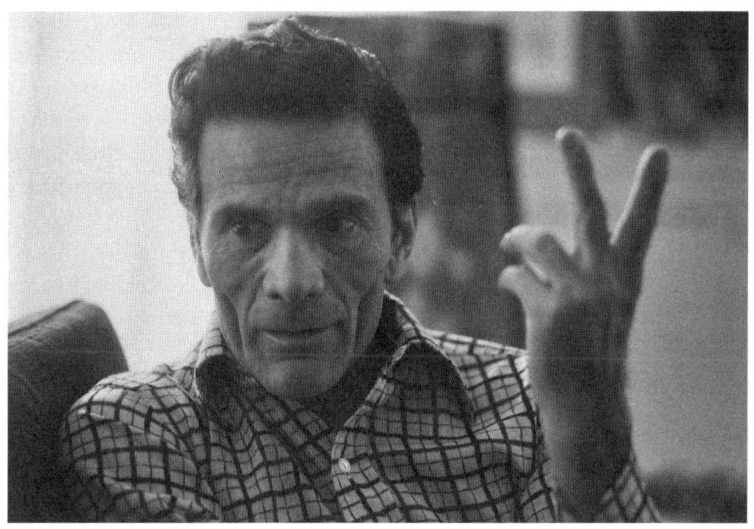

Im Gespräch in seiner Wohnung in der Via Eufrate, Rom 1972

Wie sieht deine *Carte de Tendre*[12] momentan aus? Wer oder was sind deine kulturellen »Liebschaften« und weshalb?
Ich besitze keinerlei Carte de Tendre. Das ist vorbei! Die einzige Lektüre der letzten Monate, die sich jenen von vor dreißig, zwanzig, zehn Jahren als würdig erwiesen hat, war die des Matthäus-Evangeliums. Die Feinschmeckerliste, die du dir von mir erwartest, wirst du nicht bekommen. Die von gestern und vorgestern zählen nicht mehr. Der Sager wird Wahrsager, bevor er gar nichts mehr sagt (wie ein Kleinkind). Ich lese nicht mehr, wie Fellini. Zum Glück treffe ich jeden Abend Moravia oder Enzo Siciliano oder Bertolucci Senior, die mich auf dem Laufenden halten. Ins Kino gehe ich auch nie. Das ist vorbei, vorbei!

Und wie dürfen wir den Film verstehen, den du aus eben diesem *Matthäus-Evangelium* machen wirst? Als einen Akt des großen Konformismus oder des großen Antikonformismus?
Das müsste ich mit einem Gedicht beantworten …

Und wie sieht es mit einer Revision deiner geistigen Väter aus?
Der einzige geistige Vorfahre, der zählt, ist Marx – und sein sanfter, struppiger, leopardianischer Sohn Gramsci. Aber ich sage das nicht mehr in demselben Tonfall, wie ich es noch vor ein oder zwei Jahren gesagt hätte. Lange Monate voller Beklemmung, Angst, Scham, Wut, Mitleid sind nicht spurlos an mir vorübergegangen. Andererseits (die Abzweigung liegt nun schon so weit hinter mir) gebe ich dir die Namen Longhi und Contini.[13] In letzter Zeit sind noch weitere, ungewöhnlichere Väter hinzugekommen. Die Manieristen, Pontormo.

Von all meinen anderen Vorfahren, die du, geistreicher Kritiker, meiner kleinen Ahnenreihe eines mehrsprachigen Heimatlosen zwischen den Regionen noch hinzufügen magst, ist keiner gestorben, denn mein charakteristischster Wesenszug ist die Treue. Ich habe keinen von ihnen umgebracht. Sie stehen alle noch dort auf dem Altar – unter einer zwei Zentimeter dicken Staubschicht. Die Kinder (unsere Zeitgenossen) haben schließlich alles dafür getan, es unerträglich zu machen, sich der Väter zu bedienen.

Wirf mit mir zusammen einen Blick auf die Fünfzigerjahre, gleich dort, direkt hinter uns. Findest du sie nicht lächerlich? *Ein lächerliches Jahrzehnt*, das ist ein Buch mit »zu schreibenden Erzählungen«, das ich im Kopf habe (und das ich nicht schreiben werde).

Das Lächerliche ist die Folge des Moralismus. Und pass nur auf, wie dieser Moralismus sich auch bei den Linken einschleicht (die ganzen

Zwänge, die bei der Zergliederung des Marxismus der anderen zum Tragen kommen, was linke Kritik über Jahre hinweg zu einer Art Hexenjagd gemacht hat – was wiederum in der Tendenz die Autoren kastrierte, weil man ihnen eine völlig abstrakte und reine marxistische Geisteshaltung abverlangte). Nun feiert dieser Moralismus des Kleinbürgertums, das eine Entschädigung für die eigene Impotenz sucht, Triumphe mit der Mitte-Links-Koalition: in der die Christdemokraten, ich muss es so sagen, äußerst sympathisch wirken und die Sozialisten unsympathisch. Der politisch-ideologische Moralismus von *Avanti!*[14] weist – aus einer Art Schuldkomplex, der in übermäßige Strenge umgeschlagen ist – seltsame Übereinstimmungen mit dem Moralismus – alles böswillige Unterstellungen natürlich – der Skandalblätter der Bourgeoisie auf. Das ist der Todesstoß für das kulturelle Leben in Italien.

Weshalb verurteilst du die Fünfzigerjahre als lächerlich? Ich habe sie immer als tragisch, düster empfunden: die Unbeweglichkeit, die Erstarrung, draußen der Kalte Krieg, drinnen die Vierparteienregierung; überall Stillstand; die zum Erliegen kommende Resistenza, und man muss zehn Jahre warten, dass die Geschichte, in einem weniger düsteren Sinn, wieder in Bewegung kommt; und währenddessen werden wir krank oder bekommen wenigstens Falten ...
Den »negativen« Teil der Fünfziger, den du »düster« nennst, lasse ich völlig außer Acht: Seine blöde Tragik setze ich als gegeben voraus. Ich beziehe mich auf jenen Teil dieses Jahrzehnts, den wir stets als »positiv« wahrgenommen haben: also unseren überkommenen Widerstand, unsere Opposition, unsere Vitalität, unsere Unnachgiebigkeit.

Und was wirst du jetzt tun?
Ich rechne damit, in naher Zukunft fortzugehen. In die klassische Prähistorie. Ich werde meine letzten Gedichte veröffentlichen, *Poesia in forma di rosa*; ich werde *Il padre selvaggio*[15] in Afrika und *Das erste Evangelium – Matthäus* im Nahen Osten drehen. Dann wird die Leere kommen, eine große Leerstelle, in ebenjener Lebensphase des Menschen, in der man normalerweise an einem Herzinfarkt stirbt, befördert wird, Orden verliehen bekommt oder zu offiziellem Erfolg gelangt. Leere anstelle all dieser Dinge.

Italien hat einen prächtigen Körper, aber wo immer man ihn berührt oder ansieht, sind da nur die glatten schwarzen Windungen einer Schlange, das andere Italien. Wie kann man Liebe machen mit einem Körper, der vollständig von einer Schlange umwickelt ist? So beginnt die Keuschheit.

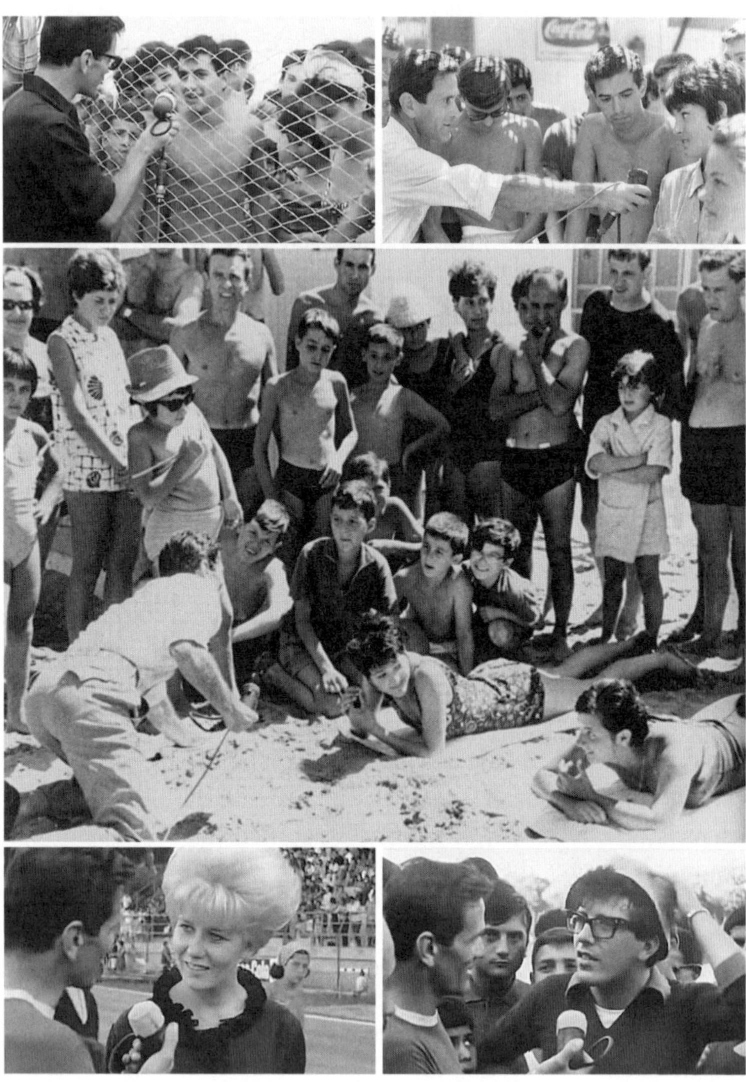

Pasolini 1963 als Interviewer für seinen Film *Gastmahl der Liebe*

EKEL ODER MITLEID?

Pasolini interviewt Giuseppe Ungaretti, 1963

Für seinen Dokumentarfilm Comizi d'Amore (dt. Gastmahl der Liebe, 1964) *fährt Pasolini von März bis November 1963 quer durch Italien, um aus Gesprächen ein aktuelles Bild des Landes zu skizzieren. Dabei tritt Pasolini selbst als Interviewer auf: unter anderem von Menschen am sommerlichen Strand, die er zum Thema der Sexualität befragt – auch den von ihm verehrten Dichter Giuseppe Ungaretti, der zusammen mit Umberto Saba, Eugenio Montale, Sandro Penna, Salvatore Quasimodo und Pasolini selbst die italienische Lyrik des 20. Jahrhunderts maßgeblich geprägt hat.*

EINBLENDUNG: Ekel oder Mitleid?

EINBLENDUNG: Nachdem wir festgestellt haben, dass die Italiener, konfrontiert mit allgemeineren Fragen, gern mit einem unschuldigen und etwas blöden NO COMMENT antworten, schauen wir nun auf ihren Umgang mit einer präzisen Frage. Einer brutalen, einer brennenden Frage wie beispielsweise der nach der Homosexualität.

Pasolini (mit klobigem Mikrofon): Ungaretti, gibt es Ihrer Meinung nach so etwas wie sexuelle Normalität und Anomalität?
Ungaretti (wartet lange): Horen Sie … Jeder Mensch ist auf andere Weise erschaffen worden. Ich meine, in seiner physischen Struktur ist jeder Mensch anders. Auch in seiner spirituellen Zusammensetzung, nicht wahr? Also sind doch alle Menschen auf ihre Art anomal, alle Menschen bilden in gewissem Sinne einen Gegensatz zur Natur. Und so war es vom ersten Moment an: Alle Zivilisation stellt eine menschliche Anmaßung gegenüber der Natur dar, ist eine Handlung gegen die Natur.

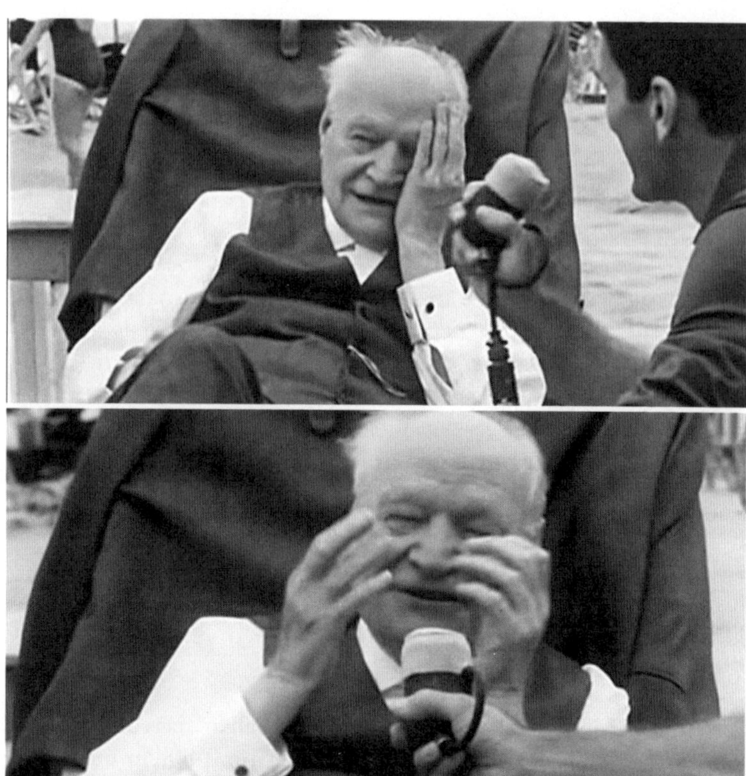

Mit Ungaretti am Strand, 1963

Bin ich zu indiskret, wenn ich Sie bitte, etwas über Normen und die Übertretung von Normen zu sagen, etwas, das auf Ihre intimen, persönlichen Erfahrungen zurückgeht?

Ungaretti (holt Luft): Hm, also, ich, persönlich – worauf wollen Sie hinaus? – ich persönlich bin ein Mensch, ich bin Dichter, und wenn ich anfange zu dichten, übertrete ich alle Gesetze. Inzwischen bin ich alt und respektiere daher nur noch die Gesetze des Alters – die leider die Gesetze des Todes sind.

»DIE STUDENTEN FACHEN EINEN BÜRGERKRIEG AN, KEINE REVOLUTION«

Über die Bürgerlichkeit des Neorealismus, die Studentenrevolte und eine neue Prähistorie, 1968

Der Schriftsteller Ferdinando Camon führt im Mai 1968 mit Pasolini ein langes Gespräch zu kulturpolitischen Themen. Veröffentlicht in Camon, La moglie del tiranno, *Rom 1969.*

In der Nachkriegszeit versuchte sich der schon von der Resistenza etablierte Revolutions- und Innovationsgeist an einer neuen Stilvariation: Für diese wurde die Bezeichnung »Neorealismus« geprägt. Weshalb hatte der Neorealismus nur eine derart kurze Laufbahn? Weshalb stellte er sich am Ende als »fiktiver Realismus« heraus, wie Sie in *Passione e ideologia* [dt. *Literatur und Leidenschaft*] schreiben? Bewegte er sich nicht im Gleichschritt mit der parallel dazu verlaufenden Geschichte? Ich weiß, dass Sie diesbezüglich eher von einem kognitiven Unvermögen, von einem Mangel an neuen Ideen sprechen, davon, dass die Neorealisten »Geschmack« an der Realität fanden und weniger eine »Vorstellung« von ihr hatten.

Aber meine Frage bezieht sich auf ein logisches Moment, das dieser Beobachtung von Ihnen vorausgeht, ich würde gerne wissen, weshalb der Neorealismus keine neuen Ideen hervorgebracht hat: ob es also eine Ungleichzeitigkeit zwischen ihm und der Geschichte gab; oder (was letzten Endes auf dasselbe hinausläuft) ob seine Autoren zu sehr vom trägen Gewicht einer Psychologie beeinflusst waren, die ihnen von der Erfahrung und Geschichte der Bourgeoisie auferlegt worden war, von der sie bestimmt wurden.

Einer der Vorteile daran, ein Ereignis zu überleben, besteht ja gerade darin, dass man es aus der Retrospektive betrachten kann. Betrachten wir den Neorealismus von heute aus, fällt etwas äußerst Seltsames ins Auge, und zwar, dass das wichtigste – politische – Merkmal des Neorealismus das Anprangern war, ein klares und deutliches Anprangern, das damals ein revolutionäres Anprangern zu sein schien: Es schien nämlich auf eine potenzielle Arbeiterrevolution ausgerichtet zu sein. Mittlerweile aber haben wir festgestellt, dass das Anprangern des

Neorealismus seine symbolische Vervollständigung nicht in Arbeiterrevolution und Klassenkampf finden würde, sondern in den Reformen der Mitte-Links-Koalition. Wozu war dann – immer aus heutiger Sicht gesprochen – das Anprangern des Neorealismus eigentlich gut? Letztendlich hat er der Mitte-Links-Koalition zum Durchbruch verholfen. Zu diesem Schluss kommt man, ich wiederhole es noch einmal, wenn man die Dinge von heute, vom Jahr 1968 aus betrachtet. Betrachtet man sie allerdings aus größerer Entfernung, wird man auch feststellen, dass der Neorealismus kulturell in einem bürgerlichen Umfeld entstanden ist, im Umfeld einer bürgerlichen historischen und kulturellen Konstellation, die im vorliegenden Fall eine des Niedergangs, des Hermetismus, des Intimismus, der Dekadenz war.

Aber hätte der Neorealismus denn außerhalb dieses Kontexts entstehen können?
Nein, hätte er nicht. Da er aber in einem solchen Umfeld entstanden ist, konnte er eben nur gewisse Aspekte des ärmeren und alltäglichen Italiens anprangern – Lumpen, Elend, Lumpenproletariat, Baracken, Klein- und Kleinstbürgertum –, sein Anprangern konnte nur in Abhängigkeit von den Mitte-Links-Parteien stehen.

Aber das war ihnen damals vielleicht gar nicht bewusst, noch haben sie es vorausgesehen oder gewollt.
Vermutlich aber schon.

Ist es vielleicht nicht eher so, dass wir in diesem Fall, unter dem Druck einer instabilen historischen Situation, die sich andauernd wandelt und ständig neue Schwierigkeiten schafft, die jüngste Vergangenheit zu Hilfe rufen, um die Probleme von heute zu lösen, die man damals nicht vorhersehen konnte?
Ich möchte klarstellen, dass ich keineswegs einer von jenen bin – und es auch nie war –, die den Neorealismus voller Verachtung hinter sich gelassen haben. Ich bin in meiner Kritik stets objektiv geblieben.

Ich wollte ihn nie zu einem Mythos machen, ihn aber auch nicht auf simple, spitzfindige und terroristische Weise entmythisieren, wie das heutzutage gerne gemacht wird: Nein, ich habe nie verächtlich über die Fünfzigerjahre gesprochen, die äußerst fruchtbare und sehr wichtige, vielleicht sogar die wichtigsten Jahre der italienischen Kultur seit mindestens zwei Jahrhunderten gewesen sind. Nur damit das klar ist. Und daher haben auch einige neorealistische Werke weiter Bestand (vor allem Kinofilme: Rossellini sei hier genannt).

Aus der Sprache und Themenwahl Rossellinis hat sich aber heute eine Strömung von Episodenfilmen herausgebildet, in denen die grundlegenden Elemente (Dialekt, Milieu, Figuren) sinnentleert wurden oder sich in ihrer Bedeutung ins Gegenteil verkehrt haben.
Rossellini ist ein Fall für sich, er repräsentiert den wahrhaft authentischen Moment des Neorealismus, das heißt: den metahistorischen Neorealismus: Denn bei Rossellini ist alles Talent, Erfindungsreichtum, Magie; bei ihm gab es, will ich damit sagen, kein unmittelbares, zweckhaftes Anprangern; wenn es das bei ihm gab, dann in böser Absicht, genauer: in bewundernswert böser Absicht. Und tatsächlich ist es der Neorealismus von Rossellini, der dann in Frankreich aufgegriffen wurde, mit der Nouvelle Vague und dann mit Godard; und darauf in England mit der dortigen New Wave. Und der dann wieder nach Italien zurückgekehrt ist: Bertolucci, Bellocchio und ein bestimmtes junges italienisches Kino sind eine Reaktion darauf (eine meines Erachtens wertvolle Reaktion: bei Samperi nicht besonders, bei Bertolucci sehr viel mehr). Der Weg, den diese Strömung des Kinos genommen hat, ist folgender: Italien, der authentische, losgelöste und gelungene Neorealismus von Rossellini, dann Frankreich, England und wieder Italien, allerdings mittlerweile verbürgerlicht, das heißt, von den proletarischen in kleinbürgerliche und bürgerliche Milieus verlagert.

Die Verbürgerlichung, diese Verlagerung vom proletarischen in ein bürgerliches Milieu, fand also auf den französischen und englischen Abschnitten dieses Wegs statt?
Nicht ausschließlich, aber in erster Linie schon.

Die Verbürgerlichung hat alle Lebensbereiche erfasst, überall: Heutzutage ist es unmöglich, die Folgen davon nicht zu spüren, nicht zu erleiden (oder zu genießen, je nachdem). Vielleicht war es das, was Moravia meinte, als er vor Jahren sagte: »Es gibt nichts als die Bourgeoisie«, was damals für viele abwegig oder gewagt klang.
Nun hat sich dieser Satz bewahrheitet. Als Moravia ihn so apodiktisch aussprach, war er vielleicht gewagt und verfehlt, aber dass die Weltgeschichte dazu neigt, von der Bourgeoisie geschrieben zu werden, steht ja wohl fest, einfach aus dem Grund, weil die Industrialisierung scheinbar zu gar nichts anderem führen kann.

Wenn die Bourgeoisie alles ist, dann ist der Kampf gegen die Bourgeoisie ein Kampf gegen alles, gegen alle, einschließlich uns selbst, also dem bürgerlichen Teil von uns selbst. Man darf sich

diesen Kampf dann nicht mehr als einen Kampf zwischen zwei deutlich voneinander abgegrenzten Gruppen außerhalb unserer selbst (zumindest eine der beiden) vorstellen, sondern als einen Kampf, der auch in uns selbst ausgefochten wird, und zwar als Kampf um eine Revolution, die uns nicht zur verdienten Verteilung der Beute ins Feld ruft, sondern zu einem Einsatz, der in erster Linie und unverzüglich einen Verlust mit sich bringen kann.
Jetzt betreiben Sie Moralismus, Sie sprechen in jenem spiritualistischen Tonfall, auf den Sie am Ende Ihres Buchs *Fuori storia* [dt. *Außerhalb der Geschichte*] anspielen.

Für mich stellt und löst sich die Frage anders. Ja, der Kampf gegen die Bourgeoisie wird gerade zum Kampf gegen alles. Aber das Dilemma, das hier entsteht, ist das folgende: Bürgerkrieg oder Revolution? (Ich schreibe übrigens gerade an einem Aufsatz mit ebendiesem Titel.)[16] Die Studenten fachen heute einen Bürgerkrieg an, keine Revolution: Und dabei handelt es sich schlicht um einen Kampf, den die Bourgeoisie mit sich selbst austrägt.

Was ist aber das Ziel des Kampfes der Bourgeoisie gegen sich selbst? Reformen ins Werk zu setzen: Es handelt sich also um den Kampf der jungen, guten Bourgeoisie gegen die alte, böse Bourgeoisie. Bürgerkrieg ist der Weg, der zu Reformen führt, und er erlaubt seinen Kämpfern zu sagen: Wir stehen auf der Seite der Guten. Wir stehen alle auf der Seite der Guten, das heißt, wir stehen den Studenten bei, die auf Reformen drängen, allerdings können wir dabei nicht vergessen, dass uns die Idee der Revolution in die Wiege gelegt wurde, dass wir mit dieser Idee aufgewachsen sind, und Revolution ist etwas anderes, sie ist Klassenkampf: Arbeiter und Bauern auf der einen Seite, die Bourgeoisie auf der anderen. Für uns, denen die Idee der Revolution in die Wiege gelegt wurde, ist es logisch und auch schlichtweg das einzig Würdevolle, diesem Ideal treu zu bleiben. Ein bisschen Würde, meine Güte. Ich denke an all jene Kollegen, die sich sofort wie Prostituierte den Studenten in die Arme geworfen haben.

Es ist hier Ihrer Ansicht nach also zu einem Zusammenbruch von unvorhersehbarem Ausmaß gekommen ...
Ja, zu einem völligen Zusammenbruch.

Aufseiten der angeblichen Revolutionäre. Vielleicht haben sie sich von dem Eindruck überzeugen lassen, dass dieser Aufstand etwas Dauerhaftes sein könnte.
Das ist er, wahrscheinlich ist er das, denn die Industrialisierung macht

die Welt zum Kleinbürgertum. Ist die alte Welt – die Welt des einfachen Volks, jene der Bauern, Seeleute und Handwerker – einmal vom Erdboden verschwunden, bleibt nur die bürgerliche Welt übrig, die Welt der Experten, der Techniker, der Industriellen, kurz: der Produzenten und der Konsumenten. Die Industrialisierung führt zwangsläufig zur Verbürgerlichung der Welt. Die einzige Alternative wäre, dass wir aufhören, uns zu industrialisieren. Beim gegenwärtigen Stand der Dinge geht es darum, ob man zur guten oder zur schlechten Bourgeoisie gehört: Die gute Bourgeoisie sympathisiert mit dem Sozialismus, liebt Kultur, kämpft gegen die Gleichmacherei, gegen Vermassung, gegen anonymisierende Akkulturation und so weiter, aber sie ist und bleibt Bourgeoisie. Da es unvermeidlich ist, dass die Welt verbürgerlicht, davor können wir uns nicht verschließen, ist diesem Kampf der Studenten gegen die alte Welt, ist diesem Dissens der Studenten eine lange Zukunft beschieden.

Andererseits gut, denn die Zukunftsprognosen der Soziologen waren schrecklich, die Zukunft, wie sie von den Soziologen vorhergesagt worden war – und über die man sich im Namen des Humanismus so leicht hatte empören können –, ist nicht eingetreten: Es ist nicht eingetreten, dass die Zukunft nur Gleichmacherei ist, Jasagertum, Triumph von Produktion und Konsum, ganz im Zeichen des Fernsehens, denn dafür hätten alle jungen Leute ja brave, artige Jasager, Liebhaber von Motoren und Technik sein müssen, und das ist nicht eingetreten. Die Zukunft erweist sich stattdessen als eine Zukunft junger Dissidenten, *es ist also eine historische Zukunft, deren Probleme nicht technischer oder praktischer Natur sind, sondern wieder historischer Natur*. Das gibt mir in einem gewissen Sinne Recht, weil ich nie bei den hohlen Empörungsgesten meiner Kollegen und vieler Soziologen mitgemacht habe, die gegen eine Zukunft gerichtet waren, die sie als eine Ansammlung von Pseudoproblemen (insofern sie nicht historisch waren) betrachtet hatten. Die Zukunft neigt stets dazu, historisch zu sein, was bedeutet, dass dieser Kampf der Bourgeoisie gegen sich selbst fortgeführt werden wird: *Die Zukunft wird keine schreckliche Vorhölle sein, sondern der Höllengraben selbst.*

Aber läuft das dann nicht auch bei Ihnen darauf hinaus, dass Sie den bürgerlichen Geist dieser Pseudorevolutionäre anprangern, ihre Beschränktheit auf einen bürgerlichen Horizont, und dass Sie sie vor sich selbst warnen, wenn Sie daran erinnern, dass die Revolution auch ein Kampf gegen den bürgerlichen Teil in einem selbst ist?
Aber sie sind ja selbst Teil der Bourgeoisie, es gibt da kein Entrinnen: Das ist der Punkt.

Durch und durch bürgerlich?
Ja. Schauen Sie sich die Fotos der Studenten an, der offiziellen Anführer dieser Bewegung, oder die Fotos der Studenten, die vor Gericht gebracht wurden: Sie haben die unsympathischen Gesichter ihrer bürgerlichen Väter, oder wenn sie sympathisch sind, sind sie es auf dieselbe Art wie ihre idealistischen Väter, die bei der Resistenza waren, beim Partito d'Azione, die besten Kommunisten. *So wie die sind mittlerweile alle Menschen.* Also gibt es aber in einem selbst keinen revolutionären Kampf gegen die alte Bourgeoisie mehr auszutragen, sprich: sich in einem gewissen Sinn *auf mystische Art und Weise in etwas anderes zu verwandeln.* Es geht nur darum, das eigene Gewissen zu prüfen, mit dem eigenen Gewissen einen Kampf Bourgeoisie gegen Bourgeoisie, gute Bourgeoisie gegen schlechte Bourgeoisie auszutragen.

Dieses Phänomen lässt sich in bestimmten, an den Rand der Geschichte gedrängten Gegenden in geringerem Ausmaß beobachten, wo es (zumindest noch) keine Industrialisierung gibt und sich die Geschichte archaischen Strukturen gemäß materialisiert, realisiert. Ich will damit sagen, dass es noch immer eine Welt gibt, die von diesen Phänomenen unberührt geblieben ist, die aber nicht dazu bestimmt ist, sich zu verändern, sondern zu sterben.
Zu sterben und sich daher auch zu verändern. Sie wird sterben, und an die Stelle ihres verschwundenen, sich verflüchtigenden Kadavers wird etwas anderes treten. Früher wurde alten Menschen dank ihrer Weisheit, als einem Schatz jahrhundertealter Erfahrungen, Respekt entgegengebracht. Nun gibt es diese Art von Alten nicht mehr. Nun ist die Weisheit der Alten nicht mehr absolut – arm, aber absolut –, wie sie es früher war. Sie ist nun eine relative Weisheit, die unvermeidlich infrage gestellt wird: Was wissen die Alten denn? Ihre Kinder, die zum Arbeiten in die Städte gezogen sind, wissen mehr. Wobei sie eigentlich nicht mehr wissen, sondern eine andere Art von Wissen haben, dessentwegen die Weisheit der Alten für sie nutzlos geworden ist: Und deshalb sterben diese Alten ungenutzt, wenn man das so sagen kann. Das bedeutet, dass auch jene Welt, auf die Sie sich beziehen (und die, wenn ich das richtig verstanden habe, auch Ihre eigene Welt ist) und die so weit von der Geschichte entfernt zu sein scheint, diese historische Situation doch in Wahrheit voll und ganz durchlebt.

Sie sprechen schon seit langem von einer »Phase der Ermüdung« als einer historischen Konstellation, gefangen zwischen den »neokapitalistischen Sirenen auf der einen und dem revolutionären

Verzicht auf der anderen Seite«. Erlauben Sie mir einige Vorbehalte gegenüber der von Ihnen selbst gegebenen Interpretation dieses Drangs zu äußern, der Sie zu jener Zeit umtrieb: neue Welten kennenzulernen, in neue Gesellschaften, neue Kulturen einzutauchen. Es handelte sich dabei nicht, es konnte sich dabei gar nicht um einen Wunsch nach Flucht, nach Träumen (»Afrika, einzige Alternative«)[17] handeln, sondern er spiegelte vielleicht das Bewusstsein wider, dass eine Erneuerung nur möglich sei mithilfe eines präventiven Rückzugs, weg von einer grauen, erschöpften Geschichte, von einer historischen Erschöpfung, einer Posthistorie, hin zu einer historischen Morgenröte: Hat nicht Sartre geschrieben, dass es eine wahre literarische Avantgarde nur in der Dritten Welt geben könne? Dieses Konzept dürfte Ihnen nicht fremd sein und in Ihren Ohren nicht unerfreulich klingen, nachdem Sie ja unsere ach so westliche Avantgarde abgelehnt und den Zuckungen des Novecentismo und der Dekadenzdichtung zugeordnet haben.

Die Idealisierung der Bauern der Dritten Welt ist eines meiner alten Themen. Vor Jahren habe ich davon geträumt, dass die Bauern Afrikas unter dem Banner Lenins zu uns kommen, die Kalabrier mitnehmen und gegen den Westen marschieren. Heute denke ich anders darüber. Damals waren diese Gefühle angebracht. Vor zehn, vor fünf Jahren war es angebracht, diese Visionen oder Vorahnungen zu haben …

Heute betrachte ich das als eine Idee, die sich genauer mit der historischen Wirklichkeit auseinandersetzen sollte, mit der Wirklichkeit, mit der Wahrheit. Vor zehn Jahren war sie Mythos, poetische Tollheit, Verzückung: Und als solche konnte sie auch historisch angebracht und kompatibel sein. Nun, da die Dinge unabwendbar, verwirklicht sind und der Einwand vorgebracht wird: »Schau nur, was aus deinen Bauern geworden ist«, nun offenbart diese Idee ihre rein psychagogische und mythische Kraft.

Darauf werde ich später noch einmal zurückkommen, wenn ich Ihre letzte Frage beantworte.

Also haben die Bauern der Dritten Welt ihre eigenen Propheten verraten, allen voran Frantz Fanon. Fanon kam zu dem Schluss, dass man, wenn man die Menschheit voranbringen, sie auf ein anderes Niveau heben wolle als jenes, das sie in Europa erreicht hat, dass man dann »erfinden, entdecken« müsse, außerhalb von Europa suchen müsse: »versuchen, einen neuen Menschen zu schaffen«. Die Bauern der Dritten Welt aber haben auf die Möglichkeit verzichtet, etwas Neues zu schaffen, wenn es so etwas denn je gab.

Nein, das gab es nie. Wir sehen das in Italien. Italien ist in dieser Hinsicht ein Versuchslabor, denn hier existiert sowohl die moderne industrielle Welt als auch die Dritte Welt. Zwischen einem kalabrischen Dorf und einem indischen oder marokkanischen Dorf gibt es keinerlei Unterschiede, es handelt sich um zwei Versionen einer im Grunde identischen Sache. Und in Italien haben wir gesehen, dass die kalabrischen Bauern ihre Welt verlieren, dass sie sie nicht bewahren, dass sie keine Vorschläge für die Zukunft daraus hervorbringen können.

Sie haben oft die Heraufkunft einer Neuen Prähistorie prophezeit, die aus den Ruinen der von der unaufhaltsamen Korruption des Neokapitalismus geplünderten Geschichte hervorgehen würde: auch, dass die ersten Akte der Posthistorie sich bereits in unserer Zeit abspielen würden, unserer Zeit, die so grässlich sei, »als wäre sie aus den Eingeweiden einer Toten geboren worden«.[18] Ich frage Sie nicht, ob sich das Wesen dieser Neuen Prähistorie irgendwie genauer bestimmen lässt. Ich frage Sie nur: Wieso eine Prähistorie und nicht ein Prozess des historischen Fortschritts, dessen Hauptmerkmal die Offenheit ins Unendliche sein müsste? Wird es ein völlig neues Verständnis vom Menschen, von seinem Wert und seiner Funktion geben?
Mir ist heute in der Tat klar, dass wir uns nicht auf eine neue Prähistorie zubewegen. Damals konnte ich das jedoch schreiben, weil ich ein Sklave jener verfehlten Ideen war, von denen wir vorher sprachen, jener Zukunftsforscher ohne Ideologie, sagen wir es einmal so.

Aber hatten Sie nicht einmal damals ein neues Verständnis des Menschen im Sinn?
Nein, ich hatte eine durch das Konsumzeitalter verursachte Degeneration des Menschen im Sinn. Deshalb sprach ich von Prähistorie. Und nun, ich wiederhole es noch einmal, sehe ich ein, dass der Stillstand der Geschichte ein Konzept war, mit dem uns die Soziologen grundlos gequält haben; in Wahrheit, ich wiederhole es noch einmal, zeichnet sich eine Zukunft der Kämpfe innerhalb der Bourgeoisie ab.

Also ist die Zukunft als lebensspendende Kraft, als Geschichte gerettet?
In diesem Moment würde ich das bejahen. Aber innerhalb eines Jahres könnte ich es wieder verneinen. Wir befinden uns in einer Zeit so schneller Umbrüche, dass man nicht einmal eine Minute lang innehalten und sich auf eine Idee konzentrieren kann.

Moravia hingegen hat in der Tat ein neues Verständnis des Menschen im Sinn, an dessen Ausgestaltung die Geisteswissenschaften momentan arbeiten, die wiederum in ihrer Deutung von Geschichte und Gesellschaft dem Marxismus vergleichbar sind, in einer Zukunft, in die der Mensch als bloßer Verdauungsapparat mit den Funktionen Konsumieren-Produzieren, Produzieren-Konsumieren eingefügt ist. Vielleicht könnte Ihre Vorhersage ja etwas weniger pessimistisch ausfallen.

In einem gewissen Sinne bin ich tatsächlich weniger pessimistisch, weil es schlimmer wäre, wenn die Zukunft jedwedes Merkmal von Geschichtlichkeit verlöre und zu einem unerschöpflichen Kreislauf aus Produktion und Konsum verflachen würde. Ich spreche immer noch von schrecklichen Dingen (dem Bürgerkrieg), aber zumindest sind diese nicht schrecklicher als jene Dinge, die ich vor ein paar Jahren vorhergesagt habe. Es ist nicht so, dass mich die damals vorgebrachten Theoretisierungen nicht betreffen würden: Von einer allgemeinen Psychose bleibt niemand unberührt. Aber auf diese Ebene von Problemen und Theorien habe ich mich nie begeben, weil ich gemerkt habe, dass sie irreal sind, dass das Pseudowissenschaft ist.

Ebendort entspringt jedoch die Einstellung der jungen Leute, gegen die ich so polemisiere, eben weil sie versuchen, mich von meiner Vorstellung von Revolution abzubringen, um mir einen Bürgerkrieg mit ihnen, an ihrer Seite nahezulegen: Dazu bin ich nicht bereit, dafür stehe ich nicht zur Verfügung, daran glaube ich nicht wirklich – aber in gewisser Hinsicht finde ich das Ganze tröstlich, zeigt es mir doch, dass die Geschichte weitergeht. Und dass die modischen Vorhersagen der Soziologen sich also als Lügen erwiesen haben.

Halten Sie, in Anbetracht Ihres beständigen Interesses für das Volk, die Aussage für richtig, dass das Volk der mythische Hort jener präkapitalistischen Werte sei, die Volksschriftsteller der unglückseligen Entwicklung in einer bestimmten Gesellschaft entgegensetzen – und würden Sie zustimmen, dass das Volk darzustellen in den meisten Fällen bedeutet, sich seine tendenzielle Unbeweglichkeit, seine Nostalgie zu eigen zu machen?

Da es sich hier um eine wichtige Einschätzung handelt – von Asor Rosa,[19] der daraus dann eine ganze Kette wertender kritischer Konsequenzen ableitet –, stelle ich Ihnen die Frage neu und unterteile sie in mehrere Kernpunkte: Ergeben sich die unmittelbaren Merkmale des Volkes aus der Bewahrung präkapitalistischer Werte oder nicht doch eher aus historischen (und daher kapitalistischen)

Bedingtheiten, wie der Verbannung an die Ränder der Geschichte? Und stellen sie eine Tradition dar, die es zu respektieren gilt, oder eine Abweichung, die es zu korrigieren gilt, indem man die Geschichte korrigiert? Herrscht im Volk eine tendenzielle Unbeweglichkeit vor, eine Nostalgie, die sich bei Volksschriftstellern in einer kontemplativen und konservativen Haltung widerspiegelt, oder herrscht dort eine Spannung vor, aus der subversives Potenzial entsteht?

Die Antwort auf diese bedeutende Frage gibt Ihnen Emilia, das bäuerliche Dienstmädchen aus meinem letzten Buch, *Teorema. Teorema* ist ein Rätsel, das stimmt. Und es wäre schön, wenn die Sphinx, die Rätselfragen stellt, diese danach auch erklären würde. Ich lege Ihnen nahe, einfach den Abschnitt des Buches noch einmal zu lesen, in dem erzählt wird, wie sich Emilia, nachdem sie ihre verrückten Wunder vollbracht hat, begleitet von einer getreuen Alten dazu entscheidet, zu sterben. Sie geht also nach Mailand, zu Fuß; sie kommt zu einer Baustelle, wo ein Bagger dabei ist, ein Loch zuzuschütten; sie steigt in das Loch hinab und bedeckt sich mit Schlamm; sie lässt sich weinend vom Bagger begraben; ihre Tränen fließen auf die Erde und bilden eine Pfütze; diese Pfütze hat Wunderkräfte und heilt die Wunde eines Arbeiters (hinter dem ein Lattenzaun zu sehen ist, auf den mit Teer Hammer und Sichel gemalt sind).

Asor Rosa gehört jener Sippe von Moralisten an, die nicht begriffen haben, dass Moralismus zu betreiben bedeutet, ein Bürgerlicher der schrecklichsten Art zu sein (anders als beispielsweise Populismus und Humanitarismus! Diese zielen auf eine neue Form des Menschen ab, Moralismus auf eine Rückkehr zur alten).

Das Lumpenproletariat in *Vita violenta, Accattone* und *Ali mit den blauen Augen* ist »subversiv«, wie Sie sagen. Es ist durch seine schiere Existenz subversiv. Die Italiener, die ja gemeinhin nicht als Rassisten gelten, haben in Bezug auf meine Figuren aus dem Lumpenproletariat in Wirklichkeit eklatante Anzeichen von Rassismus an den Tag gelegt (Prozesse, Anzeigen, kollektive Psychosen und so weiter: aber das ist mittlerweile nur noch ein persönlicher Erinnerungsschatz). Ein Angehöriger des städtischen Lumpenproletariats oder ein armer Bauer (aus Süditalien) muss gar nichts Besonderes tun, um subversiv zu sein. Wie ein Schwarzer in Amerika: Um das Herz eines Weißen in reaktionäre Rage zu versetzen, reicht ein lächelndes dunkelhäutiges Gesicht.

Die Dinge sind ambivalent, missverständlich. Es gibt keine klare Definition der Vorstadtbewohner: Es gibt viele miteinander konkurrierende, einander ergänzende und einander widersprechende. Das Lumpenproletariat und die armen Bauern sind »unbeweglich«, und allein ihre Unbeweglichkeit als Präsenz reicht aus, um sie subversiv sein zu lassen. Rassismus – haben Sie sich das nie gefragt? – ist nichts anderes als der Hass der Bourgeoisie auf die Bauern. Den Arbeitern gegenüber war die Bourgeoisie noch nie rassistisch (außer vielleicht in der Anfangszeit des Kapitalismus, als die Arbeiter direkt von den Feldern kamen und noch genauso ausgebeutet wurden wie die Sklaven der Pharaonen). Die Bourgeoisie empfindet also ihr grässliches rassistisches Leid nur den Ärmsten gegenüber, die von der Geschichte zurückgelassen wurden: gegenüber dem Lumpenproletariat und den Bauern.

All dies habe ich immer schon gedacht, geschrieben und gesagt. Die Kommunisten haben mir ins Gesicht gelacht, die Bourgeoisie wollte mich hinter Gitter bringen; die Asor Rosas, bürgerliche Kommunisten, haben mich durchleuchtet wie Spione eines Revolutionskomitees. Durch die Studentenrevolte und die Bücher von Marcuse (den ich dank Fortini[20] schon gelesen habe, bevor er in Mode kam) redet man jetzt endlich über die Bauern und das verarmte Proletariat. Diese werden miteinbezogen in das, was man dämlicherweise »Dissens« und so weiter nennt, ja geradezu in einen möglichen Guerillakrieg! Aber wieso ist es überhaupt dazu gekommen? Weil der Dissens von den Studenten ausgeht, sprich, ich wiederhole es noch einmal: von den Kindern der Bourgeoisie. Im Aufstand ihrer Kinder revoltiert die Bourgeoisie gegen sich selbst. Wie ich bereits erklärt habe, ist sie die Protagonistin der Geschichte. Und weil sie das ist, weil nur sie allein die Protagonistin der Geschichte ist, muss sie sich metahistorische »Mythen« schaffen, Symbole der Unbedingtheit und so weiter und so fort.

Die alte Bourgeoisie pflegt ihren »negativen« rassistischen Mythos von den Bauern und dem verarmten Proletariat, für die sie ein diabolisches Gefühl rassistischen Abscheus empfindet. Und, nun ja, die gute Bourgeoisie, die neoprotestantischen Kinder stürzen diesen Mythos vom Podest – und hissen die Fahne der Bauern und des verarmten Proletariats, die metaphysische Entität (äußerst elegant bei Lévi-Strauss, schrecklich bei Fanon) einer positiven, erlösenden Apokalypse.

In *Ali mit den blauen Augen* gibt es ein Gedicht, das dem Band seinen Namen gibt und Sartre gewidmet ist und das ich heute demonstrativ widerrufen möchte. Die wesentlichen Stellen lauten:[21]

Ali mit den blauen Augen,
einer der vielen Sohnessöhne
wird von Algerien kommen,

auf Segel- und Ruderschiffen.
Tausende Männer werden mit ihm sein,
Augen und Leiber
armer Hunde ihrer Väter
auf den im Reich des Hungers ausgelaufenen Schiffen. Sie werden Kinder mitbringen, Brot und Käse, im gelben Papier der Ostermontagsausflüge. Sie werden Großmütter und Esel mitbringen auf den Trieren, die sie in den Häfen der Koloniestädte gekapert haben.
In Crotone oder Palmi werden sie an Land gehen,
zu Millionen, bekleidet
mit asiatischen Lumpen und amerikanischen Hemden.
Wie alte Gauner zu Gaunern
werden die Kalabrier sogleich sagen:
»Hier sind die alten Brüder,
mit ihren Söhnen, mit Brot und Käse!«
Von Crotone und Palmi werden sie hinaufziehen
nach Neapel, und von dort nach Barcelona,
nach Saloniki und Marseille,
in die Städte der Unterwelt.
Seelen und Engel, Ratten und Wanzen
mit dem Keim der Alten Geschichte
werden sie vor den Wilayas herfliegen.

***

… hinter ihren Alis
mit den blauen Augen – werden sie von unter der Erde hervorkommen, um zu töten – werden vom Meeresgrund auftauchen, um anzugreifen – werden von den Himmelshöhen herniederfallen, um zu stehlen – und ehe sie nach Paris kommen,
um Lebensfreude zu lehren,
ehe sie nach London kommen,
um Freiheit zu lehren,
ehe sie nach New York kommen,
um Bruderschaft zu lehren
– werden sie Rom zerstören
und auf seinen Trümmern

den Keim der Alten Geschichte niederlegen.
Und mit dem Papst und allen Sakramenten
werden sie gen Nordwesten ziehn wie die Nomaden
mit Trotzkis roten
Fahnen im Winde …

Weshalb ich diese Prophezeiung widerrufe? Weil ich sie damals als Einziger gegeben und mich damit lächerlich gemacht habe, während sie heute Allgemeingut geworden ist: Das heißt allerdings nicht, dass ich mir damit das Monopol auf gewisse Ideen und das Vorrecht, mich an ihnen zu begeistern, anmaßen will. Nein, es heißt, dass diese Prophezeiung damals angebracht war, aber eben insofern, als sie falsch war; sie war eine lebendige und fruchtbare Extravaganz politischer Leidenschaft, ein gewolltes und bewusstes Umstürzen eines vernünftigen Zukunftsgefühls.

Weshalb ist eine solche Hoffnung in das revolutionäre Potenzial der Bauern der Dritten Welt nun verfehlt? Weil sie nicht mehr aus der Perspektive der Revolution betrachtet wird. Die Studenten gehören in Wahrheit ja zur Bourgeoisie. Sie würden die vorindustrielle Welt der armen Bauern gerne beschwören, sie als metahistorische Entität evozieren, sie wie eine Standarte der Apokalypse vor sich aufpflanzen. Um die Revolution voranzutreiben? Nein, um einen Bürgerkrieg anzufachen. Mag es sich dabei auch um einen heiligen Krieg handeln.

In diesem Punkt hatten – zwar gegen ihren Willen und immer noch ihren alten Fehlurteilen verhaftet – die Kommunisten, die mich vor einigen Jahren kritisierten, als all dies noch nicht in Mode war, also doch Recht. Die Bauern können die Revolution machen, aber nur in bestimmten Situationen. In der Praxis sind es auch wirklich immer sie, die sie vorantreiben, zusammen mit den verarmten Arbeitern (in Russland, in China, in Kuba, in Algerien, in Vietnam): Aber dabei handelt es sich um nationale Revolutionen, nicht um internationale, sie entstehen aus einem nationalen Bedürfnis heraus. Die Arbeiter sind dabei international, die Bauern nicht, die sind universell. Die deutschen oder englischen Studenten haben Bauern zur Hand, die aus Sizilien, aus Andalusien, aus der Türkei, aus Griechenland gekommen sind; das heißt, sie haben ein Lumpenproletariat zur Hand, in einer anderen Bedeutung als bei Marx. Es handelt sich um ein Semi-Lumpenproletariat, das lediglich von fehlender Spezialisierung, fehlender Anpassung sowie einer alten bäuerlichen, religiösen (also abergläubischen und mafiösen) Mentalität geprägt ist, die im Widerspruch steht zur bürgerlich-industriellen

Lebensqualität (zu der die Arbeiterführer, sprich: die verschiedenen kommunistischen Parteien, bereits erzogen und herangebildet sind). Aber das alles wiegt nicht schwer: ein bisschen Blut von Bauern und Lumpenproletariat für einen heiligen Krieg. Die Bauern, die noch in ihrem ursprünglichen Milieu leben, dort unten, in der Dritten Welt, kenne ich persönlich (auch durch jene Bekanntschaft, die größtmögliche Erkenntnis verschafft, die biblische: Es ist bekannt, dass die Sprache des Sex auf dem weiten Feld der Semiotik ein extrem expressives und vollständiges Zeichensystem ist, dem alten Asor Rosa und den neuen andersdenkenden und moralistischen Asor Rosas zum Trotz).

Ich weiß, dass jene erwarten, von »jemand anderem« befreit zu werden: In ihrem tiefen Schlummer (ich nenne die ersten drei Orte, die mir in den Sinn kommen: Wavarle, ein indisches Dorf; Zagora, eine kleine Siedlung in der marokkanischen Wüste; Tonj, ein Dorf im südlichen Sudan) warten die farbigen Bauern auf eine neue Zukunft, die sie zuerst von prähistorischen zu historischen Bauern machen wird, und dann von historischen Bauern zu Kleinbürgern. Das ist die graue, enttäuschende, sich heranschleichende Realität. Dort, wo die Realität lebhaft, lebendig und schnell ist, gibt es landesweite Kriege (Ägypten und so weiter). Die Bauern der Dritten Welt haben also noch einen langen Weg vor sich (den sie allerdings viel schneller zurücklegen werden als unsere Bauern. In etwa fünfzig Jahren wird zum Beispiel Marokko ein fortgeschrittenes neokapitalistisches Land sein).

Unberührt davon bleibt die Tatsache, dass Lumpenproletariat und Bauern allein aufgrund ihrer bloßen Existenz subversiv sind und dass sie in bestimmten lokalen oder nationalen Kontexten zu Rebellen werden können (zu Revolutionären oder Guerillakämpfern, je nachdem, wer sich ihrer zuerst bemächtigt). Ich denke zum Beispiel an die heldenhaften sardischen Banditen.

»VERDRÄNGUNG, UNTERDRÜCKUNG, UNFREIHEIT, KONFORMISMUS, HEUCHELEI – ALLES AUS DEM SCHOSS DER FAMILIE«

Über die Kernfamilie als Konsumentengemeinschaft und die Emanzipation der Frau, 1974

Pasolini zu Gast in der Fernsehsendung Donna donna *(RAI, ausgestrahlt am 21. September 1974), moderiert von der Künstlerin und Journalistin Anna Salvatore.*

Pier Paolo Pasolini hat uns so viele uralte Geschichten erzählt, die der ganzen Menschheit gehören, die Teil des universalen Kulturerbes sind, die das Leid eines jeden von uns abbilden. Und eine besonders schöne, die das Gefühl der Zugehörigkeit eines jeden menschlichen Wesens zu seiner Mutter thematisiert. Aber ich möchte heute nicht nur darüber sprechen. Ich würde gern über die Menschheitsfamilie im Allgemeinen sprechen. Ich möchte dich, Pier Paolo, der du ja in erster Linie Dichter bist, fragen: Woran liegt es deiner Meinung nach, dass es zu einer Verschlechterung der Verhältnisse innerhalb der menschlichen Gemeinschaft, von der kleinen Kernfamilie bis hin zur großen Menschheitsfamilie, gekommen ist, woher stammt das Böse zwischen den Menschen, was hindert uns daran, eine glückliche Gesellschaft zu sein, was hat uns stattdessen, trotz unseres Wohlstands, in eine Art kollektiven Angstzustand versetzt?

Ich werde dir nicht als Dichter antworten. Ich werde dir als ein Mensch antworten, der sich für die Probleme seiner Zeit interessiert.

Gut.

In deiner Frage sind unendlich viele Nebenfragen und Probleme enthalten.

Such dir etwas aus.

Verdrängung, Unterdrückung, Unfreiheit, Konformismus, Heuchelei, alles das ist im Schoß der Familie herangewachsen. Denn die Familie bildet ja im Grunde eine Art kümmerlichen Schutzwall, den sich der Mensch schafft, um sich gegen Schrecken, Angst, Hunger zu verteidigen. Sie ist so etwas wie ein hilfloser Instinkt, der uns ein geschütztes Nest bauen lässt, und in diesem Nest können wir tun, was wir wollen. Der Vater, die Erstgeborenen … und so weiter. Gleichzeitig ist die Familie aber auch ein Hort der schönsten Dinge der Menschheit. Diese beiden Umstände sind schrecklich ambivalent und unentwirrbar miteinander verbunden. Sprich: All das Schlechte, das die Menschheit bis heute hervorgebracht hat, und all das Gute, das sie getan hat, erwächst stets aus diesem ambivalenten Verhältnis zwischen einem Kind und seinen Eltern. Und auch wenn das sehr schematisch und elementar ist – wie es in der Musik nur sieben Töne gibt, mit denen man doch alles komponieren kann, was man will –, erwachsen aus diesem Verhältnis von Vater und Kind, von Kind und Mutter …

Von Mutter und Kind …
… aus diesem kleinen Dreieck erwachsen alle menschlichen Tragödien, alle menschlichen Möglichkeiten. Was willst du also? Soll ich gut oder schlecht über die Familie sprechen? Entscheide du.

Beides. Ich würde gern dein kritisches Urteil hören.
Ich weiß nicht, schauen wir mal, was du am Ende sagen wirst.

Gehen wir davon aus – und wir sind sicherlich alle davon überzeugt –, dass der Liebeskern in einer Familie in einem gewissen Sinne der Keim für Gutes ist, dass also das, was uns dazu bewegt, uns zu paaren, zusammenzuleben, ein Nest zu bauen, wie du gesagt hast, gut ist. Was ist es dann, das Schlechtes entstehen lässt und diese Liebe verdirbt und verändert?
Was ich sagen wollte, ist dies: In den letzten zehn Jahren ist in Italien etwas passiert. Wie in den letzten fünfzig Jahren auf der ganzen Welt. Wir sind von einem Weltzeitalter, einer tausendjährigen Ära und nicht nur eines Zeitraums von Jahrhunderten oder Jahren, in dem die Familie den wirklichen Kern dieses riesigen Mosaiks der vorindustriellen Gesellschaft bildete, also der Gesellschaft der Handwerker, Bauern, Seeleute, Hirten und so weiter, in ein anderes Weltzeitalter übergegangen, das der technologischen Gesellschaft. Und in diesem neuen Zeitalter hat die Familie ausgedient.

Hat sie wirklich ausgedient oder wird sie sich auf eine Weise verändern müssen, die wir noch nicht absehen können?
Das weiß ich eben nicht. Ich bin weder Sexualforscher noch Firmenboss. Jedenfalls stelle ich jetzt dir eine Frage: Stell dir vor, du wärst

eine Firmenchefin oder eine Industrielle, was glaubst du, an wen würdest du deine Produkte besser verkaufen können: an Gruppen von Individuen, an einzelne Individuen oder an Kernfamilien?

Vielleicht habe ich da eine falsche Vorstellung von den industriellen Prozessen, aber ich denke, ich würde versuchen, sie so gut wie möglich anzupassen. Auf gewisse Weise ist es bei einer Familie mit ihren Eigenarten riskanter, als sich beispielsweise Individuen kollektiv heranzuzüchten, die man ja leichter … ich weiß auch nicht … Das jedenfalls scheint in meinen Augen noch ein ungelöstes Problem zu sein. Denn die Familie wird ja gerade als Familie einwandfrei, sagen wir von einer Sendung wie *Il Carosello* erreicht …[22]

Ja, Carosello, Carosello … *(singt Titelmelodie der Sendung)* Über das Fernsehen lässt sich ja gerade der Familienkern erreichen. Man kann also von einem Konsumentenkern sprechen, bestehend aus Vater, Kind … gleichzeitig gibt es aber auch Erscheinungen, die darauf hinweisen, dass sich die Familienbande auflösen. Die Familie bildet nicht mehr dieses totale, absolute Zentrum, dieses oberste Gesetz der Gesellschaftsnormen, das sie früher einmal war. Die Kinder verbringen den Großteil ihrer Zeit mittlerweile außerhalb ihrer Familien.

Vielleicht wäre es möglich, wie dies ja in anderen Ländern geschieht, mit jenen Wahlverwandtschaften zu experimentieren, die das Problem mit der Liebe lösen könnten, dass also all jene Personen, die so eine neue Gemeinschaft anführen oder an eine solche gebunden sind, gleichermaßen emotionale Beziehungen zueinander unterhalten müssten, aber ohne die Autorität des Blutes, ohne Blutsabhängigkeiten. Ich weiß nicht, ob …

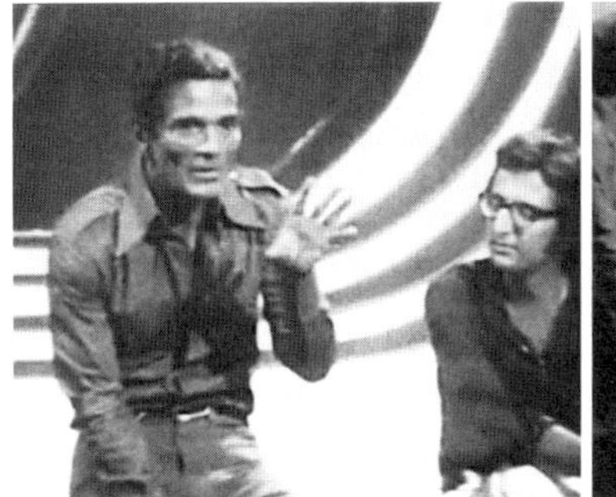

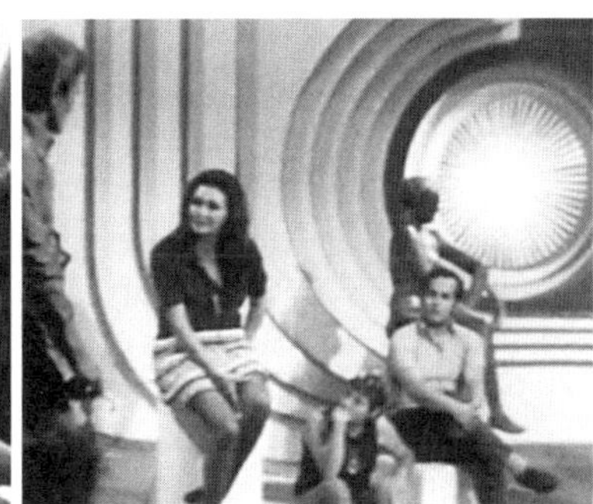

Mit Anna Salvatore in der Sendung *Donna donna*, 1974

Ich habe verstanden, was du sagen willst, aber das ist die reinste Utopie. Dazu müssten wir hier eine Utopisten-Partei gründen und die Wahlen gewinnen, dann würde uns das vielleicht gelingen. Aber der Macht, von der ich nicht weiß, wo sie liegt, geht es nicht darum, dass Kinder eine gute Erziehung bekommen. Es geht ihr darum, Kinder so zu erziehen, dass sie später gute Konsumenten werden.

Also nicht darum, dass sie glücklich sind?
Kann sein, dass Glück und die Freude am Konsum zusammengehen. Das weiß ich nicht, ich will hier objektiv bleiben. Ich sage dir aber, dass die Macht, ohne es zu wollen, von einem historischen Zwang, dem gegenüber wir machtlos sind, gelenkt wird und es so einrichten wird, dass sie sich gute Konsumenten, nicht brave Kinder heranzüchtet.

Es meldet sich ein Zuschauer: **Findest du nicht, dass, wenn man über diese Entwicklung spricht und dabei auch für die Familie einsteht, die Emanzipation der Frau zwingend erforderlich ist, insofern sie ja die Instrumente der Kindererziehung in Händen hält? Und dass dies daher ein wenig auch die gesamte Gesellschaft in politischer Hinsicht betrifft?**
Ja, will man, dass sich die Familie in eine positive Richtung entwickelt, was sich in dem Umfeld, in dem wir diskutieren, leider als idealistisch erweist, ist es absolut notwendig, dass sich die Frauen emanzipieren. Aber ich würde gern etwas anmerken: De facto emanzipieren sich die Frauen bereits. In den letzten zehn, ja in den letzten drei Jahren gab es da gewaltige Fortschritte. Potenziell sind alle italienischen Frauen emanzipiert. In meiner ganzen Kindheit und Jugend schien es beispielsweise so, als hätten die Frauen keinerlei Interesse an Männern. Heutzutage können wir sehen, dass auch die Frauen Interesse an Männern zeigen.

Was für eine schöne Beobachtung …
Die Frauen haben Fortschritte gemacht. Es ist nur so: Ausgerechnet in dem Moment, in dem die Frauen anfangen, sich zu emanzipieren, und dadurch der Familie neue progressive Impulse geben, macht die Menschheit einen Rückschritt. Ausgerechnet in dem Moment, in dem sich die Frauen emanzipieren, finden sie sich als Teil einer Menschheit wieder, die eben durch den Einfluss der Konsumgesellschaft, von der wir vorhin sprachen, verdorben wird.

WHO IS ME. DICHTER DER ASCHE

1966

Das autobiografische Gedicht wurde zum größten Teil im Sommer 1966 geschrieben, aber erst postum veröffentlicht. Es gehört zu jenen, die Italo Calvino »autobio-bildung-psycho-ideologisch« nannte: Verse, die sich aneignen, was früher Stoff für Romane war. Hier legt Pasolini ausführlich Rechenschaft über seine künstlerische und persönliche Entwicklung ab. Adressaten dieses als fingiertes Interview geschriebenen Gedichts sind Allen Ginsberg und der amerikanische Underground.

Ich bin jemand,
der 1922 in einer Stadt voller Bogengänge geboren wurde.
Ich bin also 44 Jahre alt, die man mir nicht ansieht
(erst gestern schätzten mich zwei oder drei Soldaten in einem
Nuttenwäldchen auf vierundzwanzig – arme Jungs,
die ein Kind für gleichaltrig hielten).
Mein Vater starb 1959,
meine Mutter lebt.
Ich beweine noch, wenn immer ich an ihn denke,
meinen Bruder Guido,
ein Partisan, umgebracht von anderen Partisanen,
Kommunisten
(er war im Partito d'Azione, und zwar auf meinen Rat;
begonnen hatte er den Widerstand als Kommunist),
auf den verfluchten Bergen eines abgeholzten
Grenzgebiets mit kleinen, grauen Hügeln in trostlosen
Voralpen.
Mit sieben begann ich Gedichte zu schreiben:
Doch ich war nicht frühreif, es sei denn durch meinen Willen.
Ich war ein »siebenjähriger Dichter«
wie Rimbaud – doch nur im Leben.

Nun, in einem Dorf zwischen Gebirge und Meer,
wo große Gewitter bersten, im Winter viel Regen fällt,
wo man im Februar die Berge klar sieht wie Glas,
knapp hinter den feuchten Zweigen und wo an den Gräben die
Primeln
wachsen, geruchlos, und im Sommer die schmalen Maisfelder,
im Wechsel mit dem stumpfen Grün der Luzerne
vor dem blassen Himmel sich abzeichnen,
wie eine geheimnisvoll östliche Landschaft –
nun, in jenem Dorf,
gibt es eine Truhe, mit Manuskripten gefüllt von einem der
vielen jungen Dichter.
Das Wichtigste in meinem Leben war meine Mutter
(hinzu kam, erst jetzt, Ninetto).
Im Jahre 1942, in einer Stadt – wo mein Dorf so es selbst ist,
dass es wie ein Traumland erscheint – mit der großen Poesie
des Unpoetischen,
wimmelnd von bäuerlichen Menschen und kleinen Betrieben,
viel Wohlstand,
guter Wein, gutes Essen,
höfliche und schwerfällige Leute, etwas derb, doch
empfindsam,
in dieser Stadt habe ich mein erstes Büchlein mit Versen
veröffentlicht,
mit dem für damals konformistischen Titel »Poesie a Casarsa«,
gewidmet, aus Konformismus, meinem Vater,
der es in Kenia bekam,
– er war dort Kriegsgefangener, unwissendes und unkritisches
Opfer des faschistischen Krieges.
Es zu bekommen hat ihm – ich weiß es – ungeheure Freude
bereitet:
Wir waren große Feinde,
aber unsere Feindschaft war Teil des Schicksals und nicht in uns.
Und als Zeichen unseres Hasses, unentrinnbares Zeichen,
Zeichen für eine wissenschaftliche Analyse, die nicht irrt,
die nicht irren kann,

war dieses ihm gewidmete Buch
geschrieben in friaulischem Dialekt!
Dem Dialekt meiner Mutter!
Dem Dialekt einer kleinen
Welt, die er verachten oder
– jedenfalls akzeptieren musste mit der Geduld eines Vaters …
Und zwar aufgrund eines vorangegangenen Widerspruchs:
wieder einer von denen, die einen Wissenschaftler nicht
täuschen!
Da, wo dieser Dialekt gesprochen wurde, hatte er sich nämlich
verliebt.
Verliebt in meine Mutter.
So hat durch sie diese kleine, minderwertige, bäuerliche
Welt, fast Schwarze, die er verachtete,
ihn zum Sklaven gemacht:
aber auch dieses Mal ohne sein Wissen.
Er wusste nicht, dass diese Liebe sein Herr war,
und durch eine Kindfrau (meine Mutter!),
schön, mit schönem Hals und der allzu unschuldigen Seele
eines Engels, der ungeeignet für ein Leben fern von Dörfern
und Feldern,
zunichtegemacht hat die ganze moralische Gewissheit
eines armen Mannes, geschaffen, um selbst Herr zu sein.
So war jetzt dieser Dialekt
ein teuflisches Ding.
Er war das Zentrum von tausend weiteren Widersprüchen.
Deren glühendster bestand in einer Tatsache, die nicht
eingestanden werden konnte:
denn er war geweiht durch den Druck
und die makellosen Seiten eines Gedichtbands,
dessen Verfasser der zwanzigjährige Sohn war.
Man konnte also nicht einmal mit der Prüfung beginnen,
da sie nicht eingestanden werden konnten,
jene Widersprüche, die so zu schwarzen Wolken wurden,
entsetzlichem Donner, Zeichen einer völligen Niederlage und
des Todes,

vor dem leuchtenden, stolzen Horizont eines kriegsgefangenen
Vaters.
Gut, am Ende des Krieges
kehrte er nach Italien zurück, mit diesem Büchlein friaulischer
Verse
im Koffer.
Heiliges Kleinod, Erinnerungsstück der Familie, Zeugnis auch
künftiger Größe.
Ich muss hinzufügen, dass mein Vater den Faschismus bejahte.
Und hier liegt der zweite Widerspruch, der öffentliche:
Der Faschismus duldete keine Dialekte, Zeichen
der unverwirklichten Einheit dieses Landes, in dem ich
geboren bin,
unzulässige und schamlose Wirklichkeit im Herzen der
Nationalisten.
Deshalb wurde mein Buch in den offiziellen Zeitschriften nicht
besprochen.
Und Gianfranco Contini musste seine Rezension
(die größte literarische Freude meines Lebens)
an eine Zeitung in Lugano schicken.
Mit dem Ende des Faschismus begann das Ende meines Vaters.
Das mit dem Faschismus ist ein Alibi, mit dem ich auch
meinen Hass rechtfertige,
den ungerechten, gegen den armen Mann: Und trotzdem muss
ich sagen, dass dieser Hass
auf schreckliche Weise gemischt ist mit Mitleid.
Nun da ich, unverdient, 44 Jahre alt bin,
etwa sein Alter zur Zeit meiner ersten Gedichte,
sehe ich ihn außerhalb meiner Geschichte,
in Ereignissen, die mir vollkommen fremd sind,
in denen ich ein objektiv schuldiger Held bin.
Denn ich *muss* daran erinnern,
dass mit der beginnenden Liebe zu meiner Mutter
es auch die Liebe zu ihm gab: und sinnlich.
Ich muss an meine kleinen Schritte eines dreijährigen Jungen
erinnern,

in einer kläglich verlorenen Stadt in den Bergen,
die schon ein bisschen nach Österreich aussah,
fast an den Quellen eines Flusses, dessen Name nach Museum,
Krieg
und Elend klingt,
ein blauer Fluss zwischen großen Kieseln am Fuß der Berge –
meine kleinen Schritte am Rand einer Straße,
unter einer Sonne, die nicht meinem Leben,
sondern dem meiner Eltern gehörte,
am Straßenrand, wo mein Vater, ein junger Mann,
stand und pinkelte …
Ich muss noch hinzufügen, um diese Geschichte zu beenden –
die herausfällt aus dem Rahmen meines Gedichts –
dass jene friaulischen Verse meine schönsten sind
(zusammen mit denen, die ich bis dreiundzwanzig,
vierundzwanzig schrieb
und später veröffentlichte unter dem Titel »Die bessere Jugend«,
zusammen auch mit den gleichzeitigen italienischen Versen,
entstanden aus der tiefen, friaulischen Elegie
eines Selbstzerstörers, Exhibitionisten und Onanisten,
unter Maulbeerbäumen und Reben, geschaut mit dem reinsten
Auge der Welt);
jene Verse heißen »Die Nachtigall der katholischen Kirche«,
und ihr »Falsett« (Fortini) ist immer noch eine schreckliche
und feine Musik, die mich, von da unten, bezaubert und
rückwärts zieht.
Sonst kann ich nichts erzählen
von meinem Aufenthalt
in jenem Land der Gewitter und der Schlüsselblumen,
leicht östlich, an den kleinbürgerlichen Grenzen zu Österreich:
möglich, dass sich italienische Journalisten bemühen werden,
Faschisten
oder ganz einfach Antikommunisten.
Ich floh mit meiner Mutter, einem Koffer und ein wenig
Schmuck, der sich als falsch herausstellte,
im Zug, langsam wie ein Güterzug,

durch die friaulische Ebene, unter ihrer dünnen und harten
Schneeschicht.
Wir fuhren nach Rom.
Wir hatten also meinen Vater allein gelassen,
neben einem kleinen Ofen armer Leute,
mit seinem alten Militärmantel
und den entsetzlichen Ausbrüchen dessen, der an Zirrhosen
und Paranoiasyndromen leidet.
Ich lebte (…) diese Seite eines Romans, des einzigen in
meinem Leben:
Im Übrigen, was soll es,
lebte ich lyrisch wie jeder Besessene.
Unter meinen Manuskripten war auch mein erster Roman:
Es war die Zeit von »Fahrraddiebe«,
und die Literaten waren dabei, Italien zu entdecken.
(Jetzt bin ich kein Literat mehr,
ich meide die andern, habe nichts zu tun
mit ihren Preisen und Zeitschriften.)
Wir kamen in Rom an
mithilfe eines sanften Onkels,
von dem ich etwas in meinem Blut habe:
Ich lebte, wie ein zum Tod Verurteilter leben kann,
immer *mit jenen Gedanken* wie eine Sache am Leib,
– Schande, Arbeitslosigkeit, Elend.
Es kam so weit, dass meine Mutter eine Zeitlang putzen gehn
musste.
Und ich werde von diesem Leid nie mehr gesund.
Denn ich bin ein Kleinbürger und kann nicht lächeln wie
Mozart …
In einem Film – er heißt »Große Vögel, kleine Vögel« –
habe ich – es ist wahr – ein komisches Opus versucht, höchster
Ehrgeiz eines Schriftstellers
– aber es gelang mir nur zum Teil,
denn ich bin ein Kleinbürger
und neige dazu, alles zu dramatisieren.
Wie ich Marxist wurde?

Gut … Ich ging zwischen weißen und blauen Frühlingsblumen,
die gleich nach den Primeln herauskommen
– und kurz bevor die Akazien sich mit Blüten beladen,
die wie menschliches Fleisch riechen, das sich auflöst in der
sublimen Wärme
der schönsten Jahreszeit –,
und ich schrieb am Rand kleiner Teiche,
die da oben, im Land meiner Mutter, »fonde« genannt werden,
mit einem jener unübersetzbaren Namen,
zusammen mit den Bauernjungen,
die ihr unschuldiges Bad nahmen
(denn sie standen ungerührt vor dem Leben,
während ich glaubte, sie wären bewusst, was sie waren),
ich schrieb die Gedichte der »Nachtigall der katholischen
Kirche«:
Das war 1943;
1945 »war dann alles anders«.
Diese Bauernsöhne waren ein bisschen größer geworden,
hatten sich eines Tages ein rotes Tuch um den Hals gebunden
und waren marschiert
in die Kreisstadt, mit ihren Toren
und ihren venezianischen Palästen.
So erfuhr ich, dass sie Tagelöhner waren
und dass es also auch Herren gab.
Ich stand aufseiten der Tagelöhner und las Marx.
(…)
Groß ist dein Geist, Amerika!
Doch größer noch wird er sein nach entzauberter Unschuld!
Ich liebe Ginsberg:
Lange hatte ich nicht mehr eines Bruders Gedichte gelesen –
ich glaube, seit den Zeiten in jenem Land der Gewitter und der
Schlüsselblumen,
als ich die griechischen Gesänge des Tommaseo las und
Machado.
Kein Künstler ist frei, in keinem Land.
Er ist lebendiger Protest.

Pound geht ins Gefängnis wie Sinjawski und Daniel,
und Herr Lennon war überall anstößig, ich glaube auch bei
den Russen.
(…)
Was mich betrifft,
man glaubt nie einem Unschuldigen,
der im Übrigen völlig damit beschäftigt ist, an einen blauen
Fluss zu denken zwischen großen Kieseln am Fuße der Berge,
der unter der Sonne der Eltern einströmt
in andere Leben,
in Leben mit anderen Erklärungen,
in eine andere Deutung des Lebens,
die auch nicht die der Träume ist,
wenn unser Leben nichts ist als ein Schatten
über unserem wahren Leben, das wir nicht kennen.
In Rom, von 1950 bis heute, August 1966,
tat ich nichts anderes, als zu leiden und gierig zu arbeiten.
Ich war Lehrer, nach jenem Jahr ohne Arbeit, mit dem Leben
am Ende,
an einer Privatschule, für siebenundzwanzig Dollar im Monat:
Inzwischen war mein Vater
uns nachgezogen,
und wir sprachen nie von unserer, meiner und meiner Mutter
Flucht.
Eine normale Angelegenheit, ein Umzug in zwei Akten.
Wir wohnten in einem Haus ohne Dach und Verputz,
ein Haus armer Leute am äußersten Stadtrand, bei einem
Gefängnis.
Fußhoher Staub im Sommer, ein Sumpf im Winter.
Doch es war Italien, Italien, nackt und wimmelnd
mit seiner Jugend, seinen Frauen,
seinen »Gerüchen von Jasmin und armen Suppen«,
den Sonnenuntergängen über den Feldern am Aniene, den
Müllhalden:
und, was mich betrifft,
meinen unversehrten Träumen von Poesie.

Alles konnte, in der Poesie, eine Lösung finden.
Mir war, als ob Italien, seine Beschreibung und sein Schicksal,
abhingen von dem, was ich dazu schrieb,
in jenen Versen, gesättigt mit unmittelbarer Wirklichkeit,
nicht mehr nostalgisch, fast als hätte ich sie mit meinem
Schweiß verdient.
Sicher, es zählt auch in ihrer nackten Bedeutung
die wirtschaftliche Lage:
Nicht ins Gewicht fiel mein Reichtum an Kultur und an Liebe,
viel gewichtiger war, dass ich an bestimmten Tagen
nicht einmal die hundert Lire hatte, um mich beim Friseur
rasieren zu lassen:
Meine wirtschaftliche Lage, unsicher und wirr,
war damals, in vielerlei Hinsicht,
die der Leute, unter denen ich wohnte:
Darin waren wir tatsächlich Brüder, oder zumindest gleich.
Darum, glaube ich, habe ich sie gut verstehen können.
Und um meine unübersetzbaren Romane zu verstehen,
lest das Vorwort von Oscar Lewis zu seinem Tonbandroman:
Es geht um dasselbe.
Auch die italienischen Bürger können also Rassisten sein.
Bisher hatten sie keine Gelegenheit dazu,
die erste kleine Gelegenheit,
meine Romane,
haben es ausgelöst.
Ich spürte, was ein Schwarzer in Chicago spüren kann,
den Terror.
Doch ich vergesse schnell,
und der ganze Terror
ist zu *einer bloßen Sache* geworden
über und an mir, eine besondere *Sache, jene Sache,*
und so habe ich sie beiseitegeschoben und innerlich gelitten:
ein Magengeschwür brach aus,
an dem ich sicher über kurz oder lang sterbe.
Ein schwerer Schlag für den unterbrochenen Traum meiner
Jugend!

Das italienische Bürgertum um mich herum ist ein Haufen
Mörder.
Ich erhoffe gewiss keine bessere Aufnahme vom
amerikanischen.
In der Welt des Kapitals ist das Leben eine Wette,
die man gewinnt oder verliert:
Das ist der Mensch des bürgerlichen Laizismus.
Wer sich entblößt, bekennt oder die Lächerlichkeit nicht scheut,
endet übel: So ist das Gesetz.
Liebe Amerikaner, Nicht-Pazifisten, Nicht-Spiritualisten,
also riesige Mehrheit, die es nur gut meint,
euer Gott ist ein Idiot
wie jeder Durchschnittsbürger,
der sich sehnt aus ganzer Kraft und mit all seinem Geist,
so zu sein *wie* alle andern:
Und wegen dieser verrückten Liebe zur Gleichheit hasst er sie.
Wer von euch hat geweint
über den jungen Griechen, zum Tode verurteilt
als Kriegsdienstverweigerer?
Macht eine kurze Gewissenserforschung:
wer diese Tränen nicht vergossen hat, ist ein Schwein.
(…)

Doch ich schreibe nur ein
bio-bibliografisches Gedicht, zurück zum Thema:
»Ragazzi di vita« und »Vita violenta«
sind die Titel jener zwei Romane, an denen
der Hass der italienischen Rassisten sich verriet.
Geschrieben im Herzen der Fünfzigerjahre.
Die Titel meiner gleichzeitig geschriebenen
Gedichtbände hingegen sind:
»Gramsci's Asche«
»Die Religion meiner Zeit«
»Gedicht in Form einer Rose«.
In diesem letzten Band ist etwas zerbrochen:

Vielleicht war es das mir unmittelbar noch nicht bekannte
Auftreten
der neuen amerikanischen Linken und das ferne Wirken von
Ginsberg.
In ihm habe ich falsch dem Engagement abgeschworen,
doch weil ich weiß, dass das Engagement unerlässlich ist,
und heute mehr denn je.
Und heute, sage ich euch, muss man sich nicht nur engagieren
im Schreiben,
sondern im Leben:
Man muss aushalten als Ärgernis
und im Zorn, mehr denn je,
arglos wie Tiere im Schlachthof,
finster wie Opfer, genau so:
Man muss den Bürgern lauter denn je
die Verachtung erklären, anschreien gegen ihre Primitivität,
spucken auf die Unwirklichkeit, die sie sich zur Wirklichkeit
wählten,
in keinem Akt und keinem Wort ablassen
vom totalen Hass gegen sie und ihre Polizei,
ihre Justiz, ihr Fernsehen, ihre Presse:
Und hier
möchte ich, Kleinbürger, der alles dramatisiert,
der von einer Mutter so gut erzogen wurde im sanften und
schüchternen Atem
(...) der bäuerlichen Moral,
ein Lob weben
auf den Schmutz, das Elend, die Droge und den Selbstmord:
Ich, ein privilegierter marxistischer Dichter,
der das ideologische Werkzeug besitzt und Waffen, um zu
kämpfen,
und genug Moralgefühl, um den bloß anstößigen Akt zu
verurteilen,
ich, zutiefst wohlerzogen,
mache dieses Loblied, weil Droge, Ekel, Wut,
Selbstmord,

zusammen mit der Religion, die einzige verbliebene Hoffnung
sind:
reiner Protest und Tat,
Maß für das gewaltige Unrecht der Welt (...).
Es ist nicht nötig, dass ein Opfer weiß und spricht.
1960 habe ich dann meinen ersten Film gedreht, der,
wie gesagt, »Accattone« heißt.
Warum ich von der Literatur zum Film ging?
Unter den absehbaren Fragen eines Interviews kommt
diese Frage unvermeidlich, und sie ist es auch.
Ich antwortete also, dass ich die Technik ändern wollte,
dass ich eine neue Technik brauchte, um Neues zu sagen,
oder, umgekehrt, dass ich immer das Gleiche sage und deshalb
die Technik ändern musste: je nach den Spielarten der
Besessenheit.
Doch war ich nur zum Teil aufrichtig mit dieser Antwort:
Das Wahre an ihr bezog sich auf das, was ich bisher gemacht
hatte.
Dann merkte ich,
dass es sich nicht um eine literarische Technik handelte, fast der
gleichen Sprache zugehörig, in der man schreibt:
sondern dass sie selbst eine Sprache war ...
Und dann nannte ich die dunklen Gründe,
die meine Entscheidung bestimmt hatten:
Wie oft hatte ich zornig und ungestüm
gesagt, ich wolle auf meine italienische Nationalität verzichten!
Gut, indem ich die italienische Sprache aufgab und mit ihr
nach und nach die Literatur,
verzichtete ich auf meine Nationalität.
Ich sagte nein zu meiner kleinbürgerlichen Herkunft,
ließ alles hinter mir, was italienisch klingt,
protestierte, naiv, indem ich mein Abschwören so
inszenierte, dass es im Augenblick der Demütigung und
Kastration
mich erhöhte. Doch war ich noch nicht ganz
aufrichtig.

Denn das Kino ist nicht nur eine linguistische Erfahrung,
sondern, weil linguistische Forschung, eine philosophische Erfahrung.
Eines Tages ging ich, wie ein Fisch fern vom Netz,
in der trockenen Luft
eines Vorgebirges, das, ohne eine Seele weit und breit, krank lag
im Blau,
und nun sage ich euch, was mir passierte und wie die Sache wirklich war.
Ich ging an jenem Tag auf einer trockenen Straße,
die Hände ebenso trocken und auch das Hirn, ich sage euch,
nur der Bauch war lebendig wie jenes Vorgebirge im nutzlosen Blau.
Alle Mythen waren zerbrochen und zersetzt, doch auf dem Vorgebirge zumindest
lebten noch welche.
Kurz, getrieben vom lebenden Bauch und meiner Kurzsichtigkeit,
steuerte ich in der trockenen Sonne,
auf einem Flecken Asphalt,
zwischen ein paar noch sommerlichen Herbstbüschen,
ein Gehöft an, das allein lag in der Sonne,
mit den lebhaften Umrissen alter Wände, alter Pfähle, alter
Netze und alter Zäune, blau und weiß
– wir sind in Italien –, wo die regengemischte Sonne süßlich stank.
Drin ein finsterer Junge, mit Schürze (so erinnere ich mich) und dem dichten
Haar einer Frau,
die Haut blass und gestrafft, in den Augen die verrückte Unschuld
eines halsstarrigen Heiligen, eines Sohnes, der wie seine gute Mutter sein will.
Im Grunde – ich sah es sofort – ein armer Besessener:
dem Unwissenheit die herkömmliche Sicherheit gab,
indem sie seine leichenhafte Neurose zur Ordnung erstarren ließ

eines gehorsamen Sohnes, der sich eins fühlt mit seinen Vätern.
Wie heißt du, was machst du, gehst du tanzen, hast du eine
Freundin,
verdienst du genug,
waren die Fragen, mit denen ich meinen ersten Drang der alten
Libido des Mittags zügelte, wie ein getrockneter Fisch,
und ich trank eine Coca-Cola.
Ihr habt mein Evangelium gesehen,
ihr habt die Gesichter meines Evangeliums gesehen.
Ich konnte mich nicht täuschen, denn manchmal mussten, bei
Dreharbeiten,
Entscheidungen fallen
in wenigen Minuten:
Ich habe mich nie getäuscht in Gesichtern,
in Gesichtern (…)
denn meine Libido und meine Schüchternheit
zwangen mich dazu, meinesgleichen genau zu kennen.
Ich erkannte sofort, in wenigen Minuten, auch ihn,
den elend von Dämonen Besessenen im sonnenbelagerten
Gehöft.
Der Winter kam
im Widerspruch zur überlebenden Sonne, (…) den Abenteuern,
der Winter kam
und war da in seinem Gesicht,
mit seinen Schatten, schweigsamen Häusern, mit seiner (…)
Keuschheit.
Ich zog mich zurück.
Doch nicht zeitig genug, dass er nicht gespürt hätte, wie eine
Frau,
den Schrecken vor dem Vater, der den Vätern nicht gleicht,
die für seinen Gehorsam die Welt verfasst hatten.
Gut, irgendein kleiner Vertreter des Staates
an jenem Vorgebirge, verlassen von den Menschen und
bestürmt
von den hier einfallenden Bürgern aus Rom, der Norm
geweihten Idioten,

glaubte ihm.
Dann glaubte ihm ich weiß nicht was für ein Wachtmeister,
ein armselig weltliches Schicksal ins Gesicht gestampft.
Es glaubte ihm ein Untersuchungsrichter,
in dessen Augen der gleiche Ausdruck lag,
der ziegenweißen, modernen Bauten jenes absurden Ortes,
an dem er tätig war.
Schließlich glaubte ihm der Vorsitzende des Gerichts,
das mich verurteilte,
rein formal, zu zwanzig oder dreißig Tagen Haft.
Der Junge mit der blassen Haut eines Heiligen hatte erzählt,
in seinen Laden sei ich getreten an jenem Tag der Sonne,
ein Räuber mit schwarzem Hut,
der sich ein Paar schwarze Handschuhe überstreifte,
die Pistole mit einer goldenen Kugel lud,
ihn aufforderte, sich zu ergeben,
und aus der Schublade etwa drei Dollar entwendete;
beim Gehen ihn dann bedrohte,
denn er, der Angegriffene, hatte ein Messer ergriffen, zu seiner Verteidigung.
Ich habe euch das erzählt
in einem nicht poetischen Stil,
damit du mich nicht liest, wie man einen Dichter liest.
Dann gab es in Italien einen gewissen Salvatore Pagliuca,
Senator ich weiß nicht welcher Partei,
es gab ihn da unten, im Süden Carlo Levis, zwischen ausgetrockneten
Dörfern unter der Sonne der Überschwemmungen,
wo herrliche Olivenbäume wachsen
und herrlicher Ginster.
Bar jeder Ahnung von Oliven und Ginster,
so wie ich keine Ahnung hatte von seiner Existenz,
sah dieser Herr Salvatore Pagliuca
meine Geschichte über Accattone und hörte,
dass ein Mohr mit blitzenden Zähnen, wild wie ein Wolf
mit kostbarem Tritt,

Salvatore Pagliuco hieß.
Er fühlte sich beleidigt, zeigte mich an, gewann den Prozess
und erhielt viele Millionen Schadensersatz.
Ich habe dir das erzählt
in einem nicht poetischen Stil,
damit du mich nicht liest, wie man einen Dichter liest.
An einem Tag der ersten Sechzigerjahre
(die Zeit, in der all das geschah)
gab ich einem kleinen Kinokönig mit Namen Amato und seinem Kumpan Amoroso
ein Drehbuch mit dem ländlichen Titel
»Der Weichkäse«.
Vielleicht habt ihr diesen meinen Film gesehen
vor ein paar Jahren auf dem Festival in New York.
In diesem Drehbuch,
geschrieben wie Schriftsteller schreiben,
gab es ein paar grobe Worte
und wenig Zartgefühl für die Religion der katholischen Bourgeoisie
meines Landes.
Aus einem der vielen Gründe, die du als Filmkritiker gut kennst,
ging der Film baden, Loved starb,
und Loving
hängte mir einen Prozess an
und warf meinem Drehbuch vor,
es sei für ein Durchschnittspublikum zu schlüpfrig,
was ihn gehindert habe, seinen Film zu machen.
Das ist so, wie wenn Herr Crawther
Herrn Levin, auf dessen Aufforderung, ein Manuskript abliefert,
das zu schmalzig ist und höchstens für Schulmädchen taugt,
und Herr Levin, der es nicht gut findet,
aus Gründen, die nur ihn etwas angehen,
ihm einen Prozess anhängt, weil der übertriebene Schmalz
des Drehbuchs von Crawther, dem sanften Crawther,
ihn gehindert habe, den Film, den er wollte, zu realisieren.

Ich verlor auch diesen Prozess und soll ich weiß nicht wie viele
zig Millionen Herrn Loving bezahlen,
der ruiniert ist durch meine erste Fassung
eines für Durchschnittsitaliener ungeeigneten Drehbuchs.
(…)
Auch das habe ich dir erzählt
in einem nicht poetischen Stil,
damit du mich nicht liest, wie man einen Dichter liest.
So verfiel meine Achtung vor der Poesie, typisch
für eine Kindheit, die an die Ewigkeit glaubt; Illusion,
die den Nationalismus nicht begräbt, weil sie, unbewusst,
glaubt
(mit kindlicher Leidenschaft) an die Absolutheit
der Sprache einer Nation; ihres Lieds, der Musik
(was absolut absurd ist,
kaum hat man den Zoll hinter sich); Illusion,
die auch die Logik und den Klassizismus nicht begräbt
(ein elender Philologe kann zwischen Wort und Wort
– ein jedes isoliert und festgenagelt im Schweigen – den armen,
abgeschnittenen Diskurs rekonstruieren, bar
jeder Idee, jeder Religion, außer der eines letztlich
sehr wenig religiösen Kults der Poesie in der Literatur).
Aber nicht nur ging die Achtung
für jene Poesie verloren,
die der kleinen Geschichte meiner Zeit angehört
(aus der ich, in sie eingezwängt,
kein einziges Gesicht herausfinden kann, und sei es das
fremdeste,
kein einziges Buch, und sei es das vergessenste),
sondern für die Poesie selbst. Sie also zählt nicht, nie.
Jedenfalls nicht aufgefasst als Poesie.
Die Sprache der Tat, des Lebens, das sich darstellt,
ist so unendlich viel faszinierender!
Sie ist es, die auflebt – kaum hat man ihn geschlossen –
aus einem Gedichtband: Sie ist *zuvor* und *danach:*
Dazwischen liegt ein Ausdrucksmittel,

das sie hervorruft, das ist alles. Zauberwerk.
Nur die Liebe zu dieser Sprache des Nicht-Ich, die sich
gleichberechtigt, gleichstark ausdrückt wie das Ich,
gibt dem Dichter
Befähigung.
Doch der Beruf des Dichters als Dichter
wird immer bedeutungsloser. Ist es wirklich nötig,
jene lebendige Sprache in eine konventionelle einzufügen,
damit sie sich dann befreit und wieder wird, was sie ist,
lebendig, im Leser?
Kennt dieser das Zwiegespräch mit der Wirklichkeit nicht?
Besteht der bescheidene Wert des Dichters
darin, sie zu beschwören, wie er sie sieht? Ist das ernsthaft?
Warum betrachtet er sie nicht schweigend,
– ein Heiliger und kein Literat?
Indes, was macht die Jugend
am Abend in ihren Provinzstädten
oder auch in den großen Metropolen
anderes, als über Literatur zu sprechen?
Mit rebellischem Schritt auf den soeben entdeckten Straßen
voll von verborgenem Sinn und Geschichte?
Indem sie die Literaten entdeckt wie die Huren oder die
Geheimnisse
eines Stadtviertels oder die Gewohnheiten eines sozialen
Lebens,
das nunmehr das ihre ist, während es noch den Vätern gehört
(die deshalb einen Krieg vorbereiten, um sie in den Tod zu
schicken)?

Wenn ich mich frage
im Licht der Augustsonne im verlassenen Manhattan (wie ich
euch sagte),
erfahre ich, dass ich
(der nur durch die Literatur Dichter sein konnte)
kein Literat mehr bin.

Mein Schicksal ist,
an kleine Hügel zu erinnern, über einem Fluss, auch er
mit blauem, ganz durchsichtigem Wasser über kleinen Steinen,
im Kiesbett, ein Beinhaus bei Niedrigwasser, im traurigen
Grün zunächst, dann zwischen den Reben
(wirr im Sommer in feuchter, fast östlich verblasster Stille)
der Hügel,
und schließlich zwischen trockengelegten Böden, deren
Duft genügt, um über zwei wilden Augen
und einem wild reinen Schoß in Ohnmacht zu fallen, in der
brennenden Lust zu sterben.
Auf jenen traurigen Hügeln – wahren Friedhöfen, ohne
Blumen –
kämpfte man gegen Faschisten und Deutsche, und mein Bruder,
wie ich euch sagte, ließ dort seine neunzehn Jahre,
wie ein Falke, der eben erst flügge, schon so gut flog.
Was ihr, mit einem leicht ironischen, doch unsympathischen
Lächeln
(auf eurem krankhaften Gesicht voll falscher Sicherheit)
mit deutlicher Betonung »Engagement« nennt,
lebte fünfzehn Jahre lang
als Parasit vom Ruhm und vom Schmerz dieser Stätten.
Das heißt, es war nicht.
Jetzt erst beginnt es zu sein.
Jetzt, da die Friedhöfe ohne Blumen,
auch sie, ihre Blüte erleben.
Auch mein Freund Moravia hat Angst,
vielleicht aus Furcht, unpopulär zu werden,
wenn er das nicht verstehen will. Und mit ihm
und viel schlimmer als er (der geheimnisvoll einem
unbeirrbaren Wissensdrang folgt) alle andern,
die in Italien
den Namen und die Funktion eines »Literaten« haben.
Alle leugnen dieses Engagement in der stillschweigenden,
neurotischen Absicht, euch zu schmeicheln: die einen
zerknirscht,

die andern die Brust wie Huren gebläht.
Ich möchte nicht zurück zu diesen Hügeln,
weder als Tourist noch als Besucher von Gräbern, das sei klar.
Auch ich, auch ich habe sie vergessen.
Und mit Grund! In ihrer Tat und in der Ideologie,
die ihr zugrunde lag wie die Form eines erhabenen Katechismus,
lebte ich meine jugendliche Rebellion.
Da vielleicht übernahm ich
auch die untilgbaren Gewohnheiten
von Moral und Würde.
Aber ich kehre nicht zurück, zu diesen Orten, die da sind, doch unsichtbar.
(...)
So weit will ich mich von meinen Gründen nicht rühren lassen,
das heißt von der Tatsache,
dass das »Engagement« nicht nur
nicht zu Ende ist, sondern jetzt erst beginnt.
Nie war Italien widerwärtiger.
Vor allem durch den Verrat der Intellektuellen,
durch diesen Revisionismus der kommunistischen Partei, ein Wolf,
der dieses Mal *wirklich* ein Schaf ist – der Genosse
Longo hatte im »Spiegel« die einschmeichelnde Miene eines Literaten,
der verzweifelt vorgibt, auf der Höhe der Zeit zu sein,
und so jede erneuernde Gewalt des Kommunismus von sich weist:
Ja, auch der Kommunist ist ein Bürger.
Das ist die rassische Verformung der Menschheit.
Sich gegen das alles zu engagieren bedeutet vielleicht
nicht, engagiert schreiben,
sondern, meine ich, leben.
Was meine künftigen Werke betrifft, (...)
du wirst sehen (...), wie eines Tages ein junger Mann kommt
in ein schönes Haus,

wo ein Vater, eine Mutter, ein Sohn und eine Tochter
als reiche Leute leben, in einem Zustand ohne Selbstkritik,
als ob alles eins wäre, das Leben rein und einfach;
auch ein Dienstmädchen ist da (aus subproletarischen
Ländern); es kommt
der junge Mann,
schön wie ein Amerikaner,
und sogleich, als Erste, verliebt sich das Dienstmädchen in ihn
und zieht ihre Röcke hoch. Er gibt ihr den sanften,
schweren Zorn seines Glieds. Dann verliebt sich
in ihn der Sohn; die beiden schlafen im Zimmer
des Jungen, mit den Resten der Kindheit; und auch dem Sohn
schenkt er sein Glied aus Seide, erwachsener und mächtiger;
und das gleiche Geschenk, willfährig und großzügig,
denn er ist es, der gibt, macht er der Mutter,
die seine Kleider anbetet, die Hose, das Hemd,
den Slip, was alles er in einem Chalet gelassen hatte
an einem heißen Sonntag, am Tyrrhenischen Meer;
und das gleiche Geschenk noch macht er dem Vater – und wird
Vater des Vaters, da er mit mütterlicher Zärtlichkeit
zweideutig,
und, dem Namen nach, Vater –
dem Vater, der in der Frühe aufwacht
von einem Schmerz, der ihn durchschneidet,
am Bauch, als er aufsteht, um ins Bad zu gehen,
und die stumme Schönheit der Morgenstunde entdeckt,
mit der schon blendenden Sonne, … und seine Liebe entdeckt
mit der gleichen Verwunderung,
mit der er jene Sonne entdeckt hat:
eine Liebe, wie die des Ilja Iljitsch für seinen jungen,
bäuerlichen Diener; doch bewusst und dramatisch,
denn er, der alte Industrielle mit dem Gesicht
von Orson Welles, ist ein Kleinbürger, der alles dramatisiert.
Die gleiche Gabe des Glieds, in den Stunden
der Krankheit des Vaters – und noch vor dem Vater –
macht er der vierzehnjährigen Tochter, die verliebt ist

in ihren Vater und ihn entdeckt, den jungen Mann, der ganz
Liebe,
ihn entdeckt, eben, durch die verliebten Augen des Vaters.
Dann
geht der junge Mann fort:
die Straße, an deren Ende er verschwindet,
bleibt verlassen für immer.
Und jeder, in der Erwartung, im Erinnern,
wie der Jünger eines nicht gekreuzigten, doch verlorenen
Christus,
hat sein Schicksal.
Es ist ein Theorem:
und jedes Schicksal ist eine Folgerung.
Die Schicksale sind die, die du kennst,
die einer Welt, wo wir, du mit deinem unsympathischen
Lächeln des Antikommunisten und ich mit meinem
antibürgerlichen
kindlichen Hass, Brüder sind:
Wir wissen Bescheid!
Wie eine Angstneurose zupackt
und wie ein kleines weibliches Opfer von vierzehn Jahren
im Bett einer Klinik endet,
die Finger so fest geschlossen, dass nicht einmal ein Skalpell
sie lösen könnte;
wie ein Junge mit sich selbst spricht wie ein Verrückter,
malt und neue Techniken erfindet,
bis er ein
Giacometti, ein Bacon wird,
mit seiner Schaustellung figurativer Gespenster,
tragische Symbole der Welt in einem kranken Geist,
schlecht riechende, erbärmliche Flecken des Übels; wie
eine Frau in mittleren Jahren, noch schön und gepflegt,
den Christus der Kirche nicht vergessen kann
und zugleich, einmal verloren,
nicht widerstehn kann dem Wunsch, sich zu verlieren, erneut,
und so zwischen leichten Jungen und christlichen Ängsten lebt;

und wie schließlich ein Vater,
der das Leben mit Besitz verwechselt hatte,
einmal besessen,
das Leben verliert, es wegwirft: also seinen Besitz verschenkt
– eine Fabrik am Rande der Großstadt –
an seine Arbeiter; und sich in der Wüste verliert
wie die Juden.
Bei allen eine Gewissensfrage.
Die Dienstmagd aber wird eine verrückte Heilige,
geht zurück in den Hof ihres alten, subproletarischen Hauses,
schweigt, betet, tut Wunder,
heilt Leute,
isst nur Brennnesseln, bis ihr die Haare grünen,
und lässt schließlich, um zu sterben,
sich weinend von einem Bagger begraben,
und ihre Tränen, dem Schlamm entspringend,
werden zur wunderwirkenden Quelle.
Vor dem Vater und vor der Mutter,
im irdischen Paradies, war ein erster Vater,
in dessen Vertrautheit wir, zuerst, gelebt haben.
Doch dann war die Liebe der Mutter von Bedeutung,
mit der wir uns identifiziert haben,
denn wir können nicht leben,
ohne uns mit jemand zu identifizieren. Wir können uns also keine
Liebe vorstellen ohne mütterliche Zärtlichkeit.
So hat jener erste Vater die Zärtlichkeit der Mutter.
Doch in einer bürgerlichen Familie
kann er nur noch
moralische Dramen entfesseln.
Die Religion, die Religion der direkten Beziehung zu Gott,
gehört noch zur Welt, die der bürgerlichen vorausgeht.
Die Arbeiter stehen da und schauen zu.

(…)

Ich verschweige, mein Freund, was ich in Standliedern,
Episoden
und Chören, anstelle von Überblendungen,
schreiben werde über das Schweigen des Pylades,
das Revolte wird
und Verrat
am Freund der sinnlichen Jugend, mit stehendem Glied,
Orestes, der sozialistische Prinz,
und wie einige Furien aus der Art schlagen, nachdem sie
geläutert,
sich abgesondert hatten auf festlichen, im Himmel
himmelhoch sich verlierenden Bergen:
die Rückkehr dieser in den alten Zustand zurückgefallenen
Furien,
in die Stadt, die sich befreit hatte von ihnen und von der
Monarchie;
die Regression der Elektra,
Tochter sie, die den Vater König liebte und nun faschistisch
wird,
wie man faschistisch ist im dumpfen Beklagen eines Makels im
Stammbaum;
die Flucht des Pylades in die Berge der Furien, die zu
Eumeniden geworden,
zu Göttinnen der Partisanen
und der jähen Liebe, die einen Partisanen an den andern bindet,
die Vorbereitung des Kampfes
und die Rückkehr an der Spitze einer irregulären Armee,
– das geheimnisvolle Heer aus den Bergen;
das Bündnis der faschistischen Elektra mit dem liberalen Orest,
der Reformen begünstigt
in der reich gewordenen Stadt;
das Eingreifen Athenes,
die Elektra und Orest beschützt, die Kinder der Vernunft,
und sie vereint und zum Schweigen bringt das Geheul
der uralten Furien, die durch die neue Stadt irren;
die Unsicherheit des Pylades

gegenüber der reich gewordenen Stadt,
die ihn nicht mehr braucht;
seine Begegnung
in der Nacht, am Vorabend der Schlacht,
mit dem alten Freund seiner Jugend,
der jung geblieben,
schön, wie zur Zeit ihrer ersten Liebe,
als ihnen die Frauen noch unbekannt waren;
sie lassen sich gehen in Reden über die Liebe und die Seele,
die nichts mit der Wirklichkeit des Augenblicks zu tun haben
und sie vereinen;
und schließlich, die Einsamkeit des Pylades
am Ende der Nacht,
der vor Tagesanbruch sich doch wird entscheiden müssen.
Und dann, glaubst du,
dass man einen Traum haben kann, ohne sich an ihn zu erinnern,
und dass dieser Traum das Leben verändert?
Glaubst du, dass ein Vater einen Traum haben kann, in dem
er sich selbst sieht, wie er seinen Sohn liebt,
ich weiß nicht in welcher Eigenschaft,
ob als Junge des Vaters oder eines Fremden,
der Vater ist des Vaters (ein Junge),
oder als Identifikation mit der eigenen Mutter … Keiner,
auch ich nicht, wird je diesen Traum kennen.
Aber durch ihn wird das ganze Leben des Vaters verändert.
Erinnerst du dich an Herakles,
der den Sohn bittet, alle Gefährten zu rufen,
die stärksten, um ihn auf den Schultern zu tragen
auf die Spitze des Berges, nahe der Stadt,
auf den Berg der Stadt,
das Ziel von Wallfahrten und Abenteuern der Jugend,
wie in den vorindustriellen Welten?
Und dass, oben angekommen, der Sohn und die anderen Jungen
ihm den Scheiterhaufen bereiten sollten,

um ihn sterben zu lassen?
Tritt ein in jenen Traum, wenn du Vater bist.
Du, Vater, der womöglich unschuldig, Komplize bist
der Väter,
die sich von den Söhnen befreien wollen
und sie zum Sterben in Kriege schicken, die geführt werden
an den Orten der Alibis, dem fernen Osten der Geschichte.
Hier will, einmal,
der Vater nicht den Tod, sondern die Liebe des Sohnes.
Er wird Sohn, und im Sohn, dem Jungen, sieht er vielleicht den
Vater,
und liebt ihn, will ihn nicht töten, sondern getötet werden,
ihn nicht besitzen, sondern besessen werden von ihm.
Ja, es ist aber ein bürgerlicher Vater, Mensch unserer Welt,
der eine Fabrik hat in der Brianza, am Fuße der Berge (festlich
im Himmel
himmelhoch sich verlierend):
wie kann er die Folgen dieses Traums annehmen, an den er
sich im Übrigen nicht erinnert?
Er nimmt sie an, indem er sie verdreht. Wissend und nicht
wissend.
Er lässt sich vom Sohn überraschen, nackt auf der Mutter.
Vorwände sucht er, um den Sohn zu verletzen,
also, sich verletzen zu lassen.
Er greift den Sohn an,
um ihn an sich zu ziehen,
um Zentrum seines Lebens zu sein.
Bis der Sohn, der leichte, mozartsche Sohn,
Pazifist und Kriegsdienstverweigerer, weggeht
aus dem reichen Haus,
nach einer Liebeserklärung des irre redenden Vaters.
Der Junge wird ihn nicht hassen – sage ich dir –
(eine neue Jugend, so viel besser als wir),
und, wenn er gekonnt hätte,
hätte er dem bettelnden Vater sein ganzes Gold gegeben,
hätte ihn besessen, wie ein Junge aus dem Volk den

besitzt, für ein paar Dollar, der nicht die Kraft hat, Mann
zu sein, und ihn anfleht wie einen Retter …
Er geht weg, auf den Straßen der Welt,
mit einem Mädchen,
das nur eine Hure ist, und einem Freund:
und man wird nie wissen, wem seine Liebe gilt,
obwohl er, sicherlich, sein Gold versenkt
im Schoß des Mädchens.
Der Vater kommt, spioniert, findet ihn, besticht das Mädchen
und schaut hinter der Türe ihrer Liebe zu,
entdeckt, was der Sohn
ohne Geheimnis hat, wie jeder es hat,
und doch ist es bei ihm »entsetzlich unerträgliches Geheimnis«.
Nicht leben kann der Vater, nachdem er diese Liebe gesehen,
er tritt ein und trifft tödlich den Sohn,
der weinend entschwindet, das Leben grüßend,
aus dem Zimmer des Koitus, der einer war unter den
Tausenden seines Lebens.
Er stirbt. Und über den Toten beugt sich der Vater und knöpft
die offenen Hosen zu über dem unbefleckten Glanz des
Hemdes.
Nach vielen Jahren führt der Vater, wie in einem
Groschenroman,
den Traum seines Lebens zu Ende,
träumend auf dem Damm eines Bahnhofs,
wie in einem Vers von Ginsberg.
Das ist es.
Das ist es, was ich schreiben will,
das Werk meines künftigen Lebens – aber auch des
vergangenen
– und gegenwärtigen.
Du weißt, jedenfalls habe ich es dir gesagt, älterer Freund, Vater,
etwas eingeschüchtert vom Sohn, Gast
fremder Zunge, stark, von bescheidener Herkunft,
dass das Leben nichts wert ist.
Darum möchte ich nur leben,

obgleich ich Dichter bin,
denn das Leben drückt sich auch allein durch sich selbst aus.
Ich möchte mich durch Beispiele ausdrücken.
Meinen Körper in den Kampf werfen.
Doch wie die Taten des Lebens Ausdruck sind,
ist auch der Ausdruck Tat.
Nicht mein Ausdruck eines resignierenden Dichters,
der nur Dinge nennt
und die Sprache benutzt wie du, als armes, direktes Werkzeug;
sondern der von den Dingen abgehobene Ausdruck,
Zeichen, die zu Musik werden,
gesungene, dunkle Poesie,
die nichts ausdrückt als sich selbst,
in der barbarischen, kostbaren Vorstellung, sie sei
geheimnisvoller Klang
in den armen, mündlichen Zeichen einer Sprache.
Ich habe sie meinen Gleichaltrigen überlassen und auch
den Jüngeren,
diese barbarische, kostbare Illusion: und spreche roh zu dir.
Und da ich nicht zurück und
eine barbarische Jugend vortäuschen kann,
die glaubt, ihre Sprache sei die einzige Sprache der Welt,
und in ihren Silben Mysterien der Musik hört,
vernehmbar nur Menschen des gleichen Landes, ihr gleichend
im
Charakter und literarischen Wahnsinn
– bin ich als Dichter künftig Dichter von Dingen.
Die Taten des Lebens werden nur mitgeteilt werden,
und sie selbst sind die Poesie,
denn, ich wiederhole, es gibt keine Poesie außer der realen Tat
(du zitterst nur dann, wenn du sie
in Versen oder in Prosa wiederfindest
und wenn ihre Beschwörung vollkommen ist).
Ich tue es nicht mit Freude.
Ich werde immer jene Poesie beweinen,
die selbst Tat ist, abgehoben von den Dingen,

in ihrer Musik, die nichts ausdrückt
als die eigene, trockene, erhabene Leidenschaft für sich selbst.
Nun gut, ich gestehe dir, bevor ich dich verlasse,
dass ich Musik schreiben möchte,
mit Instrumenten leben möchte,
im Turm von Viterbo, den ich nicht kaufen kann,
in der schönsten Landschaft der Welt, wo Ariost
außer sich wäre vor Freude beim Anblick der wiedererstandenen
Unschuld von Eichen, Hügeln, Gewässern und Schluchten,
dass ich dort Musik schreiben möchte,
die einzige Tat des Ausdrucks
vielleicht, erhaben und unerklärlich wie die Taten der Wirklichkeit.

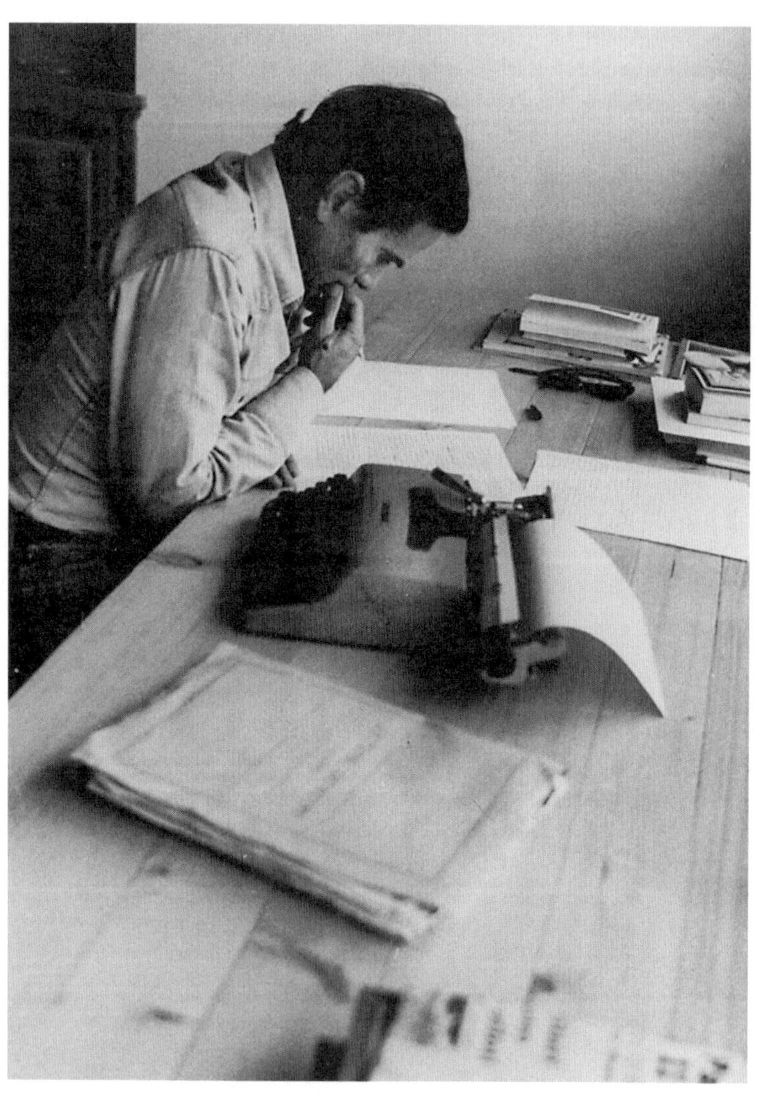

Im Turm von Chia bei Viterbo, 1975

»MEIN LEBEN IST IN MEINEN BÜCHERN«

Privatgespräch mit Kamera, 1967

Gedreht wurde der Ausschnitt 1967 als Teil für die Fernsehdokumentation Pier Paolo Pasolini: Primo piano. Personaggi e problemi dell'Italia d'oggi *(1968) von Carlo Di Carlo, der sonst als Regieassistent bei Pasolinis Filmen mitwirkte. Ein Interview ohne Interviewer in Pasolinis Wohnung im römischen Stadtteil EUR.*

Die Geschichte meines Lebens ist die Geschichte meiner Bücher. Meine Bücher, hier sind sie, die Bücher.

(Pasolini zeigt auf die Bücher auf dem Sofa) Hier auf diesem Sofa liegt praktisch mein ganzes Leben. Mein erstes Buch ist 1942 erschienen. Es ist ein Gedichtband im friaulischen Dialekt, dem Dialekt meiner Mutter. Den Band habe ich mit achtzehn Jahren geschrieben und mit genau zwanzig veröffentlicht. 1942 war ich zwanzig Jahre alt. Wieso ich auf Friaulisch geschrieben habe? Das war mir damals nicht wirklich klar, es wurde mir erst kurz nach Erscheinen des Bandes klar. Nachdem das Buch erschienen war, hätte es eigentlich einige Rezensionen geben müssen, aber es konnte nicht rezensiert werden, da die Zeitschriften damals in der Hand der Faschisten waren, die nicht wollten, dass man über Dialekte sprach. Sie wollten keine Literatur im Dialekt. Und weshalb? Weil das damalige Italien, das offizielle Italien, ein völlig klischeehafter und falscher und jedweder Form von Realismus feindlich gesinnter Ort war. Selbst wenn es sich um einen gänzlich poetischen Realismus handelte wie in meinem Fall. Man wollte nicht, dass in Italien Dialekt gesprochen wurde, im Grunde wollte man nicht einmal, dass es in Italien Bauern und Arbeiter gibt. Jedenfalls findet sich in diesem Buch nichts von dem, was man später »engagiert« nannte. Es ist ein durch und durch poetisches Buch, erfüllt von einer – meiner – etwas romanhaften und fantastischen Liebe zum Land meiner Mutter und zu den friaulischen Bauern und so weiter und so fort.

Kurz darauf, 1945, während des Kriegs, gründete ich in Casarsa, dem Dorf meiner Mutter im Friaul, eine Art Akademie. Ich nannte sie »Kleine Akademie der friaulischen Sprache«. In dieser Akademie veröffentlichte ich mit ein paar Freunden auf eigene Kosten kleine

Bücher. Dieses hier ist das zweite Büchlein, das veröffentlicht wurde. *(Hebt ein kleines Buch in die Kamera)* Es heißt *Diarii*. Allerdings ist es in italienischer Sprache verfasst. Wieder, nennen wir sie einmal so, Vorkriegs-Gedichte, erfüllt von einem kulturell gesehen immer noch symbolistischen, surrealistischen oder in einem gewissen Sinne neoklassizistischen Flair … mit mancher Verbindung zum Hermetismus. Aber es finden sich hier bereits Elemente meiner zukünftigen Gedichte. Das heißt … bereits hier spreche ich über den Tod meines Bruders als Partisan. In meinen Gedichten ist das offensichtlich bereits ein neues Thema. In diesen Jahren schrieb ich sowohl auf Friaulisch als auch auf Italienisch. Die friaulischen Gedichte habe ich erst etwa zehn Jahre später in einem Band mit dem Titel *La meglio gioventù* zusammengestellt, und die italienischen Gedichte finden sich hier in *L'usignolo della Chiesa Cattolica* [dt. *Die Nachtigall der katholischen Kirche*], das ich erst kürzlich veröffentlicht habe.

Bis zu diesem Zeitpunkt glaubte ich in literarischer Hinsicht das zu sein, was man im technischen Sinne unter einem Dichter versteht. Dann aber begann ich, Filme zu sehen. Obwohl ich in Bologna, an der Universität von Bologna, studiert hatte, lebte ich damals im Dorf meiner Mutter im Friaul, wo ich auch den Großteil meiner Jugend verbracht hatte und wo ich keinerlei Kontakt zur Kultur hatte. Die italienische Kultur jener Zeit erreichte mich über das Kino. Ich habe die ersten Filme des italienischen Neorealismus gesehen. Und es waren diese ersten Filme des italienischen Neorealismus, die in mir die Idee aufkeimen ließen, dass ich ja auch Erzählungen, Novellen oder Romane schreiben könnte. Ich habe einige Versuche unternommen, die in der Schublade geblieben sind und von denen nur einer vor ein paar Jahren das Licht der Welt erblickt hat. Er heißt *Il sogno di una cosa* [dt. *Der Traum von einer Sache*]. Aber gleich nach meiner Ankunft in Rom 1950, inmitten eines neuen Umfelds, neuer Sitten, neuer Gewohnheiten, neuer Bekanntschaften und so weiter, habe ich mein Schreiben um diese Dimension des Erzählens erweitert, die mir zuvor gefehlt hatte. Und so habe ich gleich nach meiner Ankunft in Rom damit begonnen, Erzählungen zu verfassen, die in einem römischen Milieu angesiedelt sind. Denen habe ich dann eine einheitliche Form gegeben und zusammen als *Ragazzi di vita* veröffentlicht, das 1955 erschien. Mit *Ragazzi di vita* begann das, was ich als meinen literarischen Erfolg bezeichnen kann, gleichzeitig begann aber auch die Reihe meiner Unannehmlichkeiten, da ich mit *Ragazzi di vita* auch meinen ersten Gerichtsprozess durchstehen musste. Einen Prozess, den ich letztlich auf triumphale Weise gewann, da das Ministerium selbst meinen unverzüglichen Freispruch verlangte, weil es sich bei dem Werk, zumindest seiner Anlage nach, ja um Dichtung, um ein Kunstwerk handelte und ich daher für die vorgebrachten Vorwürfe der Unanständigkeit und Obszönität nicht haftbar gemacht werden konnte.

Bevor ich meinen zweiten Roman verfasste, schrieb ich weiterhin Gedichte, die in diesen drei Bänden veröffentlicht wurden. *(Pasolini nimmt drei Bücher in die Hand)* Der erste ist *Le ceneri di Gramsci* [dt. *Gramsci's Asche*]. Der zweite, *La religione del mio tempo*, erschien unmittelbar danach, 1961, und das letzte *(hält den Band in die Kamera)* wurde

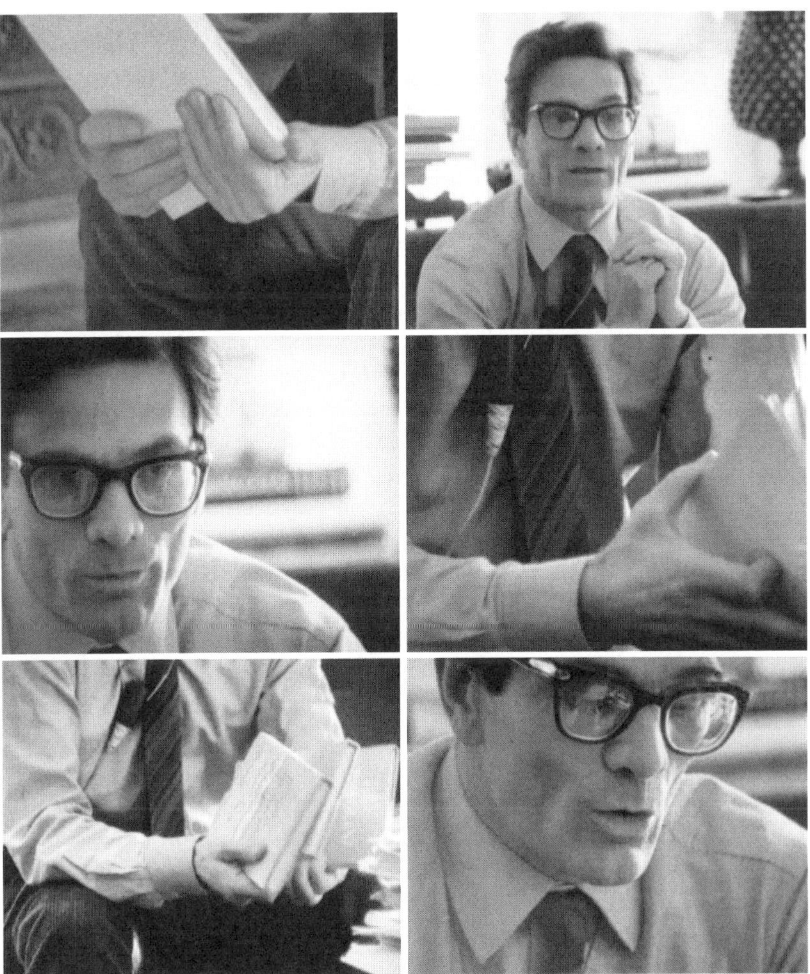

Aus der Dokumentation *Pier Paolo Pasolini: Primo Piano*, 1967

vor ein paar Jahren als *Poesia in forma di rosa* publiziert. Darin findet sich das, was ich für den wertvollsten Teil meines bisherigen Schaffens halte. Die Romane waren für mich ein kleines Abenteuer. Ich sehe mich immer noch nicht als einen Romanschriftsteller. Ich bin erst im Alter von etwa dreißig zum Roman gekommen und habe ein bisschen damit herumexperimentiert. Teils gelungen, teils nicht, ich weiß nicht, aber sie hatten, glaube ich, eine gewisse Bedeutung für die Kultur der Fünfzigerjahre. Aber ich sehe mich weiterhin vor allem als Gedichteschreiber.

Und hier ist der zweite Roman. *(Pasolini nimmt ein anderes Buch vom Sofa)* Er verfolgt die Themen, die Figuren, das Milieu und so weiter von *Ragazzi di vita* weiter. Er heißt *Una vita violenta* [dt. *Vita violenta*]. Er erzählt die Geschichte eines jungen Mannes, von einem Zustand reiner bürgerlicher und politischer Unbewusstheit über verschiedene Erfahrungen hin zur Erlangung eines Klassenbewusstseins. Obwohl er eigentlich gar keiner Klasse angehört. Er gehört voll und ganz zu einem städtischen, haltlos umhertreibenden Lumpenproletariat, das faschistisch war und daher eines jedweden derartigen Bewusstseins beraubt ist.

In diesen Jahren, jenen Jahren des politischen Engagements, war ich auch sehr intensiv als Essayist und Kritiker tätig. Ich habe all diese Aufsätze gesammelt in einem Band mit dem Titel *Passione e ideologia* [dt. *Literatur und Leidenschaft*] herausgegeben. Vor allem war ich damals aber zusammen mit Leonetti und Roversi[23] Chefredakteur einer literarischen und politischen Zeitschrift namens *Officina*. Meine derartigen Aktivitäten musste ich mehrmals unterbrechen, ich habe sie jedoch vor kurzem wieder aufgenommen, als ich mich entschloss, zusammen mit Carocci[24] und Moravia eine neue Serie der Zeitschrift *Nuovi Argomenti* herauszugeben.

Wovon war meine ganze Produktion geprägt? Auf eine absolut schematische und simplizistische Weise war sie in erster Linie von einem instinktiven und tiefsitzenden Hass auf die Zustände, in denen ich lebe, geprägt. Ja, ich sage Zustände. Und meine damit sowohl den allgemeinen Stand der Dinge als auch den Staat. Den kapitalistischen, kleinbürgerlichen Staat, den ich schon seit meiner Kindheit hasse. Natürlich kann man mit Hass nichts erreichen. Es ist mir in der Tat nie gelungen, auch nur ein einziges Wort zu schreiben, das den menschlichen Typus des italienischen Kleinbürgers beschrieben, sich mit ihm auseinandergesetzt oder ihn angeprangert hätte. Mein Gefühl der Abscheu ist so stark, dass ich nicht darüber schreiben kann. Deshalb habe ich in meinen Romanen nur über Figuren aus dem Volk geschrieben.

Ich lebe ohne jede Beziehung zum italienischen Kleinbürgertum. Ich pflege nur Beziehungen zum Volk oder zu Intellektuellen. Doch umgekehrt ist es dem Kleinbürgertum gelungen, mit mir in Beziehung zu treten. Und zwar mithilfe der Mittel, die ihm zur Verfügung stehen: Justiz und Polizei. Und es hat eine Reihe von Prozessen gegen mein Werk eingeleitet. Das natürlich nicht nur von einem Hass auf die Bourgeoisie geprägt ist, sondern auch von einem marxistischen Weltbild, von einem marxistischen Blick auf die Gesellschaft, in der ich lebe. Diese Prozesse begannen mit *Ragazzi di vita* und reichen bis zum kürzlich eröffneten Prozess gegen meinen Film *La ricotta* [dt. *Der Weichkäse*] wegen Verunglimpfung der Religion. Denn in der Zwischenzeit bin ich ja zu Filmen übergegangen. Die Literatur habe ich zu einem Gutteil aufgegeben. Oder, besser: Wenigstens die Romane habe ich aufgegeben, nicht die Poesie, um mich so gut wie ausschließlich dem Filmemachen zu widmen. Das geschah in den Sechzigerjahren. Und das nicht ohne Grund, sind die Sechziger doch die Jahre einer tiefgreifenden Krise der italienischen Kultur. Italien ging damals von einer Phase des Paläokapitalismus über zu einer Spielart des Neokapitalismus. Dies hat zu einer Krise aller Ideologien geführt, die damals in Italien in Umlauf waren, vor allem aber der marxistischen Ideologie des politischen Engagements. Daher sprach man auch von der Krise des Romans, und es entstanden die Avantgardebewegungen, die mit allen Traditionen und geschlossenen, klassischen Formen des Erzählens und der Poesie brachen. Man sprach vom Anti-Roman und so weiter und so fort. Bei dieser Bewegung konnte ich nicht mitmachen, da meine Bildung zu diesem Zeitpunkt bereits abgeschlossen, mein literarischer Charakter definiert war. Den konnte ich nicht verraten und wieder kehrtmachen. Ich bin instinktiv zum Filmemachen übergegangen. Das heißt, ich habe das romanhafte Erzählen durch das filmische Erzählen ersetzt. Anfangs habe ich geglaubt, es handele sich dabei bloß um die Entscheidung für eine neue Technik. Dann habe ich festgestellt, dass es in Wahrheit um eine Entscheidung für eine echte und eigene Sprache ging. Denn für mich ist das Kino eine echte und eigene Sprache. Vielleicht konnte ich mir so auch meinen abenteuerlichen und etwas liederlichen Wunsch erfüllen, die italienische Nationalität hinter mir zu lassen. Wenn ich in der Sprache des Kinos schreibe, drücke ich mich in einer anderen Sprache aus, die nicht mehr das Italienische ist, sondern eine internationale Sprache. Und so habe ich meinen ersten Film *Accattone* [dt. *Accattone – Wer nie sein Brot mit Tränen aß*] gemacht, hier ist das Drehbuch. Wenig später *Mamma Roma* und danach jenen Kurzfilm *La ricotta*, den ich vorher erwähnt habe und der wegen Verunglimpfung der Religion angezeigt wurde. Und gleich darauf, zum großen Erstaunen all jener, die mich wegen Verunglimpfung der Religion angeklagt hatten, *Il Vangelo secondo Matteo* [dt. *Das erste Evangelium – Matthäus*], ein Film, der in das Pontifikat Johannes' XXIII. fiel und eine Art konkreter Akt des Dialogs und der Verbindung zwischen einem Kommunisten, wenn auch ohne Parteibuch, und den fortschrittlichsten Kräften des italienischen Katholizismus darstellte.

Mein neuester Film ist *Uccellacci e uccellini* [dt. *Große Vögel, kleine Vögel*], in dem ich auf märchenhafte, anekdotische und symbolische Weise von der Krise erzähle, von der ich eben sprach. Also von der Krise der Ideologie des politischen Engagements der Fünfzigerjahre und davon, wie sich ein neuer ideologischer Horizont im Umfeld der neuen Gesellschaft Italiens eröffnet.

Was die Zukunft anbelangt ... Wer's erlebt, wird's sehen.

»EIN KLEINES LAND KANN KEINEN GROSSEN SCHRIFTSTELLER HERVORBRINGEN«

Über Meisterwerke, Irrationalismus, Schwierigkeiten mit Italien und den Abschied vom Roman, 1967

Pasolini im Gespräch mit dem Schriftsteller und Journalisten Mario Cancogni – der ab Ende der Sechziger in den USA arbeitete und lebte – für die traditionsreiche Literaturzeitschrift La fiera letteraria *(veröffentlicht am 14. Dezember 1967 unter dem Titel »Wer in einem kleinen Land geboren wird, ist aufgeschmissen«). Cancognis Eingangsfrage ist nicht überliefert.*

Ob es möglich ist, ein Meisterwerk zu schreiben? Sich diese Frage zu stellen ist dumm. Das Problem existiert nicht. Und wer sollte das auch wissen?

Die Frage ist nur ein Vorwand. Versteh sie als Ausgangspunkt. Andererseits ist es ja nur allzu wahr, dass sehr viele eher mittelmäßige Bücher geschrieben werden. Wie kommt das?
Ein kleines Land kann keinen großen Schriftsteller hervorbringen. Das hat Goldmann[25] gesagt.

Würdest du das unterschreiben?
Ja. Jedes Buch steht in einem Verhältnis zu seinem kulturellen *background*. Ist dieser mittelmäßig, wird auch das Buch mittelmäßig sein. Natürlich mag es da Ausnahmen geben, aber dann handelt es sich um kulturell heimatlose Personen, die in Italien leben und aufgrund der äußeren Umstände auf Italienisch schreiben. Schriftsteller europäischen Formats, die in einem größeren kulturellen Umfeld aufgewachsen sind. Italien ist ein kleines, ein kleingeistiges Land. Ich sage es noch einmal: Italien kann kein großes Buch hervorbringen.

Aber wer zwingt dich denn, in der Kleingeistigkeit deines Landes zu verharren? Du kannst doch ebenso gut in Italien irgendwo hingehen, wo sich Fuchs und Hase Gute Nacht sagen, auf die ganze Kultur Italiens pfeifen, auf sein geistiges Umfeld, seine Probleme und seinen Literaturbetrieb. Aber wenn du lieber in der Klatsch-und-

Tratsch-Welt der Literaten lebst, anstatt die Wirklichkeit, das Leben, zu beobachten, wirst du natürlich zwangsläufig von der Kultur, nennen wir sie einmal so, deines Landes entscheidend beeinflusst.
Sicherlich kann man sich davon auch fernhalten. Aber in Italien war das erst nach der Resistenza möglich. Davor lebte man in einer abgeschlossenen, provinziellen Welt, die in hohem Maße von einem Polizeiregime, von kleinbürgerlichen Sitten geformt war; man hatte keinerlei Bewegungsfreiheit; heute kann man ein Standbein in Paris, ein anderes in New York haben, man hat mehr Luft zum Atmen … Früher war ein italienischer Schriftsteller gezwungenermaßen Italiener und daher zur Mittelmäßigkeit verdammt …

Ich will gar nicht abstreiten, dass es viel besser ist, in Paris oder New York zu leben als in Rom. Heutzutage ist das Reisen viel einfacher als früher. Aber es stimmt nicht, dass man vor dem Krieg in vollkommener Unkenntnis dessen gelebt hätte, was außerhalb des Landes vor sich ging. Man wusste ziemlich gut Bescheid. Alle meine Freunde hatten mit zwanzig schon Joyce, Lawrence, Proust, Kafka, Freud, Eliot, Éluard, Rilke, Trakl, Heidegger, Jaspers und so weiter gelesen. Genauso wie heute. Vielleicht mit größerer Ernsthaftigkeit. Es gab damals Leute, in deren Augen *La Ronda*[26] eine großartige Sache war. Es gibt unabhängige Menschen und solche, die sich an eine Gruppe binden. Und wenn jemand ein Herdentier mit Scheuklappen ist, dann bleibt er das auch, wenn er sechs Monate im Jahr in New York verbringt. Da würde ich zwischen dem Babuino[27] und dem Village keinen allzu großen Unterschied machen … Aber ich möchte dich etwas fragen. Findest du nicht, dass es von dem Moment an, in dem man sagt, man bewege sich kulturell auf eine Phase der Verwirrung, der Krise oder gleich des Niedergangs zu, ein Vorteil ist, sich so weit wie möglich davon zu distanzieren und sich am Rand zu halten, und dass es, von diesem Standpunkt aus betrachtet, eigentlich ein Privileg ist, in Italien zu leben?
Ich denke keineswegs, dass unser Jahrhundert ein in kultureller Hinsicht unglückliches ist. Im Gegenteil, von Rimbaud bis zu Pound scheint es mir ein großartiges Jahrhundert zu sein. Kein anderes gefällt mir so gut, kein anderes hat so reizvolle Werke hervorgebracht. Nie hat Literatur eine solche Verbreitung gefunden, nie war sie so lebendig wie von der zweiten Hälfte des 19. Jahrhunderts bis heute.

Aber gemeinhin sagt man doch, dass es sich dabei um eine Literaturproduktion ohne Kohärenz, ohne gemeinsamen Nenner handelt,

wie das noch in anderen kulturellen Epochen der Fall war, in der Romantik oder der Aufklärung, um nur zwei Beispiele zu nennen.
Auch unser Jahrhundert lässt sich kulturell klar definieren. Ich kann dir seine Geschichte in einem Gleichnis zusammenfassen. Es war einmal eine sehr mächtige Gesellschaft, die fest entschlossen war, ihre Macht mit allen Mitteln zu erhalten. Aber was gibt es Schuldbeladeneres, als die Macht in Händen zu haben? Daher ist es nur normal, dass sich die Bourgeoisie, denn von ihr sprechen wir hier, schuldig fühlte. Und was wünscht sich jemand, der sich schuldig fühlt? Er wünscht sich eine Bestrafung. Die von ihren Schuldgefühlen geplagte Bourgeoisie wollte sich umbringen. Und sie hat es getan. Aber auf eine indirekte Art und Weise: indem sie auf die Kultur schoss, also auf die Vernunft. Denn die Kultur der Bourgeoisie stand im Zeichen der Vernunft; die Vernunft war der große Mythos der Bourgeoisie des 19. Jahrhunderts. Durch die Ermordung der Vernunft hat sich die Bourgeoisie selbst getötet und so ihre Schuld gesühnt, die Schuld, die Macht zu besitzen.

Es ist mir noch nie in den Sinn gekommen, dass Machthaber sich schuldig fühlen könnten. Ganz im Gegenteil, ich hatte stets den Eindruck, dass sie es genießen; Macht steigt denjenigen, die das Sagen haben, zu Kopf, lässt sie sich wichtig, lebendig fühlen.
Und bei diesem Selbstmord hat die Bourgeoisie auch ihren Henker gefunden: Hitler. Hitler war der Gott des Irrationalismus. Die gesamte europäische Dichtung von Rimbaud bis heute ist irrational.

So werden Rimbaud und Hitler, Symbolismus und Nazismus, auf eine Stufe gestellt ... Mir schwirrt der Kopf.
Die Vernunft, der Kult der Vernunft ist bürgerlich.

Aber auch die griechische Zivilisation ist rationalistisch, willst du sagen, dass auch sie bürgerlich war? Dann müsste man sagen, dass du unter Bourgeoisie die herrschende Klasse verstehst. Wenn dem so ist, wäre die gesamte Weltgeschichte bürgerlich, von Athen bis zu Maos China.
Die Zivilisationen der Vergangenheit waren religiös, nicht rationalistisch.

Du siehst Religion und Vernunft als Gegensätze. Aber wie passt da der Katholizismus hinein? In seiner Blütezeit, als man davon sprechen konnte, dass er für eine ganze Zivilisation prägend war, also im Mittelalter, war der Katholizismus eines der größten

rationalistischen Gedankengebäude (denk nur an Thomas von Aquin) der gesamten westlichen Philosophie.
Das bedeutet, dass das religiöse Wesen des Christentums von der herrschenden Klasse rationalisiert wurde.

Deiner Ansicht nach ist die lebensspendende Kraft der Geschichte also religiöser Natur und die Vernunft das Instrument, mit dem die herrschenden Klassen diese Kraft zurechtbiegen und sie sich zunutze machen? Für einen Marxisten ist das eine etwas unorthodoxe Äußerung, würde ich sagen. Und die Wissenschaft?
Auch die Wissenschaft gehört ihrem Wesen nach mehr der religiösen Sphäre an als jener der Rationalität. Schau dir die Wissenschaftler doch an. Das sind religiöse Menschen, ohne Sinn fürs Praktische, uneigennützig; auf ihre Art sind sie Mystiker, die die einfache Vernunft durch Intuition, durch Fantasie, durch all ihr Denkvermögen ersetzen. Der Fehler der Bourgeoisie besteht darin, Intelligenz mit Vernunft gleichzusetzen, während Erstere viel mehr ist als das.

Nun gut, wir leben in einem Zeitalter der Wissenschaft; in der Kultur dominiert heute die Wissenschaft; daraus würde folgen, dass wir in einem Zeitalter der Religion leben …
Nein, denn heutzutage triumphiert die Anwendung der Wissenschaft, sprich: die Technik, nicht die Wissenschaft selbst. Der Rationalismus der Bourgeoisie, der nur die praktische Anwendung der Dinge im Blick hat, hat nichts mit dem wahren Geist der Wissenschaft zu tun.

Verstehe. Für dich ist Vernunft die praktische Anwendung der Entdeckungen der religiösen oder wissenschaftlichen Intelligenz.
Ja, Intelligenz als Poesie, Weisheit, Fantasie, Intuition, ist die Fähigkeit, zu verstehen. Vernunft schränkt sie ein, da sie all das ausschließt, was man nicht verstehen kann, und es ins Reich des Unverständlichen verbannt. So schließt sie zum Beispiel das Unbewusste aus. Im Unbewussten hat das Prinzip des Nichtwidersprüchlichen, das der Grundpfeiler jeder rationalen Logik ist, keine Geltung, und deshalb lehnt die bürgerliche Vernunft das Unbewusste ab.

In Wahrheit ist doch das Unbewusste eine Entdeckung unserer Gesellschaft, die du als bürgerliche bezeichnest …
Genau. Es ist Teil jener irrationalistischen Kultur, die für unsere Zeit so kennzeichnend ist und die, wie ich anfangs sagte, den symbolischen Selbstmord der Bourgeoisie repräsentiert …

Du sagst, jede hegemoniale Klasse sei zwangsläufig rationalistisch, da sie Ordnung in die Welt der Erscheinungen bringen müsse, und tue daher den besten kognitiven Fähigkeiten der Menschen Gewalt an. Bezüglich dieser Fähigkeiten würde ich mir keine falschen Hoffnungen machen, die ja, wo sie tatsächlich existieren, tausend verschiedene Möglichkeiten hätten, Ausdruck zu finden. Kannst du dir andererseits wirklich eine Gesellschaft ohne Macht und folglich ohne Rationalität vorstellen?
Ja. Ich bin ja gerade deswegen Marxist, weil Marx gesagt hat, dass die Revolution zum Untergang und zum Verschwinden der Macht im Sinne der bürgerlichen Gesellschaft führen werde. Macht, und darauf beharre ich, ist schrecklich: sowohl wenn man sie besitzt als auch wenn man sie erlangen will. Macht korrumpiert immer.

Das ist doch ein alter Hut, den selbst die Marxisten schon in die Altkleidersammlung gegeben haben. In Russland ist der Staat ja nicht gerade untergegangen. Und in China … Wer ist denn schon völlig frei von dem Wissen, wie Macht wirklich ausgeübt wird? Kannst du mir denn ein Beispiel aus der Geschichte nennen, das sich diesem Ideal einer sich selbst verwaltenden Gemeinschaft tatsächlich angenähert hat?
Die griechische Polis.

Die Polis war ein Staat. Ein kleiner, aber doch ein Staat; bisweilen tyrannisch, nicht immer demokratisch.
Und doch hat sie es ermöglicht, dass Sokrates seine Lehren verbreitete. Wie dem auch sei, wir sind vom Thema abgekommen. Meine Antwort auf deine Frage, ob es möglich sei, die Kultur unserer Zeit zu definieren, bleibt dieselbe. Es ist möglich: Es ist der Irrationalismus, der einerseits Protest, Skandal, gewaltsame Auflehnung gegen die Ordnung, gegen die Gesetze, die Gesellschaft, die gängigen Moralvorstellungen ist, von Rimbaud bis Ginsberg, damit wir uns da richtig verstehen; andererseits ist es Selbstbestrafung, siehe Hitler.

Gut, aber bei dieser Explosion der Kultur sehe ich trotzdem nicht, worauf es mit dem kulturellen *background* hinausläuft, von dem du sprichst und der Italien zur Provinz gemacht habe. Für die bürgerliche Tradition des 19. Jahrhunderts waren wir Peripherie; aber bei einer irrationalen Kultur sehe ich kein Zentrum und auch keine Peripherie mehr, und tatsächlich blühen Literatur und Künste ja irgendwie überall auf, brodeln in einem einzigen Kessel vor sich hin.

Schon, aber es macht einen Unterschied, ob man als Dichter oder Künstler, der Teil dieses Irrationalen, dieser Revolution ist, gegen eine große Gesellschaft rebelliert oder gegen eine kleine. Im ersten Fall kann man Großes erreichen, im zweiten Kleines. Ginsberg rebelliert gegen Johnson, der als Repräsentant des amerikanischen Imperialismus ein Gigant ist, und daher ist auch Ginsberg ein Gigant. Was bringt es schon, bei uns gegen die lokale Polizei zu polemisieren?

Ja, das habe ich mich in der Tat auch immer gefragt.
Nimm zum Beispiel die neue amerikanische Linke, die ich für eines der wichtigsten kulturellen Phänomene unserer Zeit halte. Die ist ein ganz neues Phänomen, da sie sich mit einer neuen Realität konfrontiert sieht, die sie dazu zwingt, eine neue revolutionäre Sprache jenseits aller Phrasen zu finden. Wenn Ginsberg Amerika angreift, ist er wie ein Dichter, ein Schöpfer, der eine neue Welt erkundet. Wir in Italien hingegen, wir in Europa, haben längst schon alles getan. Wir müssen uns wiederholen. Es steht schon eine liberale, radikal-marxistische Sprache bereit, der man nicht entkommt. Man wird zwangsläufig zum Konformisten.

Da widersprichst du dir. Vorher hast du vom kulturellen *background* gesprochen, der all jene zu Großem befähigt, die das Glück haben, über Großes zu verfügen. Jetzt sagst du, dass uns der revolutionäre *background* der europäischen Kultur schwäche. In den USA seien die Leute freier und effizienter, weil sie nicht die Last sowohl des liberalen als auch des marxistischen Geschichtsbewusstseins zu tragen hätten. Da stimme ich dir zu. Aber ich dachte, du würdest von der entgegengesetzten Position ausgehen.
Ich will damit sagen, dass sich all die Insassen eines Zuges, der 100 km/h fährt, mit derselben Geschwindigkeit bewegen, selbst wenn sie hinken; aber wenn der Zug, wie in Italien, mit 30 km/h fährt, können sich

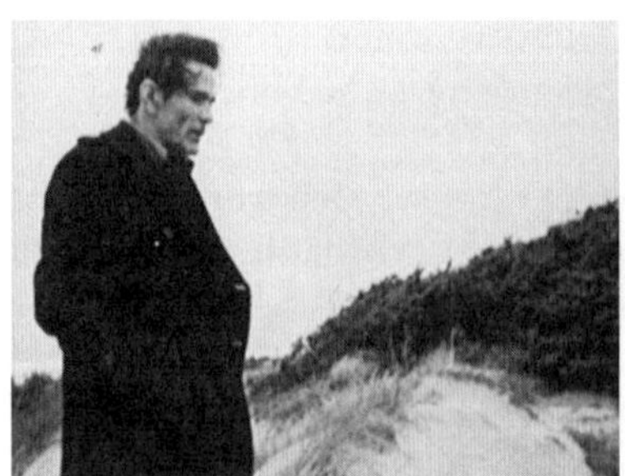
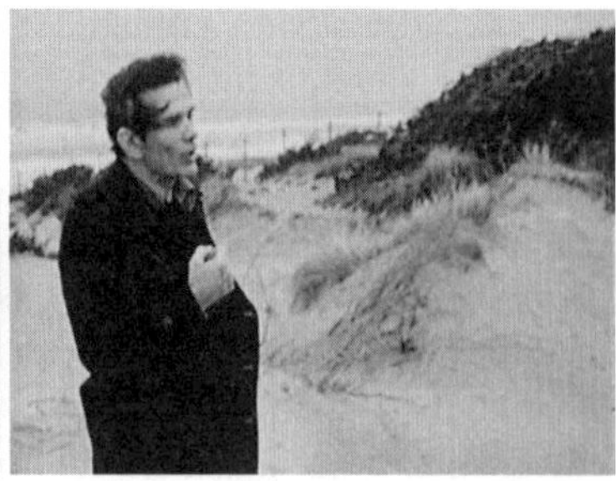

In der Dokumentation *Pasolini e … la forma della città* (RAI, 1974) …

die Insassen nicht schneller fortbewegen, egal, was sie auch tun. Aber wir schweifen schon wieder ab. Du hattest mich eingangs gefragt, was ein Meisterwerk sei. Meine Antwort lautet: ein Werk voller Unvollkommenheiten. Je größer die Unvollkommenheiten, desto größer die Vollkommenheit. Deshalb ist es so schwierig, ein Meisterwerk zu erkennen. Wenn man davor steht, wird man von den Unvollkommenheiten in die Irre geführt. Der Leser ist auf der Suche nach dem perfekten Werk und lässt sich von seiner Vollkommenheit bezaubern. Vollkommene Werke in diesem Sinn sind stets minderwertig. Außerdem sind Meisterwerke immer ideologisch und politisch und müssen der Ideologie mit Eintönigkeit, Schlampereien, Banalitäten ihren Tribut zollen.

Gib uns ein Beispiel.
Für das 19. Jahrhundert ist das einfach. Dostojewski. In Werken wie *Die Dämonen* oder *Die Brüder Karamasow* ist die Unvollkommenheit ja offenkundig.

Einverstanden. Aber Tolstoi?
Auch bei ihm. Sein Stil ist schlampig, nicht poetisch. Ich meine im Vergleich zum traditionellen Kanon der Vollkommenheit. Aber vielleicht ist es besser, ein Beispiel aus der italienischen Literatur zu nehmen. Manzonis *Die Brautleute*. Zweifellos ein Meisterwerk – und voller Unvollkommenheiten. Es gibt sie im Hinblick auf erzählerische Normen, zum Beispiel bei der Episode mit der Nonne von Monza. Für einen oberflächlichen Leser ist dies ein erzähltechnischer Fehler, weil es sich um einen Roman im Roman handelt. Das betrifft auch den Erzbischof und den Ungenannten. Das sind schreckliche Figuren, wie aus einem amerikanischen Farbfilm. Ihre Umarmung und die Tränen des Ungenannten, die auf die Robe des Erzbischofs fallen, sind ulkig. Aber im Umfeld dieser Umarmung gibt es auch die Geschichte

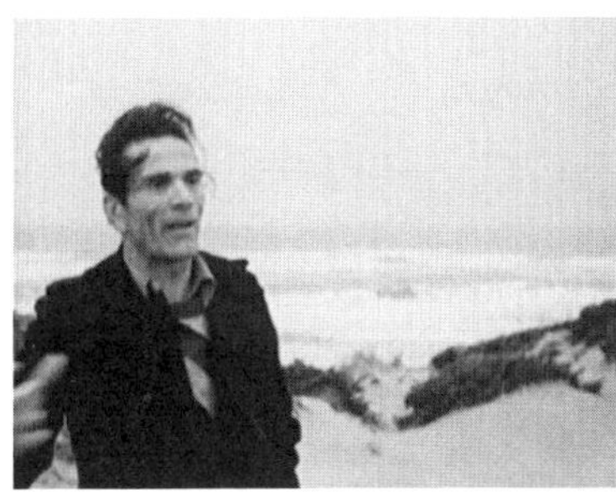
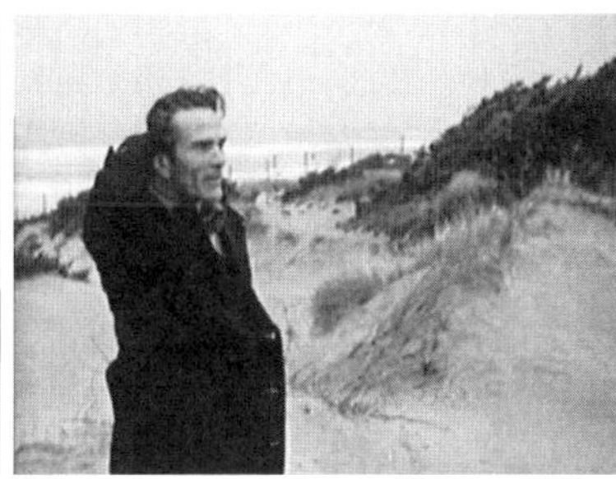

… am Strand von Sabaudia, einer faschistischen Retortenstadt der Dreißigerjahre von Don Abbondio, der rittlings auf seinem Maultier den Berg hinaufreitet, und die ist großartig. Lucia ist eine banale Figur …

Vielleicht weniger, als es scheint.
Aber Renzo ist fantastisch. Seine Flucht aus Mailand ist unvergesslich.

Da stimme ich zu. Aber was sind *Die Brautleute* als Ganzes?
Ohne Zweifel ein großer ideologischer Roman.

Ein großer ideologischer Roman des Katholizismus?
Nein, das kann man so nicht sagen. Es ist ein großes ideologisches Durcheinander aus Katholizismus und Jansenismus.[28] Ich spreche von der Ideologie des Autors; die Stärke des Buches liegt im ideologischen Wesen Manzonis.

Besitzt Manzoni große ideologische Kraft?
Ja.

Aber ist eine widersprüchliche Ideologie wie die Manzonis nicht per se schwach?
Nein. Die Ideologie eines Schriftstellers lässt Widersprüche zu.

Nennen wir es also die persönliche Weltsicht eines Schriftstellers.
Einverstanden. Meisterwerke entstehen stets aus einer umfassenden Weltsicht, einer Vision, die überzeugen, Dinge verändern will.

Und wer ist der letzte ideologische Schriftsteller Italiens?
Montale, Gadda und Morante.

Und D'Annunzio?
Nein.

Doch gibt es auch bei ihm eine Ideologie, den Ästhetizismus.
Das ist eine mittelmäßige Ideologie.

Also zählt nicht die ideologische Kraft, sondern die Qualität der Ideologie.
Ja, denn es muss eine moralische Kraft darin enthalten sein, von der man voll und ganz überzeugt ist; die kohärent ist mit dem der Ideologie innewohnenden Wertesystem.

Aber weshalb sollte jemand nicht moralisch sein und gleichzeitig dem Ästhetizismus voll und ganz die Treue halten können?
Ja, aber dann müsste er eine große Gesellschaft hinter sich haben.

Deshalb Wilde ja, D'Annunzio nein.
Genau. Bei D'Annunzio stört mich seine mangelnde Kunstfertigkeit. Das klingt paradox, aber so ist es. D'Annunzio schreibt aufs Geratewohl. Mit Ausnahme von ein paar Gedichten wie *La pioggia nel pineto* [dt. *Regen im Pinienhain*] ist da wenig Kunstfertigkeit. Sobald er einmal den Schlüssel gefunden hat, öffnet er alle Türen. Sein Schreiben ist wie Brotkrumen essen. Nichts auf der Seite leistet Widerstand. Gerade in seiner scheinbaren Vermeidung von Schlampigkeit ist er schlampig.

Mit Montale bin ich einverstanden. Aber jetzt hätte ich gerne, dass du mir von Elsa Morantes Ideologie erzählst.
Bei ihr ist alles Ideologie. Da ist Freud drin, Jung. Formal ähneln ihre Figuren den Heiligen aus von einem Priester verfassten Heiligenviten. Aber in ihrem Innern sind sie voller Leben, voller Ungestüm. Auch Moravia zählt zu den wenigen ideologischen Schriftstellern, die es in Italien noch gibt. All die Leute, die ich aufgezählt habe, sehen sich selbst nicht als Italiener. Ihre Art von Kultur hat sich anderswo herausgebildet, auf freiem, europäischem Terrain. Keiner von ihnen blickt auf einen typisch italienischen Bildungsweg zurück.

Ich sage es noch einmal: Dann ist es für einen Schriftsteller doch das Beste, in Italien geboren zu werden, denn er kann sich, wie jemand aus dem Senegal, eine Kultur aussuchen, die ihm mehr zusagt, und jene seines eigenen Landes einfach vergessen.
Nein, nein, nein: Wer in einem kleinen Land geboren wird, ist aufgeschmissen. Man zählt nur etwas, wenn man einer hegemonialen Kultur angehört.

Und was ist mit Russland im 19. Jahrhundert? Das war damals keine Hegemonialmacht und frönte einer importierten Kultur. Und dennoch …
In Russland hatte die aus Frankreich importierte Kultur aufgrund der Größe des Landes eine große Resonanz, in Italien hingegen …

Du sagst, Russland sei ein großes Land gewesen: ja, flächenmäßig.
Nicht doch. Das Land war dabei, ins Rampenlicht der Geschichte zu treten. Es war ein Land mit einer Bestimmung; jungfräulich, aber

stark. Zwischen Russland und Italien im 19. Jahrhundert besteht derselbe Unterschied wie zwischen dem Land und einem Provinzstädtchen. Das Land ist fruchtbarer Boden, dort gehen Samen auf; in den modrigen Gassen einer Kleinstadt verwelkt alles und geht zugrunde.

Wir haben unser eigentliches Thema ganz aus den Augen verloren. Du schreibst keine Romane und Erzählungen mehr. Warum?
Ich habe den Glauben an das Genre verloren. Es reizt mich nicht mehr. Meiner Meinung nach sollte ein Schriftsteller immer realistisch sein, also der Realität verbunden. Und die Realität, die mich früher interessiert hat, das Lumpenproletariat in den römischen Borgate, verändert sich gerade so rasend schnell, dass ich es nicht mehr wiedererkenne. Das römische Lumpenproletariat, das früher nur auf existenzielle Weise real war, aber keine historische Realität besaß, entwickelt sich momentan zu einem Teil der Dritten Welt.

Gut. Also ist es jetzt viel wichtiger, viel realer, in dem Sinn, dass du in ihm nun eine ideologische Dimension erkennst. Und weiter?
Ja, aber das bemerke ich nur als Bürger, nicht als Schriftsteller.

Dann wärst du ja in der idealen Position, um ein Meisterwerk zu schreiben.
Theoretisch ja. Nur bin ich in der Zwischenzeit klüger geworden.

Und das ist deiner Meinung nach ein Hinderungsgrund?
Um ein Meisterwerk zu schreiben, muss man nicht klug sein.

Bist du »verbürgerlicht«?
Ja, vielleicht. Ich habe einen Sinn für Humor entwickelt, den ich früher nicht hatte und der ein typischer Charakterzug der Bourgeoisie ist.

Wieso nur der Bourgeoisie? Was ist mit der Antike?
Ich spreche von der Neuzeit, beginnend mit Ariost. Humor ist eine Attitüde der herrschenden Klasse. Was sind die Charakteristika von Humor? Schuldgefühle und Herabsetzung. Die Bourgeoisie fühlt sich schuldig (weil sie an der Macht ist) und trägt gern Hausschuhe. Sie ist praktisch veranlagt. Humor ist der Verteidigungsmechanismus eines Menschen, der eine kleingeistige, alltägliche Vorstellung vom Leben hat.

Das könnte für dich doch ein neues Element sein. Eine zusätzliche Chance, ein Meisterwerk zu schreiben, da dies ja, wie du sagst,

nur ein zusammengesetztes, widersprüchliches Werk sein kann.
In der Tat. Ich kann es mir nur in Richtung Roman nicht vorstellen.

Auf welchem Weg dann?
Momentan würde ich sagen: dem des Theaters. Aber das ist wohlgemerkt nur eine persönliche Einschätzung. Theoretisch kann ein Meisterwerk überall entstehen. Aber im Moment ist mir weder danach, Romane zu schreiben, noch danach, Gedichte zu schreiben. Ich schreibe keine Gedichte, weil ich keine Adressaten mehr habe. Ich weiß nicht mehr, an wen ich mich wenden soll. Ich weiß, dass es in Italien um die zehntausend Menschen gibt, die Poesie lieben. Aber an die wende ich mich sowieso, auch ohne zu schreiben.

Und wer sind die natürlichen Adressaten eines Dichters?
Alle, die ein Dichter für genauso idealistisch und quijotesk hält wie sich selbst. Wenn der Idealismus eines Dichters Risse bekommt und damit auch sein Glaube an den Idealismus anderer, spürt er, dass es keine Adressaten für seine Gedichte mehr gibt.

Und weshalb keinen Roman?
Aus den bereits genannten Gründen, und weil die italienische Realität gerade erst dabei ist, sich zu konsolidieren, während ein Roman Stabilität braucht. Ansonsten hechelt das Erzählen nur atemlos den Ereignissen hinterher. Das Theater hingegen erlaubt es mir, zugleich Poesie und Romane zu schreiben. Poesie, da ich, wie du weißt, meine Tragödien in Versen schreibe, Romane, da ich eine Geschichte erzähle.

Und der Adressat? Gibt es den für deine Tragödien?
Ja. Der Adressat ist jemand, gegen den ich polemisiere, gegen den ich kämpfe. Der Adressat ist mein Feind, die Bourgeoisie, die ins Theater geht. In diesem Geist habe ich meine vier Dramen verfasst: *Monumento* [veröffentlicht als *Pilade;* dt. *Pylades*], dessen Hauptpersonen, Orest und Pylades, Symbole für die beiden Revolutionen unserer Zeit sind (wenn du so willst: die Russische Revolution, die sich in einer bürgerlichen Ordnung einrichtet, und die Kulturrevolution in China); *Bestia da stile*, das ich für das Teatro Stabile in Turin geschrieben habe, und zwei weitere Sachen, die noch keinen Titel haben.

Theater als Kundgebung also?
Wie du meinst. Nenn es ruhig Kundgebung.

»STILISTISCH BIN ICH EIN PASTICHEUR«

Im Gespräch mit Jon Halliday über ästhetische Wege zum Antifaschismus, Verunreinigung als Stilideal und die Sprache des Kinos, 1968

In den ersten Apriltagen des Jahres 1968 führte der Brite Oswald Stack alias Jon Halliday in Rom eine Reihe von Gesprächen mit Pasolini, die vor allem sein filmisches Werk betreffen. Die Gespräche erschienen zunächst in englischer Sprache 1969 als Buch unter dem Titel Pasolini on Pasolini, *der Auszug hier aus dem Kapitel »Hintergrund«.*

Sie haben ziemlich viel über die Bedeutung Ihrer Familie geschrieben. Können Sie mir etwas über Ihre frühen Jahre und Ihre Erziehung erzählen?

Meine Ursprünge sind recht typisch für die kleinbürgerliche italienische Gesellschaft: Ich bin ein Produkt der Einheit Italiens. Mein Vater gehörte einer adeligen Familie aus der Romagna an, während meine Mutter einer friaulischen bäuerlichen Familie entstammte, die dann kleinbürgerlich wurde; mein Großvater mütterlicherseits besaß eine Brennerei; die Mutter meiner Mutter war eine Piemonteserin und hatte Verwandte in Sizilien und Rom. Ich habe also von fast jedem Teil Italiens etwas – des kleinbürgerlichen Italiens allerdings, wie ich hervorheben will, und das trotz des adeligen Blutes meines Vaters. Meine frühe Kindheit entsprach ganz diesem Muster: Ich habe kein Zuhause. Groß geworden bin ich an den verschiedensten norditalienischen Orten. Ich wurde in Bologna geboren, lebte dann ein Jahr in Parma, dann in Conegliano, dann in Belluno, Sacile, Idria, Cremona und in ein paar anderen Städten im Norden.

Es fällt mir nicht leicht, über meine Beziehung zu meinem Vater und meiner Mutter etwas zu sagen, weil ich ein wenig über Psychoanalyse weiß und daher unsicher bin, ob ich einfach poetische, anekdotische Erinnerungen aussprechen oder psychoanalytisch über sie reden soll – was mir ohnehin Schwierigkeiten bereiten würde, weil man sich ja selbst, wie Sie wissen, am allerwenigsten kennt. Was ich weiß, ist, dass ich meiner Mutter gegenüber eine große Liebe empfand. Sie können das an einer Reihe von Gedichten feststellen: Das beginnt so um 1940 und zieht sich bis zu meinem letzten Buch durch, das ich vor drei, vier Jahren geschrieben habe, bevor ich damit aufhörte, Gedichte zu verfassen.[29] Lange dachte ich, dass mein gesamtes erotisches und mein Gefühlsleben ein Ergebnis dieser übermäßigen, beinahe monströsen Liebe zu meiner Mutter sei. Erst in jüngster Zeit ist mir bewusst geworden, dass auch die Beziehung zu meinem Vater sehr wichtig war. Ich dachte immer, dass ich meinen Vater hasste, aber in Wahrheit habe ich ihn nicht gehasst; es gab einen Konflikt zwischen uns, eine dauernde heftige Spannung. Und das hatte viele Gründe. Wenn auch ungeheuer naiv, war er anmaßend, egoistisch, egozentrisch, tyrannisch und autoritär. Außerdem war er Offizier der Armee und dachte daher nationalistisch; er unterstützte den Faschismus – ein weiterer objektiver Grund für unseren Konflikt. Dazu hatte er noch eine sehr komplizierte Beziehung zu meiner Mutter. Ich verstehe das erst jetzt, aber er hat sie wahrscheinlich zu sehr geliebt, und dieses Gefühl wurde wahrscheinlich nicht völlig erwidert, und daher war er dauernd ungeheuer angespannt, und ich stand, wie alle Kinder, meistens auf der Seite meiner Mutter.

Ich habe immer geglaubt, dass ich meinen Vater gehasst habe, aber als ich vor kurzem an *Affabulazione*, einem meiner letzten Versdramen, arbeitete, in dem es um eine Vater-Sohn-Beziehung geht, ist mir bewusst geworden, dass eigentlich ein großer Teil meines erotischen und emotionalen Lebens nicht durch meinen Hass auf ihn, sondern durch meine Liebe zu ihm bestimmt wird, eine Liebe, die ich in mir hatte, als ich etwa eineinhalb Jahre alt war, oder vielleicht auch zwei oder drei, ich weiß nicht – so habe ich mir das zumindest zusammengereimt. Mein Vater starb 1959, nachdem er aus einem Kriegsgefangenenlager in Kenia zurückgekehrt war. Ich habe ihm einen Band von Gedichten gewidmet, die ich 1942 im friaulischen Dialekt schrieb. Friaulisch ist die Sprache meiner Mutter, und mein Vater war natürlich dagegen, und das sowohl als jemand, der aus Mittelitalien stammte und daher auf etwas rassistische Art alles, das von den Rändern des Landes kommt und mit Dialekten zu tun hat, für minderwertig hielt, als auch als Faschist, lehnte doch der Faschismus Dialekte – als Äußerungen des wirklichen Lebens, die es zu verbergen galt – aus ideologischen Gründen ab. Es war also eine ziemlich dreiste Geste von mir, ihm diesen Band zu widmen.

Wie alt waren Sie, als Sie ein Empfinden für Religion entwickelten? Kam das eher durch Ihre Familie oder durch die Schule?
Mein Vater war kein religiöser Mensch. Er hat nicht an Gott geglaubt.

Aber er war ein Nationalist und Faschist und daher natürlich Konventionen verhaftet. Aus sozusagen gesellschaftlichen Gründen ging er daher am Sonntag mit uns in die Kirche. Meine Mutter, die, wie gesagt, aus einer friaulischen Bauernfamilie mit einer religiösen Tradition kommt, die freilich absolut natürlich ist und nichts Konformistisches oder Frömmlerisches an sich hat, geht nie zur Messe oder zur Kommunion. Ihre Religion ist eine rein poetische und natürliche und kommt vor allem von ihrer Großmutter, die sie als Kind sehr mochte. Ich wurde also überhaupt nicht religiös erzogen. Ich glaube, ich kenne niemanden in Italien, der so wenig katholisch ist wie ich. Ich wurde nicht einmal gefirmt und bin immer aus den Katechismusstunden ausgebüchst. Ich hasste Schulen, die von Priestern geführt wurden. Später besuchte ich dann staatliche Schulen wie das Liceo Galvani in Bologna, das sehr wichtig für mich war: eine Schule mit einer laizistischen Tradition, in der keiner meiner Lehrer Priester war. Insgesamt hatte also die Religion in der Schule nur einen sehr geringen Einfluss auf mich. Ich fühle mich nicht der Kirche zugehörig und verstehe mich nicht als gläubig. Meine Religiosität ist ziemlich untypisch: Sie passt in kein vorgegebenes Muster. Ich mag den Katholizismus nicht, weil ich Institutionen nicht mag. Andererseits wäre es rein rhetorisch, würde ich mich als Christ bezeichnen, wenngleich Croce gemeint hat, dass – kulturell gesehen – kein Italiener von sich behaupten könne, kein Christ zu sein. Aber das liegt auf der Hand, und Plattheiten stören mich. In Wirklichkeit ist meine Religiosität wahrscheinlich eine Form der seelischen Abweichung mit einer Tendenz zum Mystizismus. Bei meiner Sicht der Welt spielt ein ganz besonderes seelisches Moment herein – sie ist vielleicht von einem zu großen Respekt getragen, zu ehrfürchtig, zu kindlich: Ich sehe alles in der Welt, Gegenstände ebenso wie Menschen und die Natur, mit einer gewissen Verehrung, und das hat mit meinem Charakter zu tun, nicht mit meiner Erziehung.

Wann haben Sie Lesen und Schreiben gelernt? Sie haben über die Bedeutung des gesprochenen Worts geschrieben: Was wussten Sie, bevor Sie lesen konnten? Gab es da Gedichte oder Volkslieder, die Sie kannten?
Nein, ich habe Gedichte zu schreiben begonnen, als ich zu schreiben begann. Aber bevor ich Lesen und Schreiben lernte, habe ich gezeichnet – da war ich vier. Ich habe erst mit sieben Schreiben gelernt, habe aber leider meine ersten Gedichte verloren. Ich hatte ein kleines Notizbuch, das mich über Jahre begleitet hat, mir aber im Krieg ab-

handenkam. Ich habe die Gedichte illustriert, weil ich malen wollte und einige Zeit lang auch gemalt habe. Ich weiß heute nicht mehr, worum es in diesen frühen Gedichten ging. Nur an zwei Worte kann ich mich erinnern: an *rosignolo* (Nachtigall) und an *verzura* (Grün) – beides äußerst kunstvolle literarische Worte. Ich habe also wirklich gleich richtig angefangen, wie Sie sehen. Volkslieder haben mich erst später zu interessieren begonnen, mit fünfundzwanzig oder sechsundzwanzig.

Haben Sie als Kind Friaulisch gelernt?

Mein Verhältnis zum Friaulischen ist sehr eigenartig, weil Friaulisch überhaupt nicht mein Dialekt ist und eigentlich auch nicht der meiner Mutter. Die Menschen im Friaul sind dreisprachig. Sie sprechen erstens Friaulisch, ihre alte Sprache, und das ist genau genommen kein Dialekt, sondern eine eigenständige Sprache, zweitens Venezianisch, die Sprache der ehemaligen herrschenden Klasse, und drittens Italienisch. Da meine Mutter gewissermaßen zur Elite der Bauern in der Region gehörte, sprach sie Venezianisch, nicht Friaulisch, und natürlich Italienisch. Ich hörte also die Bauern, die absolut authentische Bauern waren, Friaulisch sprechen, sprach es aber selbst nie, sondern lernte die Sprache erst, nachdem ich Gedichte auf Friaulisch zu schreiben begonnen hatte. Es war für mich eine Art mystischer Liebesakt, wie bei den Félibres aus der Provençe. Die ersten Gedichte auf Friaulisch schrieb ich, als ich etwa siebzehn war, und das hatte einen sonderbaren Grund. Wie Sie ja wissen, war damals in Italien der Hermetismus in Mode, der eine provinzielle Form des Symbolismus ist. Der wesentliche Einfluss kam von Mallarmé, und in Italien griffen viele auf den Symbolismus zurück, vor allem Ungaretti; auch Rilke war in gewisser Hinsicht bestimmend. Der Einzige, der den bedeutenderen europäischeren Dichtern wie Eliot und Pound folgte, war Montale, der für einen gewissermaßen marginalen Hermetismus stand.

Der zentrale Gedanke der hermetischen Lyrik war die Vorstellung, dass die Sprache der Dichtung eine absolute Sprache sei. Natürlich gibt es in jedem literarischen Zusammenhang eine poetische und eine prosaische Sprache, aber die hermetischen Lyriker haben diese Vorstellung unbewusst übersteigert, für Gedichte eine Sprache für Gedichte verwendet und das bis zum Äußersten getrieben: Das tatsächliche Ergebnis war völlige Unverständlichkeit, ein Fehlen jeglicher Kommunikation. Ich griff Friaulisch als eine besondere Sprache für Gedichte auf – und das ist das genaue Gegenteil jedes Hanges zum Realismus: ein Irrealismus, eine hermetische Dunkelheit, wie sie größer nicht vorstellbar sind. Sobald ich jedoch mit dem Dialekt in Berührung kam, hatte das unausweichlich einen Einfluss auf mich, auch wenn ich mich des Friaulischen ursprünglich nur aus rein literarischen Gründen bediente. Ich erkannte sogleich, dass ich mit etwas Lebendigem und Wirklichem in Berührung gekommen war, und die Geschichte drehte sich um: Durch das Friaulische begann ich etwas von der wirklichen Welt des Bauerntums zu begreifen. Natürlich war mein erster Zugang beschränkt, weil ästhetisch. Ich habe eine kleine Akademie der friaulischen Dichtung gegründet, aus der einige der besten jungen Lyriker der Nachkriegszeit hervorgegangen sind. Aber mein Verständnis war mystifizierend, poetisierend, dem Schweizer Mistral-Kreis und den provenzalischen Félibres nicht unähnlich. Doch nachdem ich einmal diesen Schritt getan hatte, konnte ich nicht aufhören, und so begann ich, den Dialekt nicht als hermetisch-ästhetizistisches Mittel, sondern mehr und mehr als objektives und realistisches Element einzusetzen. Der Höhepunkt dieser Wende sind meine Romane, in denen der römische Dialekt das genaue Gegenteil dessen ist, was Friaulisch anfangs für mich war.

Haben Sie die Last des Faschismus sehr gespürt, als Sie in die Schule gingen?

Nein, habe ich nicht, weil ich in einer faschistischen Zeit und in einer faschistischen Welt geboren wurde und den Faschismus ebenso wenig wahrnahm wie ein Fisch das Wasser. Das war, als ich ein Kind war. Mit vierzehn oder fünfzehn habe ich aber aufgehört, Abenteuergeschichten zu lesen und mein Ave Maria zu beten. Ich wurde zum Agnostiker und begann literarische Ambitionen zu pflegen. Ich habe meine ersten ernsthaften Bücher gelesen, Dostojewski und Shakespeare. Damals tat sich zwischen mir und der Gesellschaft eine Kluft auf, aber mein Antifaschismus war ein rein kultureller. Sobald ich wirkliche Schriftsteller wie Dostojewski und Shakespeare und später dann Autoren wie Rimbaud und die Hermetiker zu lesen begonnen hatte, die einer Kultur angehörten, die der Faschismus missbilligte und ablehnte, fühlte ich mich als Außenseiter und forderte die Gesellschaft unbewusst heraus. Ausgelöst hat das die Lektüre dieser Dichter. Wie im Fall der Bauern und des Friaulischen hat es nur einen Augenblick gedauert, bis ich begriff, dass ich auf der Seite der Opposition stand. Meine Opposition war von Anfang an naiv, eine Gegnerschaft, die sich völlig im Bereich der Ideen abspielte. Ich hielt es eben für normal und einfach, über Dinge zu diskutieren, und wenn ich mich in der Öffentlichkeit, bei einer Versammlung der GUF[30] oder einem der pseudokulturellen

Treffen, welche die Faschisten von Zeit zu Zeit organisierten, zu einem literarischen Thema äußerte, tat ich das auf unbefangene Weise und begriff nicht, dass das ein Akt der Rebellion war. Nach und nach ist mir das dann aber aufgegangen, und ich habe mich auf die Seite der Resistenza geschlagen.

Inwiefern hat es Sie gestört, dass Sie in jungen Jahren so oft umgezogen sind? Wie alt waren Sie, als Sie sich wirklich an einem Ort niederließen und Freunde fanden, mit denen Sie regelmäßig diskutieren konnten?

Bologna war der erste Ort mit einem wirklich kulturellen Milieu für mich. Ich besuchte dort das Liceo und begann zu studieren. In Bologna habe ich einige meiner besten Freunde wie Francesco Leonetti[31] und Roberto Roversi[32] kennengelernt. Wir haben dort die Zeitschrift *Officina*[33] gegründet, und diese Beziehungen haben gehalten. Auch Roberto Longhi[34] habe ich in Bologna getroffen, und ich sollte bei ihm in Kunstgeschichte promovieren, habe aber während des Krieges meine Unterlagen verloren und musste wechseln. Es war auf jeden Fall in Bologna, wo ich meine ersten entscheidenden Verbindungen knüpfte.

Dann kam der lange Aufenthalt im Friaul während des Krieges. Wir wurden dorthin evakuiert, wegen der Bombenangriffe auf Bologna, und dort starb mein Bruder, der an der Seite der Partisanen im Friaul kämpfte. Das war mein zweites wichtiges kulturelles Milieu, auch wenn es etwas künstlich war, weil ich es als eine Art idealen Ort für Dichtung und meine ästhetisierenden, mystischen Phantastereien gewählt hatte. Es war für mich jedoch eine entscheidende Umgebung, und dort wurde ich – auf recht ungewöhnliche Weise – zum Marxisten. Wie ich Ihnen ja schon erzählt habe, entdeckte ich die objektive Wirklichkeit der friaulischen Bauern durch die äußerst subjektive Verwendung ihres Dialekts. Unmittelbar nach Kriegsende befanden sich die Tagelöhner im Friaul in einem heftigen Kampf gegen die Großgrundbesitzer. Zum ersten Mal in meinem Leben war ich physisch vollkommen unvorbereitet, weil mein Antifaschismus rein ästhetisch und kulturell war, nicht politisch. Zum ersten Mal sah ich mich einem Klassenkampf gegenüber, und ich zögerte nicht: Sofort schloss ich mich den *braccianti* an. Sie hatten rote Tücher um den Hals gebunden, und von da an habe ich die Sache des Kommunismus zu meiner gemacht, ganz einfach aus dem Gefühl heraus. Dann habe ich Marx und einige marxistische Autoren gelesen. Die Jahre im Friaul waren also sehr wichtig für mich. Am längsten gearbeitet habe ich freilich in Rom. Ich bin 1950 nach Rom übersiedelt und lebe seither hier.

Worum ging es in Ihrer Dissertation bei Longhi? Und wie haben Sie sie verloren?
Es sollte um zeitgenössische italienische Malerei gehen: Ich hatte bereits ein paar kurze Kapitel über Carrà, De Pisis und Morandi abgeschlossen. Als ich 1943 einberufen wurde, nahm ich mit, was ich geschrieben hatte. Ich war erst eine Woche bei der Armee, als am 8. September der Waffenstillstand ausgerufen wurde. Die Dissertation war in der Kaserne, als wir gefangen genommen wurden: Zwei Deutsche in einem Panzer genügten für unser ganzes Regiment. Ein Freund von mir und ich, die wir von der ganzen Gruppe am wenigsten mit dem Militär zu schaffen hatten, haben, ohne es recht zu wissen, unseren ersten Akt des Widerstands vollzogen: Statt unsere Waffen den Deutschen auszuhändigen, warfen wir sie in einen Graben, sprangen hinterher, als ein Maschinengewehr losratterte, warteten, bis das Regiment weg war, und machten uns dann aus dem Staub. Das war der völlig instinktive und unwillentliche Beginn meines Widerstands.

Wie kam es, dass Sie sich dann entschlossen, über Pascoli zu arbeiten?
Ich habe mich für Pascoli[35] entschieden, weil er ein Dichter war, der meinen damaligen Interessen sehr entgegenkam, und weil er der Welt der friaulischen Bauern sehr nahestand. Seine Figuren und Schauplätze, seine Kinder, die Vögel und so weiter, seine magische und *hochgradig* künstliche Welt, die nicht wirklich naiv ist – all das entsprach meinem damaligen Geschmack. Außerdem war das keine Zeit, in der man über einen moderneren Dichter hätte arbeiten können, und Pascoli erschien mir als das geringere Übel. Ich kann nicht behaupten, dass ich mich ungeheuer für ihn interessiert hätte, aber interessiert war ich dennoch irgendwie. Außerdem ist Pascoli einerseits ein Vorläufer Montales, andererseits ein Vorläufer der *crepuscolari*.[36] Er steht für eine wichtige Bewegung der italienischen Literatur. Vor fünf oder sechs Jahren hat Pascolis Schwester eine Biografie veröffentlicht, die ihn sowohl in moralischer als auch in psychischer Hinsicht als derartiges Monster zeigt, dass es nicht verwundern kann, dass er für die italienische Dichtung eine so entscheidende Rolle gespielt hat.

Zurück zum Marxismus: Was Sie mir erzählt haben, klingt so, als wären Sie mit dem Marxismus in Berührung gekommen, weil Sie die Kommunistische Partei unterstützten – und nicht umgekehrt, was ja für einen Intellektuellen etwas sonderbar ist. Wie war das genau? Sind Sie tatsächlich dem PCI beigetreten? Und wie und wann

in etwa haben Sie sich mit dem Marxismus als Wissenschaft auseinandergesetzt?
Ja, Sie haben wohl irgendwie Recht, wenn Sie sagen, dass ich zuerst für den Kommunismus und dann erst für den Marxismus eingetreten bin, aber genau genommen war es nicht der Kommunismus, sondern bestimmte Kommunisten. Sie müssen sich vor Augen halten, dass die Verhältnisse in Italien im Vergleich zu westeuropäischen Ländern recht außergewöhnlich waren und sind. Während in den wichtigen industrialisierten Staaten wie Frankreich und England die bäuerliche Welt im klassischen Sinn so gut wie verschwunden ist, lebt sie in Italien noch immer fort, auch wenn es in den letzten Jahren zu einem gewissen Verfall gekommen ist. Unmittelbar nach dem Krieg lebten die Bauern noch in einer Welt, die sich durch nichts von der Welt vor hundert oder zweihundert Jahren unterschied. Meine Mutter musste noch mit Kerzenlicht ins Bett gehen. Meine Beziehung zur bäuerlichen Welt ist eine sehr direkte: Fast jeder Italiener hat mindestens einen Großvater, der ein echter Bauer war. Die Kommunisten im Friaul waren Bauern, und das ist wichtig. Wären es Angehörige der städtischen Arbeiterklasse gewesen, wäre vielleicht der Klassenaspekt zu stark für mich gewesen und ich hätte anders reagiert. Den bäuerlichen Kommunisten konnte ich nicht widerstehen, sind es doch sie, die Revolutionen machen, in Russland, in Kuba, in Algerien, auch wenn das in einer Weise geschieht, die – eine für einen Kommunisten ziemlich unorthodoxe Bemerkung – mit Klassen noch nichts zu tun hat. Hier liegt wahrscheinlich auch der Grund für die ambivalente Symbiose zwischen den Bauern der Dritten Welt und den Studenten hier, die natürlich nicht nur ihre Berechtigung, sondern etwas Poetisches hat. Entscheidend ist, dass alles einfach war, sobald meine Unterstützung dieser bäuerlichen Kommunisten feststand. Ich habe also dies und jenes gelesen und bin ein Marxist geworden. Sie dürfen aber nie vergessen, dass in Italien jeder ein Marxist ist, wie auch jeder ein Katholik ist. Ein intelligenter Priester wird die Gesellschaft immer in marxistischer Weise analysieren. Das tut sogar der Papst. Einen Satz von Paul VI., den ich in *Große Vögel, kleine Vögel* verwendet habe, hat jeder für einen Satz von Marx gehalten. Der Marxismus ist ein Teil der italienischen Kultur. Ich bin zwischen 1947 und 1948 etwa ein Jahr lang Mitglied der Partei gewesen, als aber mein Ausweis abgelaufen war, habe ich mich nicht darum gekümmert, ihn zu verlängern.

(…)

Könnten Sie mir etwas über sich und Gramsci erzählen: Sie wurden ja »beschuldigt«,[37] ein Anhänger Gramscis zu sein. Wann haben Sie zum ersten Mal Gramsci gelesen, und hatten seine Schriften einen wichtigen Einfluss auf Sie?
Als ich vorhin davon sprach, dass ich marxistische Texte gelesen habe, habe ich vor allem Gramsci gemeint, der für mich am wichtigsten war, wahrscheinlich wichtiger als Marx selbst. Marx zu lesen fiel mir anfangs natürlich ziemlich schwer, und aus verschiedenen Gründen betraf er mich auch nicht so unmittelbar. Gramscis Ideen hingegen deckten sich mit meinen; sie nahmen mich unmittelbar für ihn ein, und daher spielte er für meinen Werdegang eine ganz entscheidende Rolle. Die ersten Texte von ihm las ich 1948, 1949.

Finden Sie, dass man Gramsci als Populisten bezeichnen kann?
Ich glaube nicht, dass man das kann – auch wenn ich festhalten will, dass der Begriff populistisch für mich nicht abwertend ist. Das Wort wird wie »humanistisch« von marxistischen Moralisten verwendet, um andere Marxisten zu verurteilen. Für mich sind Populismus und Humanismus geschichtliche Tatsachen:[38] Alle marxistischen Intellektuellen kommen aus einem bürgerlichen Milieu; und daher kann der ursprüngliche Antrieb, ein Marxist zu werden, nur populistisch oder humanistisch sein, und das ist notwendigerweise bei allen bürgerlichen Marxisten so, auch bei Gramsci. Aber ich halte das für keinen negativen Umstand, sondern bloß für ein unausweichliches Moment des Übergangs von der bürgerlichen Klasse, in die man hineingeboren wurde und die einen geprägt hat, zu einer anderen Ideologie, der Ideologie einer anderen gesellschaftlichen Klasse.

(…)

Ich verstehe Ihre politische Haltung zu den verschiedenen Klassen in Italien noch immer nicht ganz, habe jedoch den Eindruck, dass sie wichtig ist, weil der Inhalt Ihrer Schriften und Filme viel mit Klassen zu tun hat. Wie sieht Ihre politische Soziologie der italienischen Klassengesellschaft aus?
Das ist eine unmögliche Frage, gerade in meinem Fall. Ich habe sie zum Teil bereits beantwortet, als ich über die friaulischen Tagelöhner sprach und sagte, dass ich dem typischen italienischen Kleinbürgertum angehöre. Soziologisch betrachtet ist meine Haltung freilich nicht sehr typisch, ja, eigentlich lässt sie sich gar nicht genau definieren. Es gibt eine emotionale Grundlage, die wahrscheinlich meiner frühen

Kindheit und dem Konflikt mit meinem Vater und der ganzen kleinbürgerlichen Umgebung entstammt. Mein Hass auf die Bourgeoisie lässt sich weder dokumentieren noch argumentativ erläutern. Er ist einfach da. Meine Ablehnung hat nichts mit moralischer Verurteilung zu tun; sie ist total, durch nichts relativiert, ist eine Sache der Leidenschaft. Der Moralismus ist eine charakteristische Krankheit eines Teils der italienischen Linken, die typisch bürgerliche moralische Haltungen in die marxistische oder jedenfalls die kommunistische Ideologie hineingebracht hat.

Zur Arbeiterklasse hatte ich ein sehr schwieriges Verhältnis, das anfangs romantisch, populistisch und humanistisch war. Wer in einem kleinbürgerlichen Milieu geboren wird, glaubt, dass die ganze Welt so ist wie die Umgebung, in der er lebt. Sobald ich eine andere Welt kennenlernte, geriet meine natürlich in eine Krise. Als ich wahrnahm, dass es friaulische Tagelöhner gab und dass deren Psychologie, Erziehung, Mentalität, ihre Seele und ihre Sexualität anders waren, brach meine Welt zusammen: Ich konnte die bürgerliche Elite nicht mehr lieben und das Bürgertum nicht mehr hassen. In mir entstand ein neues Gefühl, ein Gefühl, von außen an etwas teilzunehmen, auch wenn diese Erfahrung durch die wirkliche Liebe, die ich für die Arbeiter und vor allem für die Bauern empfand, bestätigt wurde.

Ich habe die Arbeiterklasse nie wirklich kennengelernt, weil ich in den Städten, in denen ich aufwuchs, nur zu den Kindern aus der Schule Kontakt hatte, und die kamen alle aus bürgerlichen Familien. In Casarsa habe ich Bauern getroffen, keine Arbeiter. Und von dort bin ich direkt nach Rom gekommen, das keine Arbeiterstadt ist. Als ich vor achtzehn Jahren hierher übersiedelte, gab es noch überhaupt keine Industrie. Heute gibt es auf der Via Tiburtina da und dort eine kleine Fabrik. Aber im Wesentlichen ist Rom eine Stadt der Beamten, der Verwaltung, der Touristen, ja fast kolonial. Womit ich hier in Kontakt kam, war das Lumpenproletariat – eine ungeheuer traumatische und, soziologisch gesehen, lebenswichtige Erfahrung für mich. Zum ersten Mal in meinem Leben bin ich in eine völlig andere gesellschaftliche Welt eingetaucht, die mich zwang, ihr gegenüber objektiv zu sein. Ich musste eine marxistische Diagnose stellen. Obwohl die friaulischen Tagelöhner wirtschaftlich und intellektuell ärmer waren als ich, gehörten sie dennoch derselben Welt an wie ich, weil das Kleinbürgertum seine Wurzeln im Bauerntum hat. Die Beziehung zwischen einem friaulischen Tagelöhner und mir war beinahe eine brüderliche; zwischen meiner Mutter und einem friaulischen Tagelöhner gab es keine Kluft. Im Fall des römischen Lumpenproletariats hingegen war ich mit einer völlig anderen Welt konfrontiert. Einerseits war ich traumatisiert, wie vielleicht ein Engländer, der nach Italien kommt, weil mich die Sache völlig überraschte; andererseits war ich zu einer objektiven Diagnose gezwungen. Während ich mich also vorher aus subjektiven Gründen des Dialekts bedient und darin eine rein poetische Sprache gesehen hatte, begann ich, als ich in die Hauptstadt kam, den Dialekt des römischen Lumpenproletariats auf gegenteilige Weise, nämlich objektiv zu verwenden, um eine möglichst genaue Beschreibung der Welt zu erreichen, der ich mich gegenübersah.

Das ist ja nur eine von vielen literarischen Wendungen im Laufe Ihres Lebens. Sie haben einmal gesagt, dass eine literarische Ausbildung die gesamte Existenz eines Autors gefährde. Was haben Sie damit gemeint?
Sie kommen mir wie eine Furie vor: Schon wieder erinnern Sie mich an etwas, das ich vergessen habe … Ich denke, ich wollte nur sagen, dass man die erste Begegnung mit Dichtung nicht vergisst. Bewegt erinnere ich mich noch immer an *Macbeth* und Dostojewskis *Idiot*, das sind zwei wichtige Momente in meinem Leben, wie Rimbaud. Ich habe damit mehr gemeint als bloß etwas Kulturelles, ich hatte etwas Existenzielles innerhalb der Kultur im Auge. Manchmal vermag die Kultur so starke Empfindungen hervorzurufen wie die Natur, und diese Empfindungen tragen dann zur Ausbildung der psychischen Verfassung eines Menschen bei. Sobald diese einmal Gestalt gewonnen hat, lässt sie sich nur schwer ändern. Vielleicht entwickelt sie sich, aber etwas ganz grundsätzlich Verankertes bleibt bestehen. Das war wohl alles, was ich damit sagen wollte.

Zwei Kritiker, die sich mit Ihren Gedichten auseinandergesetzt haben, sind zu zwei allem Anschein nach einander entgegengesetzten Schlüssen gekommen: Während Franco Fortini gemeint hat, dass Sie »alle Mittel des Ausdrucks der modernen Dichtung für einen ideologischen Inhalt einsetzen, den man als selbstverständlich voraussetzen kann«,[39] hat Alberto Asor Rosa Ihre »Formel« in einer Mischung von »neuer Ideologie und traditionellen Formen« ausgemacht.[40] Wie kann es Ihrer Meinung nach zu zwei einander so widersprechenden Urteilen kommen?
Beide kommen mir falsch vor … und richtig. Beide lassen sich rechtfertigen. Ich bin kein Erfinder von Ideologien. Ich bin kein Denker und wollte auch nie einer sein. Manchmal ist mir im Kontext einer Ideologie etwas eingefallen, was den Gedanken eines professionellen

Ideologen vorweggenommen hat. Stilistisch bin ich ein *pasticheur*: Ich verwende das unterschiedlichste stilistische Material – Mundartdichtung, die Dichtung der Dekadenz, manche Versuche der sozialistischen Dichtung. Meine Arbeiten sind alle stilistisch unrein, ich habe keinen wirklich persönlich entwickelten eigenen Stil, auch wenn man meinen Stil recht einfach erkennt. Aber man erkennt mich nicht, weil ich ein Erfinder einer stilistischen Formel bin, sondern aufgrund der Intensität der »Verunreinigung« und der Vermischung unterschiedlicher Stile. Keiner der beiden hat Recht, weil es auf den Grad der Gewalt und Intensität ankommt – und das sowohl in formaler und stilistischer als auch in ideologischer Hinsicht. Es kommt auf die Tiefe der Empfindung an, auf die Leidenschaft, die ich in die Dinge lege, weniger auf die Originalität des Inhalts oder der Form.

Was Sie »Verunreinigung« nennen, hängt doch teilweise mit den besonderen Problemen der italienischen Sprache zusammen. Können Sie mir sagen, wie sich Ihr Zugang zum Medium Sprache im Laufe Ihres Übergangs von Gedichten zu Romanen und schließlich zum Kino verändert hat?
Meine Neigung zum *pasticheur* – die eine Sache der Leidenschaft ist, nicht der Berechnung – können Sie auch in den Filmen sehen. Nur ein kleines Stück verrät Ihnen schon durch den Ton, dass der Film von mir ist. Und das nicht deswegen, weil ich einen völlig eigenen Stil geschaffen hätte, wie Chaplin oder Godard. Mein Stil setzt sich aus verschiedenen Stilen zusammen. Irgendwie schwingt immer meine Liebe zu Dreyer, Mizoguchi, Chaplin, gewissen Zügen Tatis und so weiter mit. Ich glaube nicht, dass ich mich grundsätzlich geändert habe, als ich mich von der Literatur ab- und dem Film zuwandte.

Meine Gedanken zum Verhältnis von italienischer Sprache und Kino habe ich natürlich in meinen Aufsätzen zu diesem Thema besser formuliert – doch lassen Sie mich eines sagen: Zuerst dachte ich, dass die Verlagerung von der Literatur aufs Kino einen bloßen Wechsel der Technik bedeuten würde – die Technik hatte ich bereits öfter geändert. Als ich dann aber filmisch zu arbeiten begann und mehr und mehr in die Welt des Kinos eintauchte, begriff ich allmählich, dass der Film keine literarische Technik ist, sondern eine eigene Sprache darstellt. Mir wurde klar, dass ich als Protest gegen Italien und die italienische Gesellschaft instinktiv aufgehört hatte, Romane zu schreiben, und dann auch nach und nach von Gedichten Abstand genommen hatte. Ich hatte mehrfach davon gesprochen, meine Nationalität ändern zu wollen, und die Absicht geäußert, Italienisch aufzugeben und mit einer anderen Sprache anzufangen. So kam ich also auf die Idee, dass die Sprache des Kinos keine nationale Sprache, sondern eine Sprache ist, die ich als »transnational« – nicht als »international«, weil das mehrdeutig ist – und »klassenunabhängig« bezeichnen will, weil jeder, der sich der Sprache des Kinos bedient, ein und dasselbe Zeichensystem verwendet, ob es sich nun um einen Angehörigen der Bourgeoisie oder der Arbeiterklasse, um einen Ghanaer oder einen Amerikaner handelt. Zuerst hielt ich meine Entwicklung also für einen Protest gegen die mich umgebende Gesellschaft. Dann begriff ich allmählich, dass die Sache noch komplizierter war, als ich gedacht hatte: Die Leidenschaft, die die Form einer großen Liebe zur Literatur und zum Leben angenommen hatte, hat die Liebe zur Literatur Schritt für Schritt abgestreift und ist zu dem geworden, was sie wirklich war: zu einer Leidenschaft für das Leben, für die Realität, für die physische, sexuelle, gegenständliche, existenzielle Realität, in der ich lebte. Das ist meine erste und einzig wahre Liebe, und das Kino hat mich gewissermaßen gezwungen, mich dieser Liebe zuzuwenden und nur sie auszudrücken.

Wie kam es dazu? Indem ich mich mit dem Kino als Zeichensystem auseinandersetzte, gelangte ich zu der Auffassung, dass ich es im Unterschied zur gesprochenen oder geschriebenen Sprache mit einer nichtkonventionellen, nichtsymbolischen Sprache zu tun hatte, mit einer Sprache, welche die Wirklichkeit nicht durch Symbole, sondern durch die Wirklichkeit selbst ausdrückt. Wenn ich Sie ausdrücke, drücke ich Sie durch Sie aus; wenn ich einen Baum ausdrücke, drücke ich den Baum durch den Baum aus – das Kino als Sprache also, die die Wirklichkeit durch die Wirklichkeit ausdrückt. Es stellte sich daher die Frage, worin der Unterschied zwischen Kino und Wirklichkeit liegt. Die Antwort war: Es gibt eigentlich keinen. Ich kam darauf, dass das Kino ein Zeichensystem ist, dessen Semiologie einer möglichen Semiologie des Zeichensystems der Wirklichkeit selbst entspricht. Das Kino zwang mich also, die Ebene der Wirklichkeit nie zu verlassen, stets ganz in der Wirklichkeit zu bleiben. Wenn ich einen Film drehe, bin ich immer in der Wirklichkeit, zwischen den Bäumen und unter Menschen, wie Sie einer sind – da gibt es keinen symbolischen oder konventionellen Filter zwischen mir und der Wirklichkeit wie in der Literatur. Die Entdeckung des Kinos war also praktisch eine Explosion meiner Liebe zur Wirklichkeit.

Ich würde jetzt gerne ein Stück zurückgehen und Sie fragen, wie Sie eigentlich begonnen haben, Filme zu machen. Sie haben erzählt, dass Sie als Kind daran dachten, Filme zu drehen, die Idee dann aber

aufgegeben haben. Was war der erste Film, den Sie gesehen haben? Hat er einen starken Eindruck hinterlassen?

Unglücklicherweise kann ich mich an den ersten Film, den ich gesehen habe, nicht erinnern, weil ich noch zu klein war. Ich kann Ihnen aber über meine erste Beziehung zum Kino erzählen, soweit sie mir in Erinnerung geblieben ist. Ich war damals fünf, und die Geschichte war sonderbar und hatte sicherlich einen gewissen erotisch-sexuellen Aspekt. Ich erinnere mich, dass ich einen Werbeprospekt für einen Film anschaute, der zeigte, wie ein Tiger einen Mann in Stücke riss. Natürlich war der Tiger über dem Mann, aber aus irgendeinem unbekannten Grund schien es mir in meiner kindlichen Vorstellung, dass der Tiger den Mann halb verschlungen hatte und die andere Hälfte des Mannes aus seinem Maul ragte. Ich wollte den Film unbedingt sehen. Dass meine Eltern nicht mit mir ins Kino gingen, tut mir bis heute bitter leid. Dieses Bild des menschenfressenden Tigers – ein masochistisches und möglicherweise kannibalistisches Bild – war der erste prägende Eindruck, obwohl ich damals natürlich andere Filme gesehen habe, an die ich mich nicht erinnern kann.

Als ich sieben oder acht war und wir in Sacile lebten, ging ich in ein Kino, das von ein paar Priestern geführt wurde, und ich erinnere mich an Teile einiger Stummfilme, die ich dort sah. Und ich erinnere mich an den Übergang zum Tonfilm. Der erste Tonfilm, den ich sah, war ein Kriegsfilm.

So weit zu meiner cineastischen Frühgeschichte. Als ich dann nach Bologna kam, wurde ich Mitglied eines Filmklubs und sah einige Klassiker: den gesamten René Clair, die frühen Renoirs, den einen oder anderen Chaplin-Film und so weiter. Damals entstand meine tiefe Liebe zum Kino. Ich weiß noch, dass ich bei einem Wettbewerb der lokalen GUF mitmachte und ein verrücktes, der Art D'Annunzios folgendes Stück schrieb, eine völlig barbarische und sinnliche Geschichte. Und dann hat der Krieg alles unterbrochen. Und nach dem Krieg kam der Neorealismus. Ich weiß noch, dass ich eigens mit dem Fahrrad von Casarsa nach Udine fuhr, um *Die Fahrraddiebe* zu sehen, ja, und dann war da vor allem *Rom, offene Stadt* – den habe ich oben im Friaul gesehen, ein echtes Trauma, an das ich mich noch immer erschüttert erinnere. Diese Filme waren für mich jedoch wie die Bücher und Zeitschriften, die ich mir schicken ließ, nichts anderes als entfernte kulturelle Gegenstände, solange ich noch in der Provinz lebte. Dann übersiedelte ich nach Rom und dachte nicht einmal daran, ins Kino zu gehen. Nach meinem ersten Roman *Ragazzi di vita* haben mich einige Regisseure um Drehbücher gebeten. Der Erste war Mario Soldati – für einen frühen Sophia-Loren-Film, *Die Frau vom Fluss*, ich habe damals mit Giorgio Bassani zusammengearbeitet.[41] Dann kam *Die Nächte der Cabiria* mit Fellini und eine Reihe anderer, und damit kehrte das Verlangen wieder, selbst Filme zu machen.

(…)

Über Ihre Mitarbeiter kann ich Ihnen kaum eine Frage stellen, da Sie ganz und gar für Ihre eigenen Filme verantwortlich zu sein scheinen. Hat Sie sehr enttäuscht, was andere Regisseure mit Ihren Texten angestellt haben?
Nein, ein Regisseur hat das Recht, Veränderungen vorzunehmen. Abgesehen von meinem alten Wunsch, Filme zu machen, entstand natürlich dadurch, dass ich ein bestimmtes Milieu, bestimmte Gesichter und Bewegungen beschreiben wollte und diese nicht so wurden, wie ich sie mir vorgestellt hatte, ein Zwiespalt – und das Verlangen, diesen Zwiespalt zu überbrücken. Was meine eigenen Filme betrifft, dachte ich nie daran, einen Film zu drehen, der die Arbeit einer Gruppe von Menschen sein sollte. Ich verstand Filme immer als Arbeit eines Autors, und das nicht nur was Drehbuch und Regie, sondern auch was die Wahl der Schauplätze, die Charaktere, ja sogar die Kostüme angeht – ich bestimme alles, auch die Musik, und die ganz besonders. Ich habe Mitarbeiter wie Danilo Donati, der die Kostüme entwirft. Doch die erste Idee kommt von mir, und weil ich keine Ahnung habe, wie man so ein Ding macht, tut er es, und er ist da sehr gut drin und legt einen ausgezeichneten Geschmack und Eifer an den Tag.

FILME FÜR DIE NEUE ELITE

Pasolini und das Publikum, 1970

Anlässlich seines neuen Films Medea *ist Pasolini zu Gast in der Fernsehsendung* Cinema 70 *(RAI, ausgestrahlt am 28. Januar 1970), moderiert vom Journalisten und Autor Oreste Del Buono. Dort wird er mit den Fragen des Studiopublikums zu* Medea *und seinem filmischen Schaffen konfrontiert. Nachdem sich dabei aber hauptsächlich Journalisten, Studentinnen und Intellektuelle zu Wort gemeldet hatten, wurden in einem zweiten Teil der Sendung – ganz im Sinne Pasolinis – Mailänder Industriearbeiter zu ihrer Meinung über den Film und Pasolinis Werk befragt. Pasolini ist in dieser Sendung aber nicht anwesend, die Reaktionen auf* Medea *und seine anderen Filme fallen überwiegend kritisch aus.*

Oreste Del Buono: **Pasolini und das Publikum. Anlässlich der Begegnung zwischen Pasolini und unseren Zuschauern scheint es mir hier zunächst angemessen, Pasolini nach seiner Meinung über die Zuschauer zu fragen. Ich weiß noch, dass Sie damals bei der Vorstellung von *Porcile* [*Der Schweinestall*] etwas ratlos waren, an welches Publikum Sie sich damit wenden könnten oder wie eine bestimmte Art von Zuschauer darauf reagieren würde. Sie sprachen von einer Ratlosigkeit Ihrerseits bezüglich der Frage, wie dieser Film von einem durchschnittlichen Zuschauer aufgenommen werden würde. Oder besser, von einer Art Durchschnittspublikum. Ich möchte Sie fragen: An welches Publikum glauben Sie sich mit Ihrem neuen Film zu wenden?**

Naja, die Frage stellt sich ja folgendermaßen: Meine ersten Filme, von *Accattone* hin zu *Das erste Evangelium – Matthäus*, *La ricotta* [dt. *Der Weichkäse*] und *Edipo re* [dt. *Edipo Re – Bett der Gewalt*], standen noch ganz im Zeichen Gramscis. Und bei meinen ersten Filmen hatte ich mich auch tatsächlich der Illusion hingegeben, volkstümlich-nationale Werke im Gramsci'schen Wortsinn zu schaffen. Daraus folgt natürlich, dass ich glaubte, mich an das Volk zu wenden. Ans Volk als soziale Klasse, klar unterschieden von der Bourgeoisie. Zumindest idealerweise. So wie Gramsci das Volk kennengelernt hatte und wie ich selbst es in meinen jungen Jahren, zumindest in den Fünfzigerjahren, kennengelernt hatte.

Das heißt auch, in den Jahren Ihrer schriftstellerischen Tätigkeit.
Sicher. Dann kam es zur sogenannten Krise der italienischen Gesellschaft, die in gewisser Hinsicht eine positive Krise war. Also zum Übergang Italiens von einem noch teils landwirtschaftlich und handwerklich geprägten, auf alle Fälle aber paläokapitalistischen Zeitalter zu einem neuen Zeitalter des neokapitalistischen Wohlstands, sprich: zu einer in gewisser Weise radikalen, da schlagartigen Transformation der italienischen Gesellschaft. Kurz gesagt: zur Verwandlung dieses von Gramsci und mir selbst als jungem Mann idealisierten Volks in etwas anderes. In das, was die Soziologen »Masse« nennen. Von diesem Zeitpunkt an habe ich mich in gewisser Hinsicht geweigert, irgendetwas zu produzieren, das für diese Masse konsumierbar ist, wenngleich meine Weigerung nicht kategorisch war, aprioristisch, sondern nur die Konsequenz meiner früheren Erfahrungen. Deshalb habe ich dann »elitäre« Filme gedreht, die auf den ersten Blick antidemokratisch, aristokratisch wirken. Insofern diese Filme aber Produkte der Polemik gegen die tyrannische und schlechthin antidemokratische Massenkultur sind, stellen sie meiner Meinung nach in Wirklichkeit einen wenn auch vergeblichen und idealistischen Akt der Demokratie dar.

Lassen Sie uns jetzt über Ihren letzten Film *Medea* sprechen.
Nur zu.

Stimme aus dem Off: **Hören wir dazu Stimmen aus dem Publikum. Wer möchte gerne eine Frage zu Pasolinis neuestem Film stellen?**

Ein Zuschauer meldet sich: **Giovanni Ferrara, Professor für Alte Geschichte. Ich möchte Sie Folgendes fragen: Sie haben *Edipo re* und *Medea* zu zwei sehr unterschiedlichen Zeitpunkten gedreht. Als ich *Edipo re* sah, war ich etwas ratlos, aber das tut hier nichts zur Sache ... Alles in allem schien es mir aber, dass ich den Sinn dieses Films verstanden hatte, sofern mir das möglich war. Als ich aber *Medea* sah, habe ich mich gefragt, weshalb Sie *Medea* gedreht hatten. Für mich heißt *Medea* natürlich automatisch Euripides. Während *Edipo re* in einem modernen Sinne direkt aufgelöst werden kann, schien mir diese Art von Fragestellung bei *Medea* nicht zu finden zu sein. Auf alle Fälle ist es mir wirklich nicht gelungen, zu verstehen, was der moderne Interpretationsschlüssel sein sollte. Also was bedeutet die Tragödie *Medea* für Sie?**
Zunächst einmal bin ich der Meinung, dass es nicht zwingend notwendig ist, dass es so einen modernen Interpretationsschlüssel über-

haupt gibt. Das setzen wir als Publikum nur irgendwie voraus, wenn wir ins Kino gehen. Gleichwohl gibt es einen bei *Medea*. Und er ist in mancherlei Hinsicht genauso aktuell oder vielleicht sogar viel aktueller als bei *Edipo*. Und, nebenbei bemerkt, ich sehe nicht nur keinerlei Unterschied zwischen *Edipo* und *Medea*, sondern auch keinerlei Unterschied zwischen *Accattone* und *Medea*, und nur wenige Unterschiede zwischen dem *Evangelium* und *Medea*. Ein Filmemacher bringt ja praktisch immer den gleichen Film hervor, zumindest für eine lange Zeit seines Lebens. Wie auch ein Schriftsteller immer die gleichen Gedichte schreibt. Es geht um Variationen, teils sogar tiefgreifende, desselben Themas. Wie in allen meinen Filmen ist das Thema auch hier das stets ungelöste ideelle Verhältnis zwischen der Welt des armen, geschichtslosen Volks, beziehungsweise des Lumpenproletariats, und der kultivierten und geschichtlichen Welt der Bourgeoisie. Bei diesem Film habe ich mich mit dem Thema ganz direkt und explizit auseinandergesetzt. Medea ist die Heldin einer lumpenproletarischen, archaischen und religiösen Welt. Jason hingegen ist der Held einer rationalen, laizistischen und modernen Welt. Und ihre Liebe repräsentiert den Konflikt zwischen diesen beiden Welten.

Zuschauerin: **Annamaria Pisani, Studentin der Literaturwissenschaft. In Ihrem letzten Film, *Medea* eben, wird der Tod von Kreon und seiner Tochter, Jasons Verlobter, zweimal gezeigt, mit je unterschiedlichem Ausgang. Jetzt würde ich gern von Ihnen wissen, ob das sozusagen eine Verbeugung vor einem aktuellen Trend im Kino ist und ob es hier auch darum geht, sich einer Entscheidung zu**

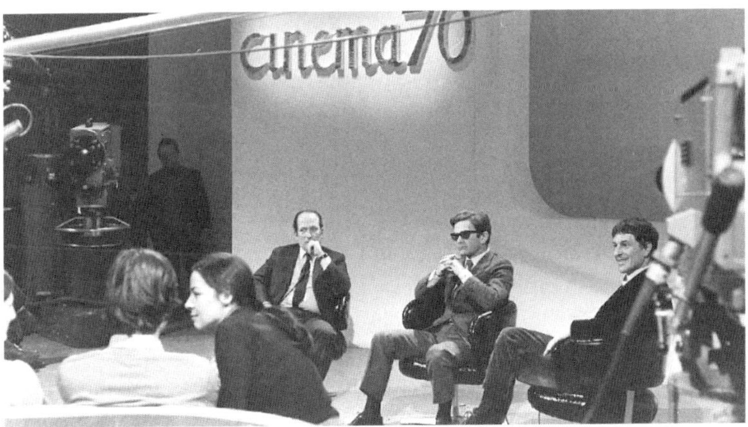

Pasolini mit Oreste Del Buono (links) bei *Cinema 70*

verweigern oder ob das für Sie eine ganz bestimmte eigene Bedeutung im Rahmen des Films hat.

In einem sozusagen hintergründigen Sinn stimme ich zu, Sie haben da etwas Richtiges gesagt: Ja, ich biete zwei verschiedene Interpretationsmöglichkeiten an. Das heißt, das Schicksal wiederholt sich, ereignet sich noch einmal auf die gleiche Weise. Nur, dass es sich beim ersten Mal um einen Traum handelt, eine Vision Medeas. Beim zweiten Mal ist es Wirklichkeit. Wie ich zuvor in meiner Antwort auf die erste Frage sagte, kommt Medea aus einer archaischen, religiösen, prähistorischen Welt, in der es noch Menschenopfer gibt. Sie verbringt zehn Jahre in Korinth, im Schoß einer hochentwickelten, sehr reichen Kultur. Und diese zehn Jahre haben sie glatt geschliffen, in dieser Zeit hat sie gewisse äußerliche Merkmale einer modernen und eleganten Frau angenommen. Tief in ihrem Innern aber bleibt ihre Herkunft unauslöschlich. Und ihre Herkunft tritt wieder zutage, bricht sich Bahn in dieser Vision, in der sie sich vorstellt, wie sie mithilfe ihrer Zauberkunst grausam und brutal Rache nimmt, was ja ihrem Naturell als Barbarin entspricht. Deshalb träumt sie die Version des Mythos, des Mythos von Euripides. Ihr Traum entspricht der Tragödienhandlung bei Euripides, sie schenkt Glauke das verhexte Gewand, diese zieht es an, verbrennt und stirbt. Und so vollzieht sich die Rache der Barbarin Medea. Dann wacht Medea auf und kehrt in die Wirklichkeit zurück. Die Dinge geraten allmählich in Bewegung, und ihr Traum wiederholt sich in der Realität. Dieses Mal ist der Tod jedoch ein Sich-Wiederereignen des, nun ja, Schicksals. Glauke stirbt nicht mehr aus mythischen und magischen Gründen, sondern aus psychologischen Gründen. Denn das, was in der modernen Welt zählt, sind eben die psychologischen, rational nachvollziehbaren Gründe. Gleichzeitig ereignet sich dadurch auch das wieder, was Medea geträumt hat. Was hat das zu bedeuten? Es handelt sich um eine meiner alten Polemiken gegen die bürgerliche und rationale Gesellschaft. Damit will ich sagen, dass die Vernunft den Fixpunkt der bürgerlichen und kleinbürgerlichen Gesellschaft bildet. Während alles Irrationale, zum Beispiel die Kunst, einen Angriff auf diese bürgerliche Vernunft darstellt. Macht ist immer auf Vernunft gestützt. Und in *Medea* wollte ich auf durch und durch märchenhafte, mythische und erzählerische Weise eben diesen Aspekt vor Augen führen: die unauslöschliche Gewalt des Irrationalen.

Zuschauer: **Antonio Ghirelli, Sportjournalist. Das waren sehr interessante Ausführungen, zumindest für Leute aus unserer Generation. Diese Beschreibung des Bruchs in Italien zwischen den Fünf-**

zigerjahren und der Abkehr vom sozialistischen Realismus oder zumindest von der volkstümlich-nationalen Kunst. Auf welche Art können Ihrer Ansicht nach die Massen, im Rahmen Ihrer Hinwendung zur, nennen wir sie einmal, Provokationskunst, den Fängen der Konsumgesellschaft wieder entrissen werden? Es ist schon klar, dass in dem Ausmaß, in dem Sie eine solche Provokationskunst einsetzen, eine scheinbar elitäre Kunst … – da stimme ich Ihnen voll und ganz zu, dass diese ihrem Wesen nach demokratisch ist, oder zumindest anti-antidemokratisch … aber inwiefern glauben Sie, als Dichter, den Kontakt zu diesen Massen herstellen zu können?
Ich würde zuerst noch zwei kleine Ungenauigkeiten in Ihrer Frage beseitigen. Dass Sie nämlich den sozialistischen Realismus mit Gramscis Begriff des Volkstümlich-Nationalen gleichsetzen.

Ghirelli: **Da habe ich natürlich verallgemeinert …**
Diese beiden Dinge sind ganz klar voneinander zu trennen, denn der sozialistische Realismus war eine Monstrosität aus der Stalin-Zeit, an der nichts zu retten ist. Gramscis Konzept des Volkstümlich-Nationalen ist hingegen ein berechtigtes, gültiges und historisch überaus wichtiges Konzept. Und dann noch eine zweite kleine Richtigstellung hinsichtlich der Aussage, dass meine jüngeren Produktionen provokativ sein wollten. Nein, sie wollen nicht provokativ sein. Denn Provokation als solche ist so gut wie immer rein formal. Sobald Inhalt und Gefühl dazukommen, ist Provokation keine Provokation mehr. Sie ist allenfalls Skandalon, im quasi neutestamentarischen oder linguistischen Wortsinn, wenn überhaupt, aber nicht Provokation. Und ja, ich glaube, die Zuschauer irgendwie erreichen zu können, auch wenn diese nicht die Masse darstellen, denn die Masse als solche ist per Definition antidemokratisch, entfremdend: Sie ist entfremdet und sie entfremdet. Auf alle Fälle kann man sie durch Dezentralisierung erreichen. Das ist sehr idealistisch, das weiß ich nur zu gut. Aber ein Schriftsteller kann ja andererseits gar nicht anders, als idealistisch zu sein. Die Dezentralisierung ist meiner Meinung nach das wichtigste Problem der heutigen Zivilisation. Der Wunsch nach Selbstverwaltung, der überall auf der Welt laut wird. Und deshalb kann auch die Kunst mithilfe einer unendlichen Kette von Dezentralisierungen die Masse erreichen. Ich sage das ganz theoretisch und idealistisch, aber es scheint mir der einzig mögliche Weg zu sein.

Del Buono: **Auch die Dezentralisierung des Kinos wäre eine Möglichkeit.**

Ja, dafür bräuchte man die nötigen Vertriebskanäle, die so eine Dezentralisierung realisieren könnten.

Del Buono: **Das heißt, ganz andere Kanäle als die …**
Eine andere Produktionsweise und eine andere Art von Vertrieb.

Zuschauer: **Andrea Frende, Student. Diesbezüglich würde ich gern anmerken: Wie kommt es, dass ausgerechnet Sie, der ja behauptet, sich gegen die Massenkultur zur Wehr setzen zu wollen, dann doch auf Systeme und Strukturen zurückgreift, die typisch sind für die Kulturindustrie? Wieso greifen Sie auf ein traditionelles System der Filmindustrie zurück? Das heißt auf ein kommerzielles, sozusagen … für mich ist das ein Widerspruch.**
Sehen Sie … was wäre denn die Alternative dazu? Selbstmord. Intellektueller Selbstmord. Oder sagen wir das, was in einem Kreis von Anhängern Castros und Guevaras intellektueller Selbstmord wäre. Und das ist durchaus eine respektable Haltung. Aber in gewisser Hinsicht ist sie terroristisch und erpresserisch, und ich werde sie niemals akzeptieren. Ich sah mich vor die Wahl gestellt, entweder Filme zu drehen und dabei auf die aktuell bestehenden Strukturen zurückzugreifen, auf die vorhandenen Produzenten, auf die kapitalistische Welt, in der ich lebe, oder eben keine Filme zu drehen. Ich drehe lieber Filme und wäge ab. Vielleicht muss ich mir eingestehen, dass ich verloren habe. Aber das hier ist eine Art Kraftprobe. Das heißt, ich instrumentalisiere die vorhandenen Produktionsstrukturen, und die vorhandenen Produktionsstrukturen instrumentalisieren mich. Und dann schauen wir mal … wir lassen es auf diese Kraftprobe ankommen und werden ja sehen, wer am Ende gewinnt.

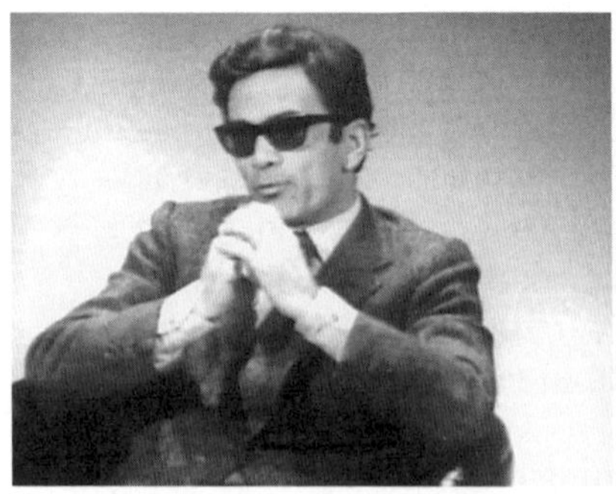
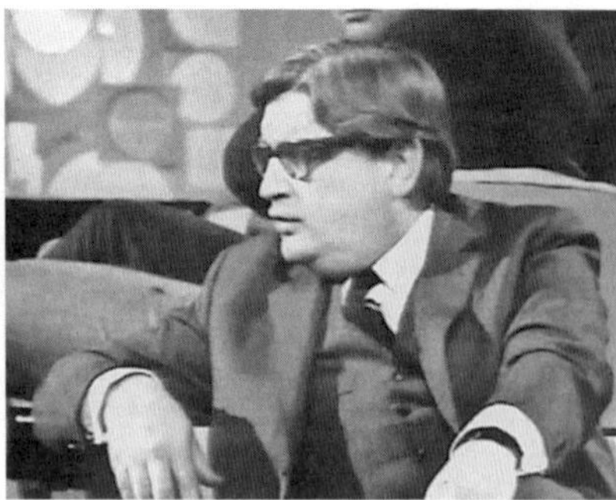

Pasolini beantwortet Zuschauerfragen bei *Cinema 70*

Zuschauer: **Lorenzo Scheggi, Gewerkschaftsjournalist. Sie haben eingangs gesagt, es gebe keinerlei Hoffnung, die Masse erreichen zu können, und dass Sie sich deshalb an die Eliten wenden. Meinen Sie nicht, dass diese Einschätzung gerade in Anbetracht der jüngsten gesellschaftlichen, gewerkschaftlichen und politischen Ereignisse der letzten Jahre in Italien revidiert werden müsste? Inmitten der gesichtslosen Masse zeichnet sich meiner Ansicht nach ja sehr klar und deutlich das ab, was wir vielleicht die Arbeiterbewegung nennen können … die Arbeiterklasse, um genauer zu sein. Und vielleicht hat diese es verdient, dass Sie sich mit Ihren Werken auch an sie wenden, um ihre kulturelle, gesellschaftliche und politische Situation zu verbessern.**

Meine Antwort wird sehr kurz ausfallen: Sie haben mich missverstanden, als ich von Elite sprach. Ich habe doch deutlich gemacht, dass es sich nur scheinbar um ein aristokratisches Unterfangen handelt und dass es in Wirklichkeit ein Akt der Demokratie ist. Denn ich will mich ja eben an diese Elite wenden und nicht an die traditionelle Elite, ich wäre ja verrückt, etwas Derartiges von mir zu geben. Es handelt sich hier also um ein Missverständnis. Da das Wort »Elite« seit vielen Jahrzehnten in einem bestimmten Sinn verwendet wird und es kein besseres Wort gibt, um es zu ersetzen, handelt es sich hier um ein sprachliches Missverständnis, ein Missverstehen dieses Wortes. Wenn ich sage, ich drehe Filme für die Elite, dann spreche ich nicht von der traditionellen Elite, also der Elite der Privilegierten, der Machthaber, also der kulturellen Elite. Ganz im Gegenteil. Ich sage »Elite«, aber die Elite kann für mich überall zu finden sein. Und eben genauso gut in dieser Minderheit fortschrittlicher Arbeiter.

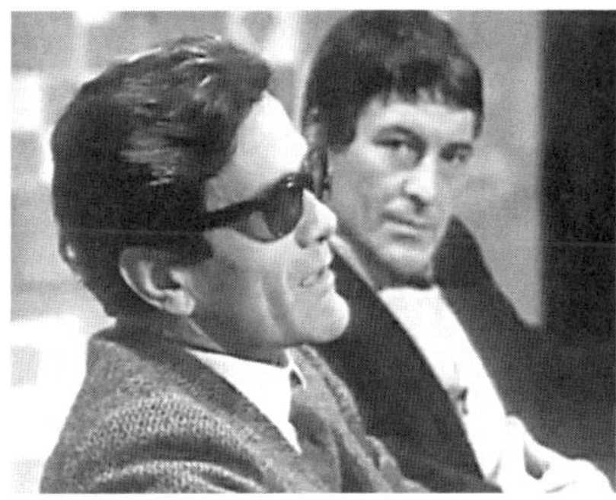

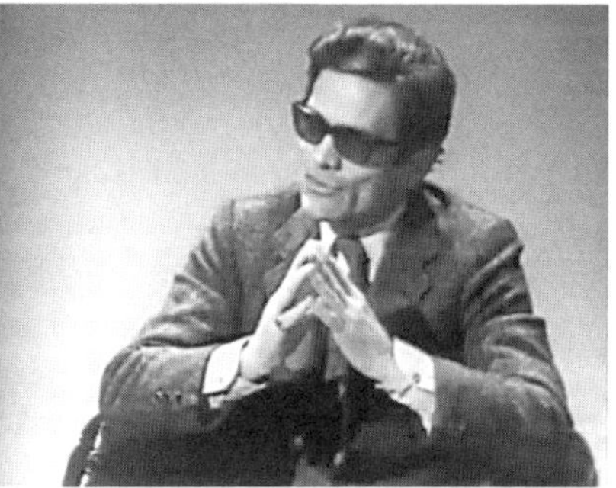

Scheggi: **Dann hatten Sie den Metallarbeiter aus Turin im Kopf, als Sie *Medea* gemacht haben?**
Sicher, sicher! Wenn ich von Elite spreche, habe ich natürlich eine neue Art von Elite im Sinn. Die Elite, die jene Dezentralisierung verkörpert, von der ich zuvor in meiner Antwort auf Ghirellis Frage gesprochen habe. Und deshalb ist diese etwas extrem Demokratisches, sie sucht jene überall und auf jedem Niveau.

Scheggi: **Dann sind wir hier Ihrer Ansicht nach also nicht die Elite?**
Sie sind die traditionelle Elite. Denn ich sehe hier weder einen Arbeiter noch einen Analphabeten. Sie eingeschlossen. *(Scheggi nickt.)*

Del Buono: **Aber glauben Sie denn, dass *Medea* von dieser Elite angenommen werden kann?**
Natürlich, aber sie wird sich dabei schwertun. Denn selbstverständlich verlange ich von meinen Zuschauern so viel Aufmerksamkeit, wie es mich Mühe gekostet hat, den Film zu drehen. Ich wende mich nicht an einen unaufmerksamen Zuschauer. Wenn er unaufmerksam ist, umso schlechter für ihn.

Ghirelli: **Erlauben Sie mir noch eine Beobachtung: Der erste Teil Ihres Films – und das sage ich als Zuschauer, als Sportjournalist, der in dieser ganzen Diskussion völlig außen vor ist –, der erste Teil Ihres Films ist großartig. Für mich sind Sie in vollkommenem Einklang mit der archaischen Welt. Und das haben wir in all Ihren Filmen sehen können. Wenn Sie sich allerdings jener psychologischen, rationalen und weltlichen Realität annehmen, sind Sie, mit Verlaub, parteiisch – was völlig in Ordnung ist, damit wir uns da richtig verstehen, ich will nur unsere Einwände erläutern –, da sind Sie parteiisch und werden damit obskur.**
Da stimme ich Ihnen teilweise zu, deshalb gehe ich nur kurz auf den Punkt ein, bei dem ich Ihnen zustimme. Es ist klar, dass ich mehr Inspiration habe, wenn ich eine volkstümliche Welt beschreibe, was immer das auch sein mag. Ich weiß auch nicht, warum. Vielleicht auch aus obskuren Gründen, ich weiß es nicht, aber es ist so. Wenn ich hingegen die bürgerliche Welt beschreibe, stoße ich immer auf Schwierigkeiten. Das habe ich auch bereits zugegeben, als ich vorhin sagte, dass es für mich immer schwierig ist, eine psychologische und moderne Welt darzustellen. Aus einer Art … ja, beinahe körperlicher Feindseligkeit gegenüber dieser Welt.

Del Buono: **Haben Sie auch deswegen auf den Mythos zurückgegriffen? Möglicherweise also, um eben diesen Schwierigkeiten teilweise aus dem Weg zu gehen? Deswegen ausgerechnet die Rückkehr zum Mythos?**
Ja, das ist dasselbe Phänomen. Ich kehre zum Mythos zurück.

Del Buono: **Um das Problem von einer anderen Seite, in einem anderen Gewand anzugehen?**
Ja, genau. Ja, ja, das stimmt.

Zuschauer: **Francesco Casorati, Lehrer für Latein und Griechisch am humanistischen Gymnasium. Wir sind hier ein insgesamt ziemlich gebildetes Publikum, das in der Lage sein sollte, zu verstehen, was Sie sagen. Allerdings müssen wir alle hier Sie um Erklärungen Ihres Films bitten, um dessen verborgene, sehr verborgene Bedeutungsebenen zu erkennen. Nun scheint es mir, dass ein Film, der detaillierte Erklärungen seines Regisseurs oder Erschaffers nötig hat, um auch von einem Publikum verstanden zu werden, das kulturell gesehen nicht ganz so auf der Höhe ist, ein grundlegend verfehlter oder wenigstens ein nutzloser Film ist.**
Naja, dass er nutzlos ist, will ich doch hoffen. Denn die Bewertungsmaßstäbe für ein Werk, das poetisch sein will, sind sicherlich nicht Nutzen und Nutzlosigkeit. Verfehlt vielleicht ... das kann ich Ihnen zugestehen, da es ... Aber verfehlt finde ich eigentlich diesen Teil Ihrer Frage. Ich bin hier, um die Fragen von Leuten zu beantworten, die von sich behaupten, den Film zusammen mit mir einer kritischen Exegese unterziehen zu wollen, was, wie bei jedem anderen Kunstwerk auch, Schichten, Hintergründe, Muster, Wurzeln, Verbindungen und Ähnlichkeiten zum Vorschein bringt, die bei der ersten Betrachtung nie ins Auge fallen. Ihnen ist ja sehr wohl bewusst, dass es bei jedem Kunstwerk zwei Rezeptionsebenen gibt: Von der einen sprach Ghirelli vorher. Was wollen Sie denn nun? Soll ich erklären, was ein Menschenopfer ist? Was soll man da erklären? Beim Betrachten dieser Dinge empfindet man tiefe Emotionen, man kann sie mit den Osterriten und so weiter und so weiter verbinden, und ohne es zu wollen, ist man gerührt ... Wunderbar! Das ist die emotionale Ebene, die für alle in Ordnung und für alle gleich ist. Denn jeder von uns wird wieder zum Kind, wenn er ins Kino geht. Dann gibt es aber noch die zweite Ebene, die kritische. Und wir unterhalten uns hier auf dieser zweiten Ebene. Und dasselbe, was Sie mir gerade gesagt haben, können Sie über jedes Kunstwerk sagen. Auch über ein scheinbar sehr einfaches. *Die*

Brautleute von Manzoni zum Beispiel. Die werden oft als Musterbeispiel für Einfachheit herangezogen, jeder versteht doch die Geschichte von Renzo und Lucia. Und dennoch: Wenn wir einmal anfangen, darüber zu diskutieren, werden Sie feststellen, dass ein Haufen Probleme zum Vorschein kommt. Und deshalb stellen wir hier eine Betrachtung auf der zweiten Ebene an, die mir ziemlich wichtig ist. Sie ist mir wichtig, weil ich nicht nur ein Mensch, ein Schöpfer, sondern auch ein Kulturmensch bin. Ich bin jemand, der ein Dichter sein will. Ich bin ein Kulturmensch und diskutiere deshalb mit Ihnen über kulturelle Probleme. Das ist also die zweite Rezeptionsebene dieses Films.

Casorati: **Aber Sie selbst haben doch gerade gesagt, dass auch ein Arbeiter ...**
Sicher, der versteht das in jenem ersten Sinn, wie ich vorher gesagt habe ...

Del Buono: **Auf emotionaler Ebene.**
In jenem Sinn einer Rezeption auf der ersten Ebene, auf rein emotionaler Ebene ... im Sinn eines Erfassens, einer Einverleibung des Werks.

Casorati: **Aber Sie selbst haben doch gesagt, dass ein Arbeiter ... sehr aufmerksam sein müsse, dass er nicht abgelenkt sein dürfe ...**
Nein, nein, nein. Seien Sie beruhigt, seien Sie ganz beruhigt, ein Arbeiter ... zumindest einer von einem gewissen Niveau ... ist ja nicht unbedingt dumm, oder? Denn Dummheit findet sich ja in allen gesellschaftlichen Schichten ... deshalb seien Sie beruhigt, auch ein intelligenter Arbeiter kann durchaus aufmerksam sein.

Zuschauerin: **Ich würde gern verstehen, welche Gemeinsamkeiten es zwischen der Welt der Arbeiter, vor allem der Avantgarde der Arbeiter heute, einer Welt, in der Tag für Tag gekämpft wird, und jener Welt gibt, in die Sie Medea versetzt haben, der Welt, in der Ihr ganzer Film *Medea* spielt. Meiner Meinung nach dominiert in Ihrem Film die individuelle, psychoanalytische Dimension über die soziale, die Dimension der Klassen, die jedoch die Realität der Avantgarde der Arbeiter bildet, in der sie Tag für Tag leben und kämpfen. So hat zum Beispiel auch die ganze Problematik der primitiven Kulturen, die bei Ihnen so profiliert dargestellt wird, nur sehr wenig mit der Realität des Volks gemeinsam. Denn primitiv ist nicht gleichbedeutend mit Volk, und vor allem nicht mit Arbeiterklasse. Ich trenne hier ganz deutlich.**

Ich habe sehr genau verstanden, gute Frau. Aber was machen Sie dann mit der Dritten Welt? Sie wissen, dass zwei von drei Milliarden Erdbewohnern, mindestens zwei Milliarden, also zwei Drittel, Teil der Dritten Welt sind.

Zuschauerin: **Also wendet sich Ihr Film an die Bewohner der Dritten Welt, nicht an die Avantgarde unserer Arbeiterklasse.**
Sicher, aber er wendet sich nicht an … er spricht über die Dritte Welt und wendet sich an intelligente Menschen. Wenn ein Arbeiter in seinen eigenen Problemen nicht auch die Probleme der Dritten Welt zu erkennen vermag, ist es ausgeschlossen, dass er der Avantgarde der Arbeiter angehört. Schauen Sie sich die Bewegung der Schwarzen in den USA an, schauen Sie nach Kuba, nach Lateinamerika und so weiter und so fort. Halten Sie es wirklich für möglich, hier eine klare Trennung vorzunehmen?

Zuschauerin: **Nein, das ist nicht möglich. Aber …**
Dann ist es doch klar, dass niemand von diesen Problemen hier spricht …

Zuschauerin: **Aber …**
Das ist ein Problem der fehlenden Kenntnis. Es gibt so etwas wie ein Volksgefühl. Ein Gefühl, das alles umfasst. Ich präsentiere nicht ein Problem Figur für Figur, also dass jemand auf dem Feld arbeiten muss und diese oder jene sozialen und ökonomischen Probleme hat. Es gibt ein Volksgefühl, das mich meiner Meinung nach veranlasst hat … Würde mich jemand bitten, für eine Anthologie von zwanzig oder dreißig italienischen Regisseuren mein bestes Werk beizusteuern, würde ich den ersten Teil von *Medea* nehmen, in dem das Volk der Hauptdarsteller ist. In dem das Volksgefühl der Hauptdarsteller ist. Aber natürlich das Volk, nicht die Arbeiterklasse. Das bäuerliche Volk, das vorindustrielle Volk. Sprich: das Volk der Dritten Welt.

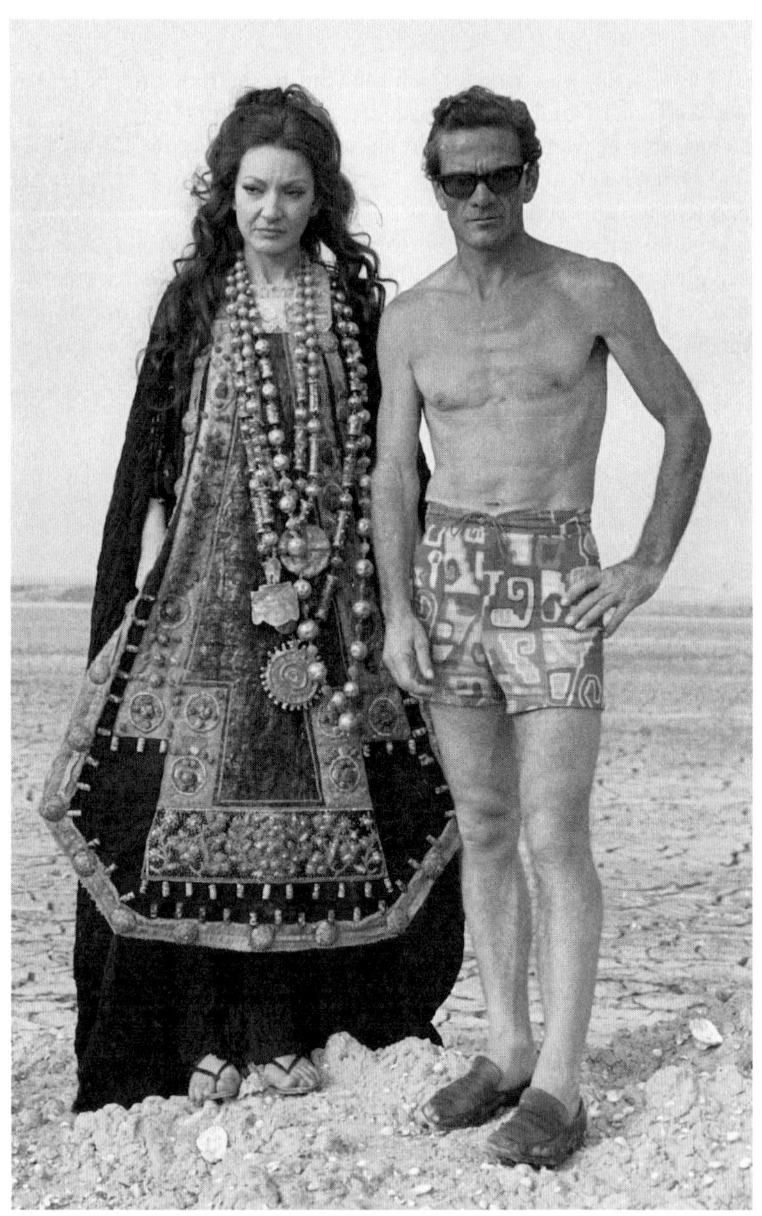

Mit Maria Callas beim Dreh von *Medea*

»ICH MEIDE DIE FIKTION. ICH MACHE NICHTS PROFESSIONELLES«

Im Gespräch mit Gideon Bachmann über die Nützlichkeit der Kunst und die Vergangenheit als einzige Widerstandskraft, 1972

Mit dem deutsch-jüdischen Filmjournalisten und Dokumentarfilmer Gideon Bachmann hat Pasolini zwischen 1963 und 1975 zahlreiche Gespräche geführt: keine klassischen Interviews, eher unbefangene Unterhaltungen ohne zwingenden Anlass und offenen Ausgangs. Der hier ausgewählte Ausschnitt eines längeren Gesprächs datiert vom Herbst 1972, wahrscheinlich in Pasolinis römischer Wohnung nach rund fünf Jahren ohne Zusammentreffen.

Das Kino erlaubt es einem Autor, eine breite Masse an Zuschauern zu erreichen. Gilt das auch für dich?
Das Kino ist per Definition für ein breites Publikum bestimmt, und das wird immer mehr der Fall sein. Aber es gibt stets Momente im Kino, in denen ich der Autor des Films bin und du der Zuschauer bist. Das sind meiner Meinung nach Ausnahmen, aber sie kommen noch vor.

Der Eindruck, den ein Film in einem Kinosaal hinterlässt, unterscheidet sich vom Eindruck, den man aus der Lektüre von Poesie oder dem Hören eines Musikstücks mitnimmt. Es macht einen großen Unterschied, ob man alleine ist oder zusammen mit Menschen aus derselben gesellschaftlichen Gruppe. Im Kino geschieht es selten, dass jemand lacht, wenn nicht auch die anderen lachen. Das ist ein psychologischer Faktor.
Ja, diese Beschreibung könnte man unter dem Titel *Der menschliche Typus des Kinozuschauers* zusammenfassen und hiervon ausgehend dann eine soziologische und psychologische Studie durchführen. Diese Grundzüge lassen dennoch ein wenig Spielraum für die Beziehung zwischen Einzelpersonen. Du lachst mehr, wenn die anderen lachen, du lachst weniger, wenn die anderen nicht lachen, du hast eine bestimmte Einstellung, je nachdem, ob der Kinosaal leer oder voll ist – aber all das wird dich nicht völlig bestimmen. Es bleiben eine Reihe von Freiheiten, die dich zu einem Einzelnen machen, der das Werk eines Einzelnen in Anspruch nimmt. Diese Möglichkeit besteht, sie

schwindet nur mehr und mehr. Im Fernsehen ist sie viel weniger gegeben.

Aber da ja der Film dazu bestimmt ist, eine größtmögliche Anzahl von Personen zu erreichen (und zwar aus ökonomischen Gründen), ist die Gefahr, von der wir gesprochen haben, größer. Glaubst du nicht, dass man eine Form des Filmemachens finden müsste – in Filmkassetten oder Ähnlichem –, die dem Vorschlag einer Beziehung von Person zu Person entspricht? Du machst einen Film und ich mache einen anderen. Er muss nicht eineinhalb Stunden dauern, es reichen auch fünf Sekunden, fünf Minuten: ein Kinogedicht. Noch vor etwa zehn Jahren dachte man, dass sich eine bestimmte Art des Kinos in diese Richtung entwickeln würde. Heute aber, du sagst es auch, sehe ich das immer weniger, und der Spektakelfilm gewinnt wieder an Bedeutung. Bogdanovich und die alten Filme von Fellini haben, zu meinem größten Entsetzen, kommerziellen Erfolg und werden auch von den Kritikern gefeiert. So als befänden wir uns in einer zweiten Hollywood-Ära mit pseudointellektueller Basis. Aber dieses Eins-zu-eins-Kino hat sich, wenn ich richtig sehe, nicht verwirklicht …

Mir scheint, du verwechselst die soziologischen Merkmale des Kinobesuchers oder des Musikhörers mit der realen Emotion. Was du sagst, ist schon richtig, aber das ist nicht die Gefahr. Die besteht vielmehr darin, dass die ganze Kultur zur Massenkultur wird und dass dadurch alles, auch wenn ich nur für dich persönlich schreiben würde, zu einem Teil dieser Kultur wird. Sie würde zu einer anthropologischen Form des Daseins werden: Das ist die wahre Gefahr. Und wir sind auf dem besten Weg dahin, wenn sich nichts verändert. Aber bis heute, also bis 1972, ist die Chance einer Beziehung, die real, nicht irreal, nicht inauthentisch – im Sinne von massentauglich – ist, noch da, weil es noch Überlebende gibt.

Die Jugendlichen sind hierzu immer weniger fähig. Sie sind gegenüber der Form völlig unkritisch, sie spüren das Problem der Form nicht mehr als solches, weil sie über das Fernsehen von einer Reihe schrecklicher Formen vergewaltigt wurden, und dadurch haben sie das Gefühl für das Schöne, für die Ästhetik, für das Vollbrachte, das Vollendete und das Formale verloren. Außerdem sind sie von pragmatischen und parteipolitischen Ideen zutiefst korrumpiert, also muss eine Sache nützlich sein, nicht ästhetisch schön. Sie muss unmittelbar und nicht indirekt nützlich sein. Es ist klar, dass auch ein Kunstwerk einem ethischen Konzept von Nützlichkeit entspricht, aber es handelt sich um eine indirekte, komplizierte Nützlichkeit: eine komplexe, keine unmittelbare.

Glaubst du nicht, dass es sich um ein quasibiologisches Phänomen handelt? Es ist doch so, dass die Jugendlichen, welcher Epoche auch immer, grundsätzlich weniger an der Form interessiert sind, wohingegen wir besser darin sind, die möglichen Darstellungsformen zu unterscheiden. Im 20. Jahrhundert ist der formalistische Künstler, so scheint es, quasi immer ein Mann fortgeschrittenen Alters, kein Jugendlicher. Denke nur an Dalí oder an Buñuel …
Ich verstehe, du sprichst vom Autor, ich aber spreche vom Leser.

Ah, ach so! Ich verstehe …
Verstehst du? Als ich also davon sprach, dass die Jugendlichen absolut kein Gefühl für Form besitzen, so sprach ich nicht so sehr von den jungen Autoren, sondern von den jungen Zuschauern. Was das betrifft, was du zu den Autoren sagst, so bin ich nicht ganz einverstanden. Denn nach den ersten Erfahrungen und schulischen Übungen ist doch das Erste, das einen Künstler als solchen auszeichnet, sein Gefühl für Form, was aber nicht mit Formalismus gleichzusetzen ist, diese beiden Dinge darf man nicht verwechseln: Ich sprach nicht von Formalismus, ich sprach von Form, von Stil. Das erste Problem, mit dem sich ein Autor nach der Überwindung seiner ersten kindlichen oder jugendlichen Verwirrung konfrontiert, ist, wie Jakobson sagen würde, das Problem der Metasprache.

Ich neige mit meinen Fragen dazu, die Sachen ein wenig zu banalisieren. In Wirklichkeit entspricht mein Empfinden seit nunmehr drei, vier Jahren genau dem, was du sagst. Ich bin in der Tat völlig einverstanden mit dir, viel mehr, als ich dachte … Man hört immer wieder Stimmen, die dies und das über dich sagen, »Pasolini bei dieser Demonstration, Pasolini bei jener Demonstration«. Wenn doch die Nützlichkeit dieser Dinge immer geringer scheint. Es freut mich also, zu hören, dass du im Grunde genommen …
Weißt du, ich glaube, wir können gar nicht anders, als uns zu distanzieren. Nehmen wir das Beispiel: Das Filmteam hat jüngst gestreikt, wie du weißt. Die Forderungen schienen mir sakrosankt, absolut berechtigt. Wenn ich einen Film drehe, dann sehe ich, wie ein Kameraoperateur arbeitet, eine grausame Schufterei, für die er gerade einmal 40.000 Lire pro Woche verdient. Das ist nicht gerecht. Deshalb scheint es mir richtig zu sein, dass man reagiert, um ihnen zu helfen.

Es geht hier um Lohnforderungen, die absolut berechtigt sind. Oder findest du etwa, dass man sich da raushalten soll? Nun, die Tatsache, dass ich und auch andere Regisseure anwesend waren bei den Verhandlungen mit den Produzenten, hatte ein bestimmtes Gewicht. Das kann man nicht einfach so verneinen. Ich glaube nicht an große … Ich glaube an die konkreten Dinge, egal ob es dabei um einen Filmdreh geht oder darum, dass ich mich an dich als Individuum wende. Wenn man einen kleinen politischen Kampf ausficht, um damit konkrete Dinge zu erreichen, dann weiß ich ganz genau, dass diese Konkretheit gefährlich ist, da sie im Pragmatismus und im Empirismus münden kann: sehr gefährlichen Philosophien.

Es wäre wichtig, einen Unterschied zu machen zwischen dem, was du eine wirkliche und nützliche Sache nennst, und dem Pragmatismus und Empirismus, von denen du sagst, sie basierten auf der Handlung. Man hat immer die Tendenz, Handlung und Wirklichkeit, Gedanken und Abstraktion auf eine Ebene zu stellen.
In mir existiert diese Gefahr nicht, weil für mich auch ausschließlich mentale, intellektuelle Dinge, wie zum Beispiel ein Film, konkrete Dinge sind. Die Unterscheidung, an die du erinnert hast, ist schädlich, gefährlich. Ich selbst, um über dieses Risiko hinauszugehen, erweitere das Konzept der Aktion bis ins Maßlose. Wenn ich vom Film als Handlung spreche, dann beziehe ich mich dabei nicht auf die politische Aktion, die den außerparlamentarischen Gruppen vorschwebt, die sich wünschten, dass ein Film an und für sich eine politische, utilitaristische und pragmatische Aktion ist. Ich verstehe den Begriff »Handlung« in einem viel weiteren Sinn.

Das bringt mich nun just zu dieser anderen Frage, die ich dir stellen wollte, nämlich: Welche Bedeutung haben die Filme, die du jetzt gerade machst, welchen Stellenwert haben sie in deinem Werdegang, in deiner Entwicklung hin zu einem Erzähler, der sich an ein breiteres Publikum wendet?
Was meine Beziehung zum Zuschauer betrifft, so glaube ich, dass das Hauptmerkmal dieser Filme die Tatsache ist, dass ich etwas Reales, was der Zuschauer nicht mehr gewohnt ist, auf die Leinwand bringe. Ich sage damit nicht, dass er nicht an diese vier, fünf oder zehn realen Filme, die jedes Jahr produziert werden, gewöhnt ist, sondern dass alles, was der Zuschauer im Fernsehen sieht, vollkommen artifiziell, stupide, dumm und inauthentisch ist. Auch gewisse Kinofilme sind so stupide, dumm und oberflächlich wie das Fernsehen, wenngleich

in einem geringeren Ausmaß. Ein Western zum Beispiel mag zwar dumm sein, und dennoch ist er immer noch realer als das, was man im Fernsehen sieht. Wenigstens existiert dort eine Art von Gewalt, eine blasphemische Kraft. Es gibt dort die Realität jenes Mannes, der auf dem Pferd reitend den Bösen gibt. Die Verfälschung des Westerns ist etwas weniger dämlich als das Fernsehen. Das dem Western zugrundeliegende Menschenbild ist ziemlich gewalttätig und deshalb skandalös, wohingegen das Menschenbild, das vom Fernsehen vermittelt wird, kleinbürgerlich, spießig, heuchlerisch ist. Alles, was auf dem Fernsehschirm erscheint, ist irgendwie irreal. Meine Ambition ist es, Filme zu drehen, die politisch sind, insofern sie in ihrem Ansatz immer zutiefst realistisch sind – in der Auswahl der Figuren, in dem, was diese Figuren sagen, und in dem, was sie tun. Meine indirekte Polemik richtet sich auch gegen eine Romantisierung von Politik. Zu den unangenehmsten Dingen der vergangenen Jahre gehören die modisch gewordenen politischen Filme, denn sie vermitteln Halbwahrheiten. Ich sage mir immer wieder: Es ist besser zu schweigen, als Halbwahrheiten zu verbreiten. Ich beziehe mich damit nicht auf die Regisseure, die dieses Genre erfunden haben. Bei Rosi, zum Beispiel, ist dies Teil seiner Inspiration als politisch engagierter Regisseur, und zwar schon immer. Aber die Zeiterscheinung romantisierter Politik ist eine der überhaupt schlimmsten, die man sich vorstellen kann, weil sie die Gewissen beruhigt, sie besänftigt und Schluss. Anstatt aufzurütteln, schläfert sie ein.

Ganz genau. Ich habe grade einen langen Essay geschrieben, er heißt: »Warum glauben wir nicht an das Fernsehen?«. Dort sage ich mehr oder weniger dasselbe (...). Ich muss aber sagen, dass ich kein Modell für politische Aktion besitze. Ich habe keinerlei persönliche Hoffnung, politisch handeln zu können und diesen Status quo zu verändern. Jenseits einer Beziehung zwischen Individuum und Individuum kann ich nichts erkennen. Mir scheint, dass jegliche Form der sozialen Aktion reduziert ist auf ... Dagegen sehe ich, dass Waffen, Militärschläge, Spionage als politisches Motiv, alle diese Dinge, von denen wir als Kinder in den Abenteuergeschichten gelesen hatten, auf der ganzen Welt Erfolg haben. Alle diese »aktionistischen« Dinge, wie du sagst, gehen weiter ... Ich kann dich jetzt nicht fragen, ob du eine Lösung für diese Probleme hast ... Lassen wir das sein, es führt zu weit vom Thema weg. Aber wie verwirklichst du in deinen Filmen dieses Eins-zu-eins-Modell? Mit anderen Worten: Welche Form verwendest du, um das zu machen, was du dir zum Ziel setzt?

Das ist sehr einfach, wie das Ei des Kolumbus. Ich meide die Fiktion. Ich mache nichts Professionelles. Ich verwende nicht die üblichen Methoden, um dem Zuschauer eine Ware anzubieten, ich arbeite mit realen Menschen, Laiendarstellern. Ihre physische Gegenwart allein reicht aus, um dieses Gefühl von Wirklichkeit zu vermitteln. In dem Moment, in dem ich die Figuren des *Decameron* ausgewählt hatte – wirkliche Neapolitaner aus ihrem Lebensumfeld, um sie mit ihren Gesten und ihren Worten spielen zu lassen –, habe ich Beispiele aus der Realität angeboten. Eine Figur, die du im *Decameron* siehst, ist das exakte Gegenteil einer Figur, die du normalerweise im Fernsehen oder im Kino sehen würdest. Ich meine das in einem übertragenen Sinn. Das ist insofern bedeutsamer, als ich in der Zeit vor *Uccellacci e uccellini* auch eine Idee oder eine Ideologie vermitteln wollte – in diesem Film hingegen gibt es nichts anderes, nur dies.

Und ließe sich dies etwa nicht mit einer Geschichte machen, die in der Gegenwart spielt?
Doch, das ließe sich mit einer Geschichte mit Gegenwartsbezug machen, aber ich bevorzuge es, auf die Vergangenheit zu verweisen, weil mir scheint, dass die Vergangenheit im Hinblick auf die Gegenwart die einzige wirkliche Widerstandskraft ist. Es gibt außer der Vergangenheit nichts, was die Gegenwart zusammenbrechen lassen könnte. Die Vergangenheit entspricht einer seltsamen Form des Konservativen oder Revolutionären, ich weiß nicht recht, wie ich sie definieren soll. Ich weiß, dass all jene Werte, die unsere Bildung ausmachen, trotz aller Grausamkeiten, die wir erlebt haben, das sind, was die Gegenwart

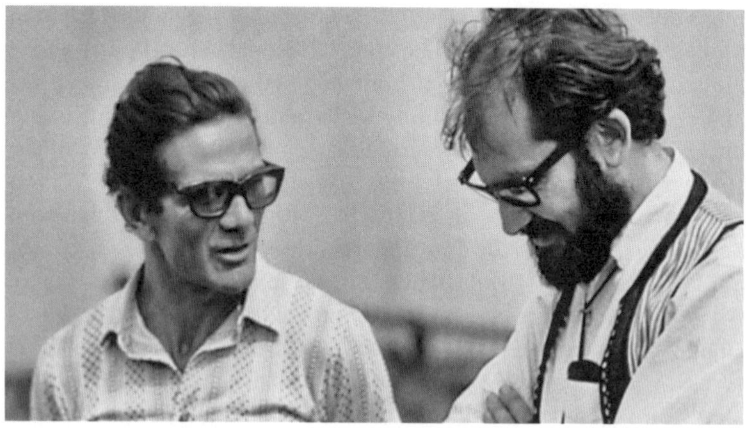

Mit Gideon Bachmann beim Dreh von *Erotische Geschichten aus 1001 Nacht*

in eine Krise stürzt. Und deshalb liebe ich diese Wiederherstellung der Vergangenheit, diese Formen der Psychologie, die heute nicht mehr real erscheinen, weil Wesenszüge wie die aus dem *Decameron* zwar noch vorkommen, aber nur noch sehr selten.

Aber besteht deiner Meinung nach nicht die Gefahr, dass diese Wesenszüge, insofern sie zu einer anderen Kultur gehören, zu weit weg vom Zuschauer sind, vor allem was die Identifikationsmöglichkeit betrifft?
In etwa zwanzig oder dreißig Jahren könnten sie unbekannt sein wie Überbleibsel einer verschwundenen Fauna, wie ein Tier mit drei Beinen, das schon seit Jahrhunderten ausgestorben und nicht mehr bekannt ist. Aber zum jetzigen Zeitpunkt noch nicht, denn der Mensch aus der Vergangenheit ist noch nicht verschwunden, im Gegenteil. Man trifft ihn wieder, nach einer plötzlichen Revolution der Technologie wie in den Sechzigerjahren, und nach der falschen Revolution der 68er, die sich zwar marxistisch gab, in Wahrheit aber nichts weiter als eine Form schärfster bürgerlicher Selbstkritik war. Die Bourgeoisie hat sich der Jugend bedient, um einige Mythen, die ihr lästig fielen, zu zerstören. Nach diesen kurzen Momenten des Aufbegehrens wird gegenwärtig der hässlichste Teil der Vergangenheit wiederhergestellt.

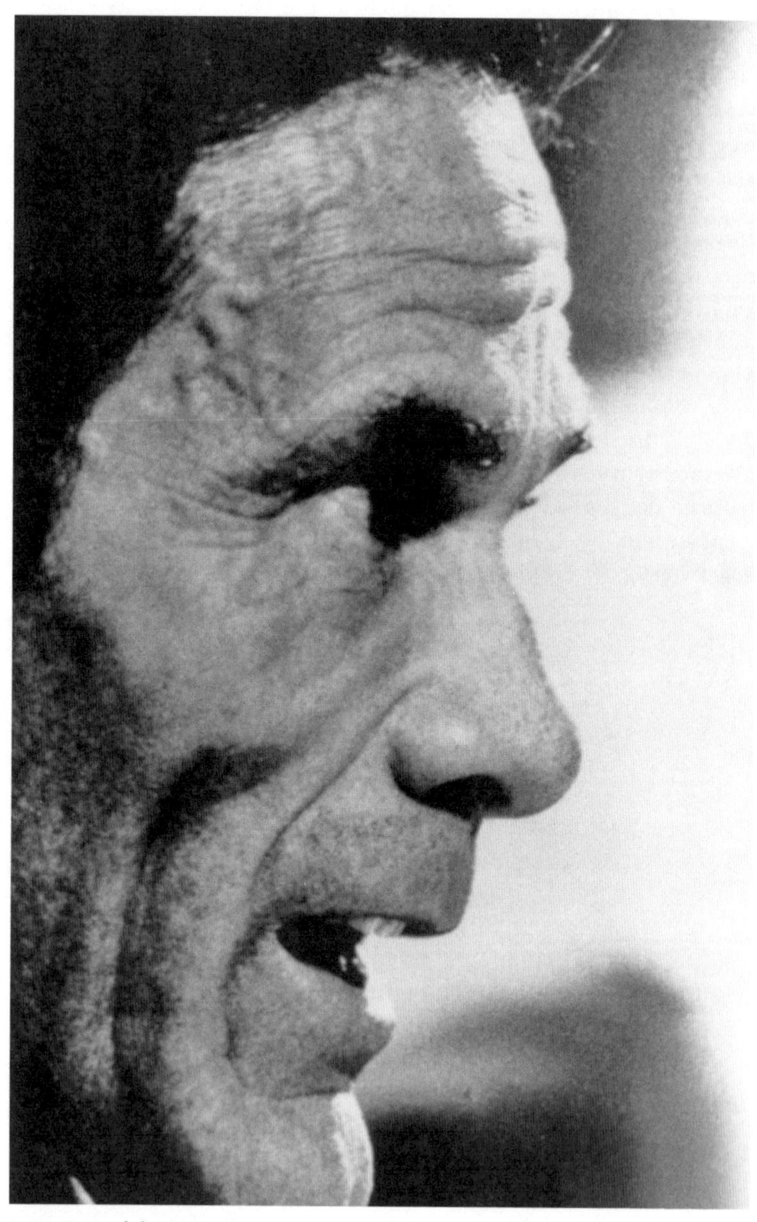

Beim Festival der Zeitung *L'Unità* in Florenz, 1975

SEX ALS MACHTMETAPHER

Selbstinterview zum letzten Film Salò, *1975*

Das Vorwort der Redaktion des Corriere della Sera, *wo der Text am 25. März 1975 veröffentlicht wurde, erläutert: »Vor wenigen Tagen haben wir auf diesen Seiten vom Beginn der Dreharbeiten des neuen Films von Pier Paolo Pasolini,* Die 120 Tage von Sodom, *in Mantua berichtet. Nun wollte der Regisseur selbst vom Set aus, wo er arbeitet, diesen Artikel in Form eines Interviews schreiben, um Bedeutung und Absichten seines neuen Werkes zu erklären.«*

Hat dieser Film Vorläufer in Ihrem Werk?

Ja, ich darf Sie an *Porcile* [dt. *Der Schweinestall*] erinnern. Ich darf Sie auch an *Orgia* [dt. *Orgie*] erinnern, ein Theaterstück, bei dem ich auch selbst Regie führte (68 in Turin). Die Idee dazu ist mir 1965 gekommen, geschrieben habe ich es zwischen 65 und 68, wie übrigens auch *Porcile*, das zunächst ebenfalls ein Theaterstück war. Auch *Teorema* [dt. *Teorema – Geometrie der Liebe*], das 68 erschien, sollte ursprünglich ein Theaterstück sein. Zu de Sade kam ich über das »Theater der Grausamkeit«, Artaud, und, so seltsam das auch klingen mag, über Brecht, einen Autor, den ich bis dahin nicht sonderlich gemocht hatte, für den ich aber just in den Jahren vor der 68er-Bewegung eine plötzliche, wenn auch nicht leidenschaftliche Begeisterung entwickelte. Ich bin weder mit *Porcile* noch mit *Orgia* zufrieden: Verfremdung und Distanziertheit sind nicht das Richtige für mich, Grausamkeit übrigens ebenso wenig.

Und was ist nun mit *Salò*?

Es stimmt schon, *Salò* wird ein »grausamer« Film, so grausam, dass ich mich (so nehme ich an) zwangsläufig davon werde distanzieren müssen, dass ich so werde tun müssen, als würde ich nicht daran glauben und nur ein grausiges Spiel treiben ... Aber lassen Sie mich meine Ausführungen über die »Vorläufer« zu Ende bringen. 1970 war ich im Loire-Tal. Zu Ortsbesichtigungen für *Decameron*. Ich wurde eingeladen, mit Studenten der Universität Tours zu diskutieren. Dort unterrichtet Franco Cagnetta, der mir ein Buch über Gilles de Rais und seine Prozessakten zum Lesen gab, da er der Ansicht war, ich könnte daraus einen Film machen. Einige Wochen lang habe ich ernsthaft darüber nachgedacht. Natürlich habe ich das dann nicht weiterverfolgt. Ich stand schon ganz im Bann meiner *Trilogie des Lebens* …

Weshalb?

Ein »grausamer« Film wäre unmittelbar politisch gewesen (zu jener Zeit: subversiv und anarchistisch): also unehrlich. Vielleicht habe ich damals auf leicht prophetische Weise gespürt, dass es für mich das Ehrlichste wäre, einen Film über Sex zu drehen, dessen Ausgelassenheit eine Entschädigung für die Unterdrückung ist – was er in der Tat ja auch war: ein Phänomen, das im Begriff war, für immer zu verschwinden. Toleranz sollte den Sex kurze Zeit später traurig und obsessiv machen. Ich habe in der *Trilogie* die Geister der Figuren aus meinen früheren realistischen Filmen heraufbeschworen. Ohne jede weitere Anklage natürlich, aber erfüllt von einer so heftigen Sehnsucht nach der »verlorenen Zeit«, dass daraus eine Anklage nicht irgendeiner bestimmten Conditio humana, sondern der gesamten (zwanghaft permissiven) Gegenwart entstanden ist. Nun befinden wir uns mitten in dieser Gegenwart, und es gibt keinen Weg mehr zurück: Wir haben uns angepasst. Wir hatten immer schon ein schlechtes Gedächtnis. Deshalb erleben wir das, was heute passiert: die Unterdrückung durch eine tolerante Macht, von allen Arten der Unterdrückung ist das die schrecklichste. Sex hat nichts Ausgelassenes mehr. Die jungen Leute sind entweder hässlich oder verzweifelt, verdorben oder besiegt …

Und das wollen Sie in *Salò* zum Ausdruck bringen?

Ich weiß nicht. Dies ist das »Erlebte«. Das kann ich natürlich nicht ausblenden. Es ist ein Gemütszustand. Es ist das, was mir durch den Kopf geht und was ich persönlich erleide. Also ist es vielleicht das, was ich in *Salò* zum Ausdruck bringen will. Geschlechtsverkehr ist eine Sprache (was mich betrifft, war das besonders in *Teorema* schon klar und explizit): Jetzt verändern sich die Sprachen oder die Zeichensysteme. Die Sprache oder das Zeichensystem des Geschlechtsverkehrs hat sich in Italien innerhalb weniger Jahre radikal verändert. Ich kann mich der Entwicklung einer sprachlichen Konvention, einschließlich der sexuellen, in der Gesellschaft, in der ich lebe, nicht entziehen. Sex ist heutzutage die Erfüllung einer gesellschaftlichen Pflicht, und kein Vergnügen im Widerspruch gegen gesellschaftliche Pflichten. Daraus entsteht ein sexuelles Verhalten, das sich von jenem, das mir vertraut war, eben radikal unterscheidet. Deshalb war (und ist) der Schock für mich beinahe unerträglich.

Und jetzt ganz praktisch, was *Salò* betrifft …
Sex ist in *Salò* eine Repräsentation – oder eine Metapher – dieser Situation, die wir im Moment erleben: Sex als Pflicht und Widerwärtigkeit.

Ich habe allerdings den Eindruck, dass Sie noch andere, vielleicht weniger innerliche, unmittelbarere Absichten verfolgen …
Ja, und darauf will ich hinaus. Abgesehen von der Metapher für den Sex als Pflichtübung und Widerwärtigkeit, den wir durch die Toleranz der konsumistischen Macht derzeit erleben, sind alle Geschlechtsakte in *Salò* (und davon gibt es eine ganze Menge) auch eine Metapher für das Verhältnis zwischen der Macht und jenen, die ihr unterworfen sind. Es handelt sich in anderen Worten um die (vielleicht traumähnliche) Darstellung dessen, was Marx als das Zur-Ware-Werden des Menschen bezeichnet: die Herabsetzung des Körpers zu einer Sache (durch Ausbeutung). Sex spielt in meinem neuen Film also eine schreckliche metaphorische Rolle. In diametralem Gegensatz zur *Trilogie* (wenn man Sex in repressiven Gesellschaften auch als eine unschuldige Art der Verspottung der Macht versteht).

Aber spielen Ihre *120 Tage von Sodom* nicht in Salò 1944?
Ja, in Salò und in Marzabotto. Als Symbol für diese Macht, die Individuen zu Objekten macht (wie zum Beispiel in den besten Filmen von Miklós Jancsó), habe ich die faschistische Macht und im vorliegenden Fall jene der Republik von Salò genommen. Aber es handelt sich eben um ein Symbol. Diese archaische Form der Macht erleichtert mir die Darstellung. Tatsächlich lasse ich im ganzen Film sehr viele Leerstellen, die diese archaische Form der Macht, die ich als Symbol für die Macht an sich gewählt habe, noch größer erscheinen lässt, und ich überlasse all ihre möglichen Erscheinungsformen größtenteils der Vorstellungskraft der Zuschauer. Denn … Ja: Macht ist anarchisch. Und ganz konkret: Nie war die Macht anarchischer als in der Republik von Salò.

Und was hat de Sade damit zu tun?
Sehr viel, denn de Sade war ja der große Dichter der Anarchie der Macht.

Wie das?
Der Macht – jedweder Macht, der legislativen wie der exekutiven – wohnt etwas Monströses inne. Die Gesetze und die Ausübung der Macht dienen in Wahrheit ja nur dazu, die urtümliche und blinde Gewalt der Starken gegenüber den Schwachen zu rechtfertigen und

immer wieder zu ermöglichen: sprich, sagen wir es ruhig noch einmal, die Gewalt der Ausbeuter gegenüber den Ausgebeuteten. Die Anarchie der Ausgebeuteten ist verzweifelt, idyllisch und vor allem ein Luftschloss, auf ewig unverwirklicht. Die Anarchie der Macht hingegen manifestiert sich mit größter Leichtigkeit in Gesetzesparagrafen und der Machtausübung. Die Mächtigen bei de Sade verfassen ja auch nur Vorschriften und bringen diese vorschriftsgemäß zur Anwendung.

Entschuldigen Sie, wenn ich auf die praktische Seite zurückkomme: Aber wie zeigt sich das alles konkret in Ihrem Film?
Das ist ganz einfach, mehr oder weniger genauso wie in de Sades Buch: vier ontologische und daher beliebige Machtmenschen (ein Herzog, ein Bankier, ein Gerichtspräsident und ein geistlicher Würdenträger) »setzen« ihre armseligen Opfer »zu Objekten herab«. Und das in einer Art Mysterienspiel, das gemäß de Sades mutmaßlicher Intention auf danteske Weise aufgebaut ist. Eine Vorhölle und drei Höllenkreise. Hauptfigur (metonymischer Art) ist die Akkumulation (von Verbrechen): aber auch die Übertreibung (ich möchte die Grenzen des Erträglichen ausreizen).

Welche Schauspieler übernehmen die Rollen dieser vier Scheusale?
Ich weiß nicht, ob sie Scheusale sein werden. Zumindest nicht mehr und nicht weniger als die Opfer. Bei der Auswahl der Darsteller habe ich die übliche Verunreinigung erzielt:[42] Es handelt sich um einen Allrounder, der in mehr als zwanzig Jahren Arbeit keinen einzigen Witz erzählt hat, Aldo Valletti; um einen alten Freund aus den römischen Borgate (den ich zu Zeiten von *Accattone* kennenlernte!), Giorgio Cataldi; um einen Schriftsteller, Uberto Paolo Quintavalle; und schließlich auch um einen Schauspieler, Paolo Bonacelli.

Und von wem werden die vier durchtriebenen Erzählerinnen gespielt?
Das werden drei wunderschöne Frauen sein (die vierte ist in meinem Film die Pianistin, weil es eben nur drei Höllenkreise gibt): Hélène Surgère, Caterina Boratto und Elsa de' Giorgi. Sonia Saviange wird die Pianistin spielen. Die beiden französischen Schauspielerinnen habe ich ausgewählt, nachdem ich in Venedig den Film *Femmes femmes* von Paul Vecchiali gesehen hatte: ein wunderbarer Film, in dem die beiden Schauspielerinnen wahrhaft sublim sind (um im französischen Sprachkontext zu bleiben).

Und die Opfer?

Alles keine professionellen Schauspieler (zumindest teilweise: die Frauen sind Fotomodelle, da sie ja schöne Körper haben müssen und vor allem keine Angst haben dürfen, sie auch zu zeigen).

Wo drehen Sie?

In Salò (Außenaufnahmen), in Mantua (Innenaufnahmen und Außenaufnahmen der Entführungen und Razzien), in Bologna und Umgebung: Das kleine Dorf am Reno ist als Schauplatz des zerstörten Marzabotto vorgesehen …

Die Dreharbeiten laufen nun seit zwei Wochen. Können Sie etwas über Ihre Arbeit erzählen?

Ersparen Sie mir das. Es gibt nichts Rührseligeres als einen Regisseur, der von seiner Arbeit am Set erzählt.

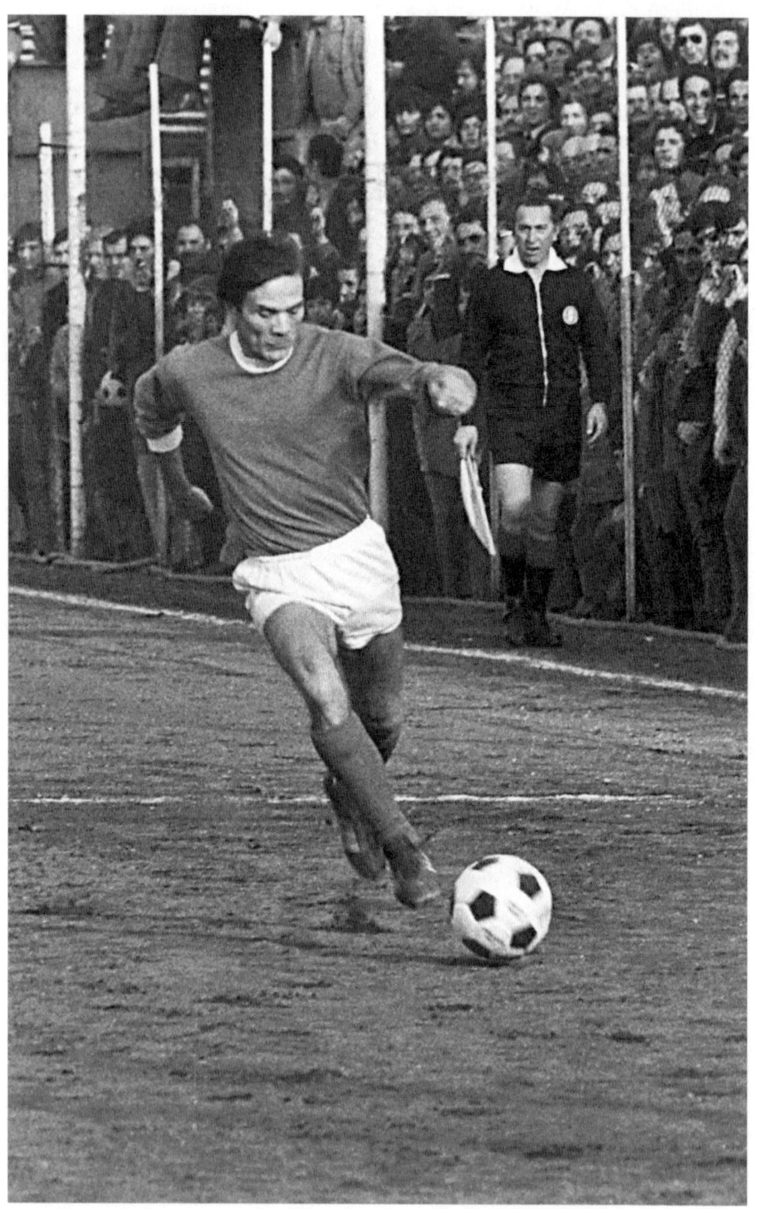

Bei einem Fußballspiel im Team der italienischen Filmschaffenden, 1974

»DAS LETZTE MYSTERIENSPIEL UNSERER ZEIT«

Über die Sprache des Fußballs, 1970

Für die Wochenzeitung L'Europeo *vom 31. Dezember 1970 lädt der Autor Guido Gerosa die Journalisten Oreste Del Buono und Giansiro Ferrata sowie den zeitlebens leidenschaftlichen linken Außenstürmer Pasolini zu einem Gespräch über die Kultur des Fußballs.*

Würden Sie, Pier Paolo Pasolini, zustimmen, dass die Literatur avantgardistisch und experimentell ist und mittlerweile zum Dialekt einer Priesterkaste verkommen ist, wohingegen es im Sportjournalismus eine lebendige Sprache gibt?
Literatur ist, wie allgemein anerkannt wird, ein Jargon, ein Code: Daher wird sie zwangsläufig von einer Elite betrieben, auch wenn diese heutzutage größer wird. Ich sehe nun aber keinen Widerspruch zwischen der Sprache der Literatur und jener des Sports: Letztere ist eine Unterart des literarischen Codes. Aber die Sprache des Sports ist nicht jene der Sportjournalisten.

Was ist sie dann?
Die wahre Sprache des Sports ist jene athletische, körperliche, muskuläre, technische, stilistische des Sportlers. Ich habe die Begegnung Italien gegen Irland gesehen.[43] Ein totes Spiel, ohne Sprache, ohne Fantasie. Dann, ich erinnere mich nicht mehr genau an welchem Punkt, kam plötzlich Leben in das Spiel. Ein Geistesblitz, ein einfallsreicher Spielzug: Selbst diese sprachlose Erzählung hatte ihren poetischen Moment. Deshalb bin ich der Ansicht, dass sich Sprache im Fußball nur dann manifestiert, wenn ein Spieler Fantasie beweist. Die Sprache des Fußballs findet sich zum Beispiel darin, wie Gianni Rivera den Ball auf eine bestimmte Art berührt.

Haben Sie die alten Sportschriftsteller gelesen?
Als Junge im Friaul las ich die von Ugo Ojetti verfassten Berichte über einen Giro d'Italia. Ojetti war ein sehr schlechter Schriftsteller, aber in diesen Berichten gelang es ihm, einen bemerkenswert frischen Ton zu treffen.

Sie lieben Fußball, Pasolini, nicht wahr?
Ich habe in den Unimannschaften gespielt, und ich versuche auch jetzt noch jeden Vormittag zu spielen, wenn ich kann, besonders wenn ich zehn bis zwölf Stunden am Tag am Schneidetisch verbringe und Filme montiere. Ich habe sogar eine Erzählung über einen Fußballspieler geschrieben.[44] Ich möchte allerdings nicht als unkritischer Lobredner des Fußballs und des Sports im Allgemeinen daherkommen, ich weiß ja ganz genau, dass es sich dabei um eine Form von Flucht handelt. Als Herrera[45] dieses schreckliche Interview mit Moravia gegeben hat, in dem er sagte, Fußball sei gut dazu, die jungen Leute von der »revolución« abzulenken, habe ich ihm deutlicher als alle anderen die Meinung gesagt.[46] In solchen Fällen sage ich über den Fußball, was gesagt werden muss, aber ich will auch nicht zum Lager derer überlaufen, die ihn blind und kategorisch ablehnen.

Lesen Sie Brera?[47]
Ja, und ich finde ihn sehr interessant. Bei ihm scheint wirkliche Recherchearbeit dahinter zu stecken, außerdem glaube ich, dass er mich gelesen hat.

Sind Sie auch der Meinung, der *catenaccio*[48] liege den Italienern im Blut, und Brera habe ihn erfunden, um ein nationales Bedürfnis von uns zu bedienen?
Den *catenaccio* (*er lächelt*) hat nicht Brera erfunden. Wenn er den Italienern im Blut liegt, was wahrscheinlich ist, hätte er ja nicht erfunden

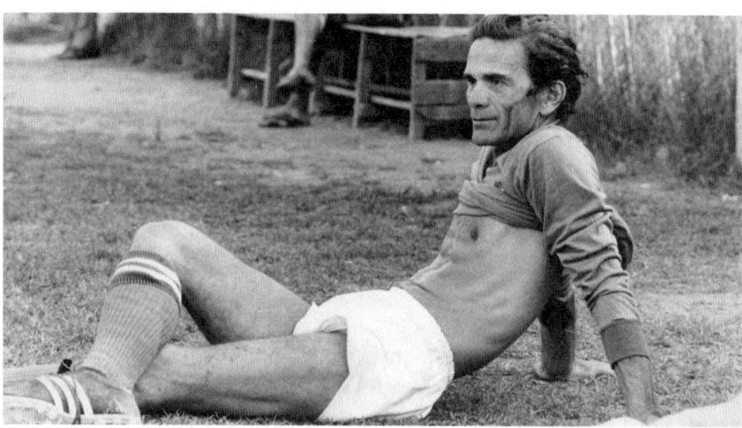

Am Rande eines Spiels von Filmschaffenden gegen eine Mannschaft bekannter Musiker, Rom 1970

werden können. Genauso wie die Barackensiedlungen nicht erst von den Leuten erfunden wurden, die sie in ihren neorealistischen Filmen gezeigt haben. Die gab es auch vorher schon.

Ghirelli[49] zufolge sind Rivera und Sandro Mazzola Symbole für ein christdemokratisches Italien: Talent ohne Fleiß, Fortschritt ohne Risiko. Denken Sie das auch?
Da sich die Sprachcodes für Gesellschaft, Kultur und Sport ähneln, ist es verständlich, dass gewisse Aspekte einer Gesellschaft im Fußball reproduziert werden, sich dort wiederfinden.

Ganz knapp: Was fasziniert Sie am Fußball, Pasolini?
Fußball ist das letzte Mysterienspiel unserer Zeit. Auch wenn er Flucht ist, so ist er im Grunde Ritus. Während andere Arten des Mysterienspiels, sogar die heilige Messe, an Bedeutung verlieren, ist Fußball das einzige, was uns geblieben ist. Fußball ist das Spektakel, das uns das Theater ersetzt hat. Das Kino konnte das Theater nicht ersetzen, der Fußball schon. Beim Theater geht es ja um eine Beziehung zwischen einem Publikum aus Fleisch und Blut und Figuren aus Fleisch und Blut, die auf der Bühne agieren. Kino andererseits ist eine Beziehung zwischen Zuschauern aus Fleisch und Blut und einer Leinwand, Schattenbildern. Fußball hingegen ist auch ein Schauspiel, bei dem die reale Welt, jene der Stadiontribünen, auf reale Protagonisten trifft, die Athleten auf dem Spielfeld, die sich bestimmten Ritualen gemäß bewegen und verhalten. Deshalb ist Fußball für mich der einzige große Ritus, der unserer Zeit geblieben ist.

Fußball als das letzte Mysterienspiel unserer Zeit: Vielleicht ist das ein schönes Schlusswort für unser Gespräch.

»NEIN, ICH KANN HIER NICHT ALLES SAGEN, WAS ICH SAGEN WILL«

Pasolini und ehemalige Mitschüler in der TV-Sendung Terza B facciamo l'appello, *1971*

Pasolini zu Gast in Enzo Biagis erfolgreicher Fernsehsendung Terza B facciamo l'appello (Klasse 12B zur Anwesenheitskontrolle), *in der wöchentlich eine bekannte Persönlichkeit zusammen mit ehemaligen Mitschülern interviewt wurde. Die Sendung mit Pasolini war von der RAI ursprünglich für den 27. Juli 1971 vorgesehen, wurde dann aber aufgrund der Anzeige wegen »Aufforderung zum Ungehorsam« nicht ausgestrahlt, die gegen Pasolini als verantwortlichen Herausgeber der Tageszeitung* Lotta continua *eingereicht worden war. Die Sendung wurde erst am 3. November 1975 ausgestrahlt, einen Tag nach Pasolinis Tod. Die ebenfalls am Gespräch teilnehmenden ehemaligen Mitschüler Pasolinis sind: der liberale Politiker Agostino Bignardi, der Theaterwissenschaftler Odoardo Bertani, der Schriftsteller Carlo Manzoni, der Schauspieler Nino Pitani alias Daniele Vargas, der Fernsehjournalist Sergio Telmon sowie Carlo Gallavotti, Altphilologe und damals Lateinlehrer der Klasse am Liceo Galvani in Bologna.*

Pasolini, waren Sie ein sehr guter Schüler?
Nein, kein sehr guter, ich war ein bisschen unbeständig. Insgesamt ein Zweier-Schüler, aber mit einer gewissen Unbeständigkeit. In Griechisch hatte ich manchmal eine Zwei, manchmal eine erbärmliche Drei. Latein mochte ich viel lieber als Griechisch. Und mündliches Übersetzen gefiel mir besser als schriftliches Übersetzen. Wir lasen im Unterricht lateinische Texte laut vor und übersetzten sie aus dem Stegreif. Das mochte ich sehr.

Welche Illusionen hat der Schüler Pasolini mittlerweile verloren?
Äh … keine. Keine einzige.

Und welche Träume von damals? Was von damals haben Sie verloren?
Diese Frage überrascht mich, da sich mein Leben doch gerade dadurch auszeichnet, dass ich keine einzige meiner Illusionen verloren habe.

Haben Sie sich beispielsweise einmal ungerecht behandelt gefühlt?
Ja, aber das sind persönliche Erfahrungen, die ich nie verallgemeinern wollte.

Wer hat Sie in Ihrem Leben stärker beeinflusst, Ihr Vater oder Ihre Mutter?
In den ersten drei Jahren mein Vater, den ich später vollständig ausgeblendet habe, und danach meine Mutter.

Welchen Beruf hatte Ihr Vater?
Er war Infanterieoffizier, in Bologna war er Hauptmann.

Sie hatten einen Bruder. Haben Sie sich gut mit ihm verstanden?
Ja. Das heißt, wir haben viel gestritten, wie das unter Geschwistern eben so ist. Aber im Grunde hatten wir einander sehr gern und verstanden uns auch gut.

Er war Partisan, richtig?
Ja, er war Partisan.

Und Sie nicht?
Ich war kein bewaffneter Partisan, ich war sozusagen ein ideologischer Partisan. Ich stand ihm bei, ich stand in Austausch mit ihm, wir schrieben uns, ich schrieb Artikel für seine Partisanen-Zeitungen. Er war bewaffnet und kämpfte.

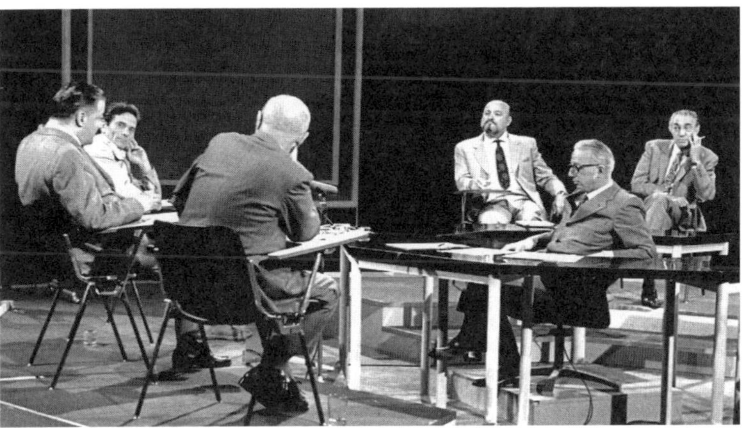

Pasolini (Zweiter von links) bei *Terza B facciamo l'appello*

Ich habe jüngst ein Interview[50] mit Ihnen gelesen, in dem Sie sagen, Ihre Mutter und Ihr Vater seien nicht gut miteinander ausgekommen. Welchen Einfluss hatte das auf Sie und Ihren Bruder?
Bei meinem Bruder weiß ich das nicht, ich glaube, er reagierte darauf ganz normal, wie das in solchen Fällen üblich ist. Vater und Mutter kommen nicht gut miteinander aus, der Sohn nimmt die Situation einfach hin. Für mich war es eine Tragödie, eine wahrhafte Tragödie.

Spielten die Geschichten, die Ihnen Ihre Mutter in Ihrer Kindheit erzählt hat, eine große Rolle für Ihre Charakterbildung?
Nicht so sehr die Geschichten, die Ideologie meiner Mutter hingegen sehr, ja, die Ideologie, die sich aus all jenen Illusionen zusammensetzte, von denen Sie vorher gesprochen haben: gutes Benehmen, Anständigkeit, Großzügigkeit, Nächstenliebe, Glaube, Wissen und so weiter und so fort.

War Ihre Familie religiös?
Nein, die Religion meines Vaters, der Nationalist war, wenn nicht sogar ein richtiger Faschist, war eine rein förmliche: sonntags in die Kirche zum Hochamt, wie es die Bourgeoisie, die Reichen zu tun pflegen. Die Religion meiner Mutter hingegen war eine bäuerliche, ländliche, die sie von ihrer Großmutter, meiner Urgroßmutter, übernommen hatte. Das war eine sehr poetische, aber in keinerlei Hinsicht konventionelle, kirchliche Religion.

Waren Sie als junger Mann traurig?
(Pasolini wendet sich an die ehemaligen Mitschüler) War ich traurig?

(Die anderen reden durcheinander, mehrere rufen »Nein« und »Nein, traurig nicht!«)

Agostino Bignardi: »In meiner Erinnerung war er nicht traurig. Ich muss zugeben, dass ich mich, wenn ich mich an jene Zeit zurückerinnere, genauso wie Pasolini besonders an Pasolinis Cousine erinnere, in die wir alle ein bisschen verliebt waren.«

(Fortsetzung des Gesprächs mit Erinnerungen der anderen an die gemeinsame Schulzeit, an die jeweiligen Leidenschaften, an faschistische Aufmärsche, an literarische Zeitschriften wie Pasolinis Il Setaccio. *Dann kommt das Gespräch auf Wege zur Opposition zum Faschismus.)*

Pasolini, wie haben Sie diese bewaffneten Aufmärsche erlebt?
Einerseits sind meine Erinnerungen daran entsetzlich deprimierend: Man stand bei sengender Hitze stundenlang in irgendwelchen kleinen Gassen herum, und die jungen Männer dort begannen aus Langeweile und Raserei, irgendwelche Verrücktheiten, irgendwelchen Blödsinn von sich zu geben. Solches Gerede unter Halbwüchsigen fand ich schrecklich deprimierend. Einmal bin ich aber mit Telmon zum Skifahren nach Cortina d'Ampezzo, glaube ich, gefahren, zu so einem fürchterlichen, erbärmlichen Skilager, und dort führten wir oft antifaschistische Unterhaltungen. Der Antifaschismus, zumindest meiner, entstand mehr oder weniger im selben Jahr wie bei Bignardi. Er hat auf eigene Faust Baudelaire gelesen. Ein Jahr später oder noch im selben Jahr, daran kann ich mich nicht mehr genau erinnern, kam der Dichter Antonio Rinaldi als Aushilfslehrer für Kunstgeschichte in unsere Klasse, und da er nicht wusste, was er tun oder sagen sollte – er war ja selbst noch ein Kind –, las er uns ein Gedicht von Rimbaud vor. Und in diesem Moment ist in mir der Antifaschismus ausgebrochen. Ich weiß leider nicht mehr, welches Gedicht das war.

(Die ehemaligen Mitschüler sprechen über verschiedene Lehrer und was sie ihnen verdanken, über die letzten Jahre der gemeinsamen Schulzeit. Es geht um die nachfolgende politische Karriere Bignardis, von dem Pasolini erwartet habe, dass er bei der Literatur bleibe. Bignardi gibt zu, als Parteigeneralsekretär seine Gedichte eher verstecken zu müssen. In einer eingeblendeten Sequenz erinnert sich ihr alter Lehrer Borgatti zurück an die Klasse, liest vor, welche Noten Pasolini hatte. Der setzt sich im Studio nun eine Sonnenbrille auf. Danach kommt das Gespräch auf die Frage nach den unterschiedlichen politischen Orientierungen der Klassenkameraden – und über den »radikalen Sprung« Pasolinis. Biagi fragt in die Runde, wie die ehemaligen Mitschüler Pasolinis »Rebellion« wahrnehmen.)
Bignardi: »Sehen Sie, Pasolini war ein seltsamer Rebell, seine Rebellion zeigte sich nicht nach außen hin, es war eine Art innere Rebellion, ein inneres Feuer. Aber man muss dazu sagen, dass Pasolini – zumindest in meiner Erinnerung – keine Person war, mit der man besonders leicht kommunizieren konnte. Er hatte ein sehr reiches Innenleben, aber in seinen Beziehungen zu anderen Menschen hat er sich nie ganz geöffnet. Im Grunde war er jemand, der für sich blieb, auch wenn er in Gesellschaft war …«

(Pasolini, er hat die Sonnenbrille wieder abgenommen, sitzt währenddessen mit verschränkten Armen da, blickt zu Boden.)

Und was denken Sie über seine aktuellen Protestaktionen, über sein gegenwärtiges politisches Engagement?
Bignardi: »So wie ich mich an den Pasolini von damals erinnere, hätte ich seine Karriere als die eines reinen Literaten gesehen. Bestimmte Formen von Protest, mit denen er sich später hervorgetan hat, hätte ich so nicht von ihm erwartet. Und – wenn Pasolini, wenn Pier Paolo mir das gestattet – auch in seinem heutigen Schaffen sehe ich manchmal noch eine Art Konflikt zwischen dem reinen Literaten, der er ist, und gewissen Formen des politischen Protests, als habe er Angst, als Mensch weniger wert zu sein, wenn er nur ein Literat wäre, und wolle sich deshalb auch politisch engagieren. Aber das ist nur meine Interpretation …«

Weshalb ruft ein jedes Ihrer Werke, ein jeder Ihrer Texte immer polemische Reaktionen hervor, Pasolini?
Vielleicht wegen des Konflikts, von dem Agostino gerade sprach. In meinen Werken ist eine äußerst heftige Versuchung hin zur Literatur zu finden, wie bei meinem letzten Gedichtband. Es gibt dort eben diese Art von Widerspruch, der nicht dialektisch, sondern rein gegensätzlich ist. Es ist ja nicht so, dass da auf der einen Seite die Liebe zur Literatur und auf der anderen der Hass auf die Literatur stünde und dass es dann eine schöne Synthese gäbe, die das alles transzendiert. Das gibt es bei mir nicht, da ist vielmehr eine widersprüchliche, unvereinbare Liebe. Das Stilmittel, das in meinen Werken dominiert, ist jenes, das Fortini[51] *Synoikeiosis* nennt [die Kombination ungleicher Dinge oder Eigenschaften, Anm. d. Ü.], was man auch als Oxymoron bezeichnen könnte, also die Beschreibung von Dingen durch widersprüchliche Begriffe: blondes, dunkelhaariges Mädchen zum Beispiel. Wenn dieses Oxymoron, diese Beschreibung der Dinge durch Widersprüche, nun ein zentrales Stilmittel in meinen Texten ist, dann sind es wahrschein-

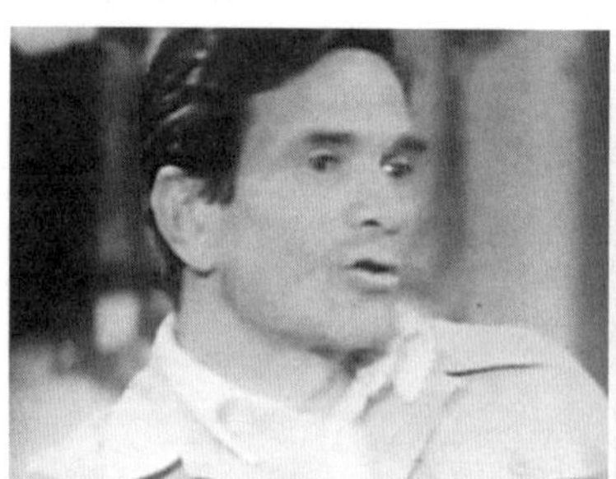
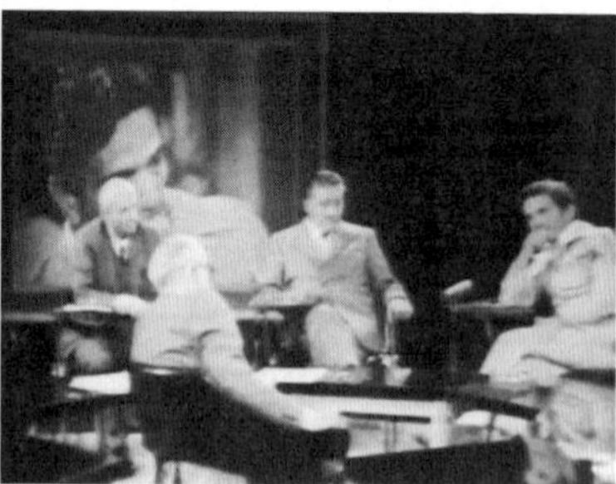

Im Gespräch mit ehemaligen Mitschülern …

lich diese unüberbrückbaren Gegensätze, die es unmöglich machen, dass meine Werke auf normale Art und Weise konsumiert werden. Und daher rufen sie die Reaktionen hervor, von denen Sie sprechen.

Wie fühlt es sich an, so oft kritisiert zu werden?
Naja, in Wirklichkeit lasse ich solche Dinge nicht an mich heran. Denn wenn man arbeitet, kümmert man sich nur um seine Arbeit, das Gerede übernehmen dann die anderen. Manchmal dringt was zu mir durch und manchmal nicht. Ich habe den *Eco della Stampa* nicht abonniert, deshalb lese ich so gut wie nie, was über mich gesagt wird. Ich versuche es zu vermeiden, mir oberflächliches Gerede anzuhören. Manchmal dringen Sachen zu mir durch, aber insgesamt setze ich mich nicht groß damit auseinander.

Sie haben geschrieben: »Auf existenzieller Ebene bin ich ein globaler Protestler. Mein hoffnungsloses Misstrauen in alle historischen Gesellschaften führt mich zu einer Art apokalyptischen Anarchie.« Von was für einer Welt träumen Sie?
Als junger Mann habe ich eine Zeitlang an die Revolution geglaubt, wie die jungen Leute von heute. Mittlerweile glaube ich etwas weniger an diese Wiedergeburten. In diesem Augenblick bin ich apokalyptisch gestimmt, ich blicke auf eine leidvolle und immer hässlichere Welt. Ich habe keinerlei Hoffnung, daher male ich mir nicht mal eine künftige Welt aus.

Mir scheint es, als würden Sie nicht mehr an die Parteien glauben. Was schlagen Sie als Alternative vor?
Nein, wenn Sie sagen, ich würde nicht mehr an die Parteien glauben, dann macht mich das zum Desinteressierten, und das bin ich keineswegs. Ich tendiere mehr zu einer anarchischen Form als zu einer

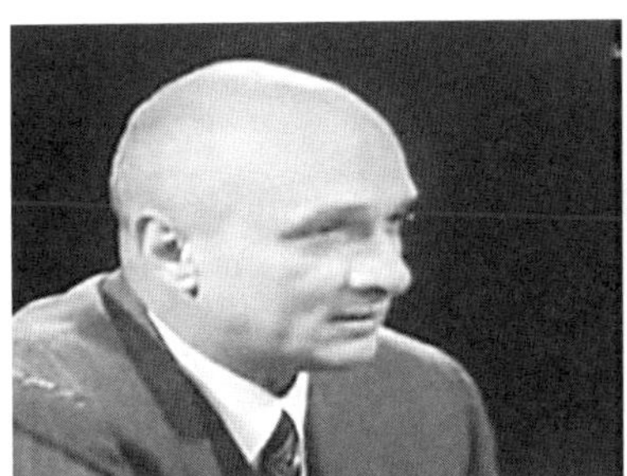

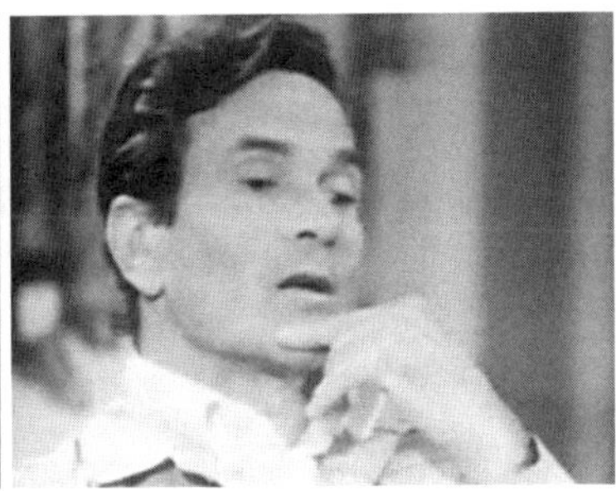

… wie dem Politiker Agostino Bignardi (drittes Bild von links), 1971

ideologischen Entscheidung für eine bestimmte Partei, das ja. Aber das heißt nicht, dass ich nicht an die Parteien glaube.

Weshalb behaupten Sie dann beispielsweise, dass die Bourgeoisie überall triumphiert? Kritisieren Sie nicht auch gleichzeitig die Kommunistische Partei? Erscheint diese nicht als ein notwendiger Vorläufer der Protestbewegung?
Ja, objektiv gesehen ist das wahr. Die Bourgeoisie triumphiert insofern, als die neokapitalistische Gesellschaft die wahre Revolution der Bourgeoisie ist. Die Konsumgesellschaft ist die wahre Revolution der Bourgeoisie. Und ich sehe da keine Alternative, denn selbst in der Sowjetunion sind die Menschen in Wirklichkeit nicht dadurch charakterisiert, dass sie die Revolution durchgeführt, erlebt haben und so weiter, sondern dadurch, dass sie Konsumenten sind. In einem gewissen Sinne nivelliert die industrielle Revolution die ganze Welt.

Sie haben stets gegen Heuchelei gekämpft. Welche Tabus wollen Sie aus der Welt schaffen? Die Befangenheit gegenüber Sex, das Ausblenden der grausamsten Realität, die fehlende Aufrichtigkeit in sozialen Beziehungen?
Naja, das habe ich bis vor zehn Jahren gesagt. Mittlerweile sage ich so etwas nicht mehr, weil ich nicht mehr daran glaube: Das Wort »Hoffnung« habe ich vollständig aus meinem Wortschatz gestrichen. Ich kämpfe daher weiterhin für Teilwahrheiten, jeden Augenblick, jede Stunde, jeden Monat, aber ich mache keine langfristigen Pläne mehr, daran glaube ich nicht mehr.

Sie haben keine Hoffnung mehr?
Nein.

Sie leben von Tag zu Tag?
Ich lebe von Tag zu Tag, ja. Diese Hoffnungen, die nur als Alibi dienen, habe ich nicht mehr.

Im Grunde genommen hat Ihnen diese Gesellschaft, die Sie nicht mögen, alles gegeben, hat Ihren Erfolg ermöglicht, Ihnen internationale Bekanntheit ...
Erfolg ist nichts.

Was bedeutet Erfolg für Sie?
Erfolg ist das andere Gesicht der Verfolgung, ich weiß nicht, wie ich

das besser sagen kann. Außerdem ist Erfolg für einen Menschen immer etwas Schlechtes. Im ersten Moment mag er erhebend sein, kleine Befriedigungen bringen und gewisse Eitelkeiten bedienen. Aber in Wirklichkeit sieht man schnell ein, dass Erfolg, sobald er erreicht ist, etwas Schlechtes für einen Menschen ist. So ist es zum Beispiel nichts Schönes, dass ich meine Freunde hier im Fernsehen wiedergetroffen habe. Uns ist es glücklicherweise gelungen, die Mikrofone und Kameras zu ignorieren und etwas Reales, Aufrichtiges zu erschaffen, aber als Situation ist das Ganze schlecht und falsch.

Warum, was finden Sie denn so anormal daran?
Weil das Fernsehen ein Massenmedium ist und Massenmedien uns zwangsläufig zur Ware machen, uns entfremden.

Aber dieses Medium, das, wie Sie einmal geschrieben haben, Käseecken in jedes Wohnzimmer bringt, bringt jetzt auch Ihre Worte in jedes Wohnzimmer. Wir können hier doch völlig frei diskutieren, ohne Hemmungen.
Nein, das stimmt nicht.

Doch, das stimmt schon. Sie können alles sagen, was Sie sagen wollen.
Nein, ich kann hier nicht alles sagen, was ich sagen will.

Sagen Sie es doch einfach …
Nein, nein, weil man mich dann der Verunglimpfung anklagen würde, der Verunglimpfung der faschistischen italienischen Gesetze. Deshalb kann ich in Wahrheit eben nicht alles sagen. Und abgesehen davon würde ich angesichts der Arglosigkeit und Naivität mancher Zuschauer gewisse Dinge auch gar nicht sagen wollen. Ich zensiere mich also selbst. Aber darum geht es eigentlich gar nicht, es geht um das Massenmedium an sich. Wenn uns jemand im Fernsehen zuhört, befindet er sich uns gegenüber in einer untergeordneten Position, und das ist ein furchtbar undemokratisches Verhältnis.

Meiner Meinung nach ist das in manchen Fällen durchaus ein gleichberechtigtes Verhältnis, insofern ein Zuschauer vor dem Bildschirm durch das, was Sie hier sagen, auch seine eigenen Angelegenheiten noch einmal neu durchleben kann, er befindet sich dann nicht in einer untergeordneten Position. Weshalb sollte er nicht gleichberechtigt sein?

Theoretisch mag das stimmen, ja. Manche Zuschauer, die uns kulturell gesehen, durch ihre gesellschaftlichen Privilegien, gleichgestellt sind, können diese Worte nehmen und sie sich aneignen. Aber im Allgemeinen kommen Worte aus dem Fernsehen immer von oben herab, selbst die demokratischsten, selbst die wahrhaftigsten, selbst die aufrichtigsten …

Bignardi (unterbricht ihn): »Ich habe den Eindruck, dass Pasolini gerade ein äußerst strenges aristokratisches Glaubensbekenntnis abgelegt hat. Das heißt, sein Protest und seine Unfähigkeit, sich mitzuteilen … Im Wesentlichen bekennt er, zu einer Schicht von Intellektuellen zu gehören, die sich in gewisser Hinsicht nicht mitteilen kann. Diese Haltung würde ich gerne als eine aristokratische bezeichnen, das aber, damit wir uns nicht falsch verstehen, in einem positiven Sinne, als eine intellektuelle Aristokratie oder eine, wenn man so will, ethische Aristokratie.«
Aber das habe ich nicht gesagt, das habe ich ja gar nicht gesagt!

Da würde ich widersprechen. Ich hatte von Ihnen durchaus den Eindruck eines Menschen, der in großer Einsamkeit lebt, der sich vielleicht als Opfer oder unverstanden fühlt und der auf jeden Fall gegenüber den Tatsachen resigniert hat …
Bignardi: »Genau.«
Da haben Sie mich völlig falsch verstanden. Ich spreche hier nicht von …

Dann sind wir schon zu zweit. Welchen Eindruck haben denn die anderen?
Telmon: »Pier Paolo hatte noch nie eine irgendwie aristokratische Vorstellung von der Realität. Er ist ein Mensch, der alle Dinge, zwi-

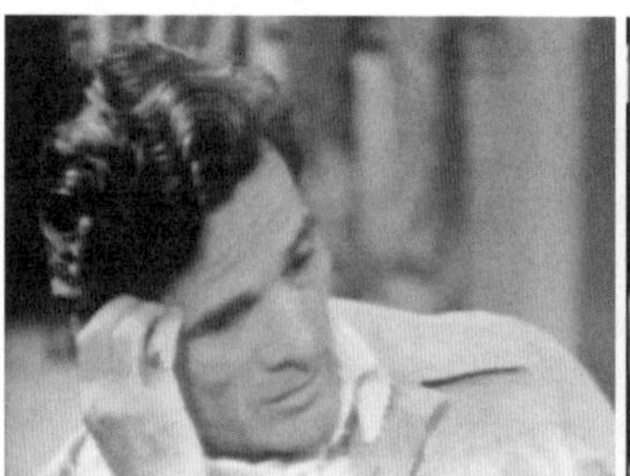

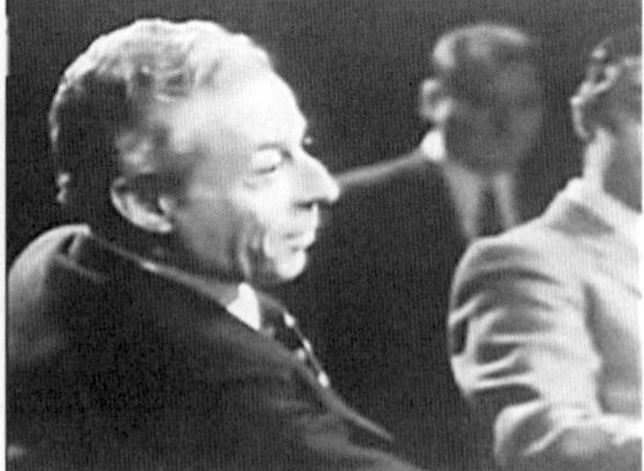

Im Gespräch mit ehemaligen Mitschülern …

schenmenschliche Beziehungen, schon immer sehr tief empfunden hat. Ich glaube, er interpretiert das Medium des Fernsehens als eine Trennwand, die für die zwischenmenschlichen Beziehungen, für die Beziehungen innerhalb einer Gesellschaft, überhaupt nicht nötig ist. Für meinen Geschmack ist Pier Paolo entschieden pessimistisch. Aber ich kann mich noch an seinen großen Optimismus erinnern und verstehe deshalb, dass er nun gar nicht anders kann, als pessimistisch und skeptisch zu sein.«

Großer Optimismus impliziert immer auch großen Pessimismus, das steht fest, und andersherum. Damit kommen wir wieder auf die *Synoikeiosis* zurück ... Aber ich wollte noch etwas Wichtiges klarstellen. Ich habe nicht von uns jetzt hier im Fernsehen gesprochen, ich habe vom Fernsehen an sich gesprochen, als Massenmedium, als Medium zur massenhaften Verbreitung. Nehmen wir einmal an, heute Abend würde hier statt uns jemand aus dem einfachen Volk, ein Analphabet, vom Moderator befragt werden. Im Fernsehen bekäme das Ganze zwangsläufig immer etwas Autoritäres, da es immer wie von der Kanzel herab gesprochen wirkte. Im Fernsehen zu sprechen bedeutet immer ex cathedra zu sprechen, und mag es auch im Gewand des demokratischen Engagements daherkommen.

Meiner Meinung nach kann das Gleiche auch bei Büchern und Zeitungen passieren ... Vor Jahren waren Sie, wegen *Ragazzi di vita*, einer der ersten italienischen Schriftsteller, der wegen Obszönität vor Gericht gebracht wurde. Wenn ich mich richtig erinnere, wurden Sie von Carlo Bo, einem katholischen Kritiker, verteidigt. Wie denken Sie heute im Nachhinein über diesen Prozess? Wie bewerten Sie gewisse erotische Schriftsteller von heute und wie die Ausbreitung von Erotik im Kino, in Buchhandlungen und an Zeitungskiosken?

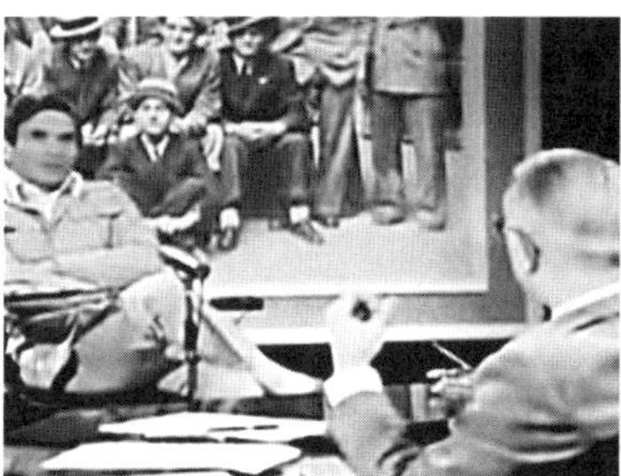

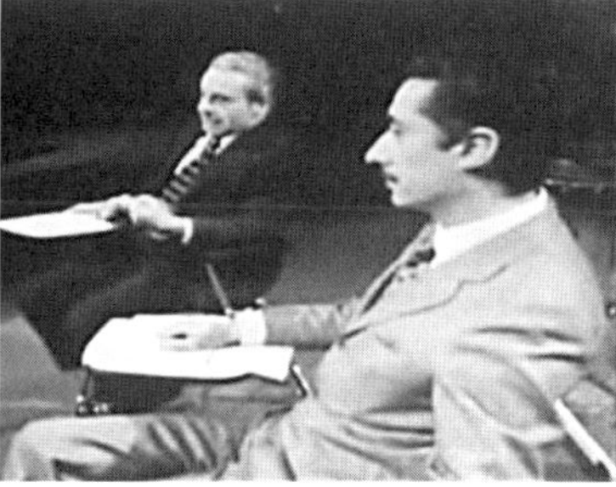

... und seinem Lateinlehrer Carlo Gallavotti (zweites Bild von links)

Für mich ist Erotik im Leben, und auch in der Kunst, etwas sehr Schönes. Sie hat genauso viel Recht darauf, Teil eines Werks zu sein, wie alles andere auch. Das Wichtige ist, dass sie nicht vulgär ist. Und mit Vulgarität meine ich nicht das, was man landläufig darunter versteht, sondern eine rassistische Bloßstellung des Objekts der Begierde. Frauen werden in erotischen Filmen oder erotischen Comics auf rassistische Weise wie minderwertige Wesen dargestellt. In solchen Fällen werden sie also auf vulgäre Art betrachtet, und daher ist der Eros hier eine rein kommerzielle, vulgäre Angelegenheit.

Was denken Sie über die jungen Leute? Sie haben die Angehörigen der Studentenbewegung einmal auf ziemlich scharfe Weise als »bartgekrönte Bartlose« beschrieben, erinnern Sie sich daran? Wie waren die Schüler am Galvani, welchen Unterschied gibt es zwischen den Bartlosen von damals und denen von heute?
Meine Äußerungen in dieser Angelegenheit mögen reaktionär wirken, auch wenn sie einerseits unbequem und andererseits zurückhaltend sind. Diese Gruppe von jungen Männern [aus dem Galvani, Anm. d. Ü.] war alles in allem gehorsam, nicht nur dem Regime gegenüber. Denn bis zu einem gewissen Punkt waren wir dem Regime gegenüber gehorsam, wir wussten nicht, dass es etwas anderes geben könnte, wir waren überall davon umgeben, wir hatten keine Alternativen oder Wahlmöglichkeiten. Aber als wir dann eine andere Wahl getroffen haben – jeder auf seine eigene Weise –, als wir Antifaschisten wurden, sind wir das nicht auf eine aggressive Art geworden. Wir haben schon gekämpft, mein Bruder ist dabei gestorben, andere meiner Freunde sind im Kampf gefallen, aber es war dennoch nie ein aggressiver, ein grausamer Kampf, unsere Emotionen waren dabei nie dieselben wie jene der Menschen, gegen die wir kämpften.

Sie haben in einer Diskussionsrunde einmal gesagt: »Ihr Studenten seid Vatersöhnchen, und ich hasse euch, wie ich eure Väter gehasst habe.«
Oh ja. Und dazu stehe ich. Aber das bezieht sich nicht auf außerparlamentarische Bewegungen und ideologisch avancierte Gruppen wie *Lotta continua*, *Potere operaio* … Es bezieht sich auf die amorphe Masse der Studenten.

(…)

Wie kommt es, dass ein Marxist wie Sie so oft von Themen aus den Evangelien oder den Schriften der Anhänger Christi inspiriert wird?
Wir kommen immer wieder darauf zurück, dass ich alles auf eine sehr innerliche Art erlebe. Augenscheinlich ist mein Blick auf die Welt, auf die Objekte, ein nicht-natürlicher, nicht-weltlicher Blick. Ich sehe alle Dinge als ein wenig wundersam, für mich haben alle Dinge etwas Wundersames: Meine Sicht der Welt ist stets, sagen wir einmal, formlos, nicht kirchlich, aber in einem gewissen Sinne religiös. Und deshalb wende ich diese Art, die Dinge zu sehen, auch in meinem Werk an.

Tröstet Sie das Evangelium?
Ob es mich tröstet?

Ja.
Ich suche gar keinen Trost. Wie jeder Mensch suche ich gelegentlich kleine Freuden, irgendeine kleine Befriedigung, aber Trost selbst ist stets rhetorisch, unaufrichtig, irreal … Ah, Sie meinen das Evangelium Christi?

Ja.
Diesbezüglich lehne ich das Wort »Trost« gänzlich ab.

Was ist das Evangelium für Sie?
Für mich ist das Evangelium ein überaus großartiges intellektuelles Werk, ein überaus großartiges Gedankengebäude, das nicht Trost spendet, sondern erfüllt, vereinnahmt, heilt, zum Nachdenken anregt, aber Trost … was soll Trost damit zu tun haben? »Trost« ist ein Wort wie »Hoffnung«.

(…)

Wer sind Ihre Feinde?
Das weiß ich nicht … Ich zähle sie nicht. Manchmal schlagen mir Wellen der Feindseligkeit entgegen, oftmals unerklärlicherweise, aber ich habe keine Lust, mich allzu sehr damit zu befassen.

Und welche Menschen sind Ihnen am liebsten?
Wollen Sie Namen hören? Oder allgemein, welche Art von Menschen?

Welche Art von Menschen, und wenn Sie wollen auch Namen…
Die Menschen, die mir mit Abstand am liebsten sind, sind jene, die vielleicht nicht einmal die Grundschule abgeschlossen haben. Also ganz einfache Menschen, und diese Äußerung will ich auf keinen Fall rhetorisch verstanden wissen. Ich sage das nicht aus rhetorischen Gründen. Ich sage das, weil die kleinbürgerliche Bildung, zumindest in meinem Land, aber vielleicht auch in Frankreich und Spanien, immer zu Verderbung und Befleckung führt. Während sich ein Analphabet, ein Mensch, der nur die erste Grundschulklasse besucht hat, stets eine gewisse Liebenswürdigkeit bewahrt, die dann durch Bildung verlorengeht. Jenseits dessen mag man einen sehr hohen Bildungsgrad erreichen, aber die mittlere Bildungsstufe korrumpiert immer.

Und wenn Sie Namen nennen müssten? Sie haben zum Beispiel eine große Freundschaft mit Maria Callas erlebt, dieser außergewöhnlichen Frau. Was faszinierte oder fasziniert Sie so an ihr?
An ihr fasziniert mich die bedingungslose Heftigkeit ihrer Gefühle. Wenn sie etwas empfindet, ist das nie ein kleines, mittelmäßiges oder gezügeltes Gefühl. Wenn sie etwas empfindet, dann tut sie das absolut, hemmungslos. Dieser Reichtum an Gefühlen gefällt mir an ihr besonders gut.

Sie trinken nicht, Sie rauchen nicht, Sie essen wenig, Sie könnten Marathonläufer sein. Welche Hobbys haben Sie außer Ihrer Arbeit?
Fußball spielen, das ist mir bis heute geblieben. *(Es wird ein Foto von Pasolini in einer Fußballmannschaft gezeigt)*. Als Sie vorher von Zerstreuungen in unserer Schulzeit sprachen, habe ich verzweifelt versucht, über Fußball zu reden.

Sie haben sogar einmal gesagt, Fußball sei das letzte Mysterienspiel unserer Zeit, richtig?[52]
In einem gewissen Sinne, ja. Wenn wir das jetzt aber im Fernsehen sagen, wird das sofort zu einer apodiktischen Behauptung, verstehen Sie? Ja, ich habe das auf eine etwas metaphorische Art gesagt. Aber diese Aussage von mir ist mit Vorsicht zu genießen. Wissen Sie, weshalb ich das gesagt habe? Weil das Fernsehen zum Beispiel ein technisches Verbreitungsmedium ist, ich bin jetzt gerade ein Bild auf einem Bildschirm. Fußball hingegen ist eine Darbietung, die von Spielern aus Fleisch und Blut vor Zuschauern aus Fleisch und Blut gegeben wird. Es handelt sich also um ein physisches, ja, reales, materielles Ver-

hältnis zwischen Individuen, wie es das Theater zu seiner Glanzzeit war, was ihm jedoch heutzutage leider nicht mehr gelingt.

Was war für Sie bisher das schmerzlichste Erlebnis?
So aus dem Stegreif kann ich das nicht beantworten. Wahrscheinlich der Tod meines Bruders, objektiv betrachtet. Besonders der Schmerz meiner Mutter bei der Nachricht vom Tod meines Bruders.

Sie haben einmal gesagt: »Je älter man wird, desto heiterer wird man«. Wie das?
Weil man weniger Zukunft und daher weniger Hoffnungen hat. Und das bringt eine immense Erleichterung mit sich.

(...)

Ihnen zufolge gehen die italienischen Intellektuellen zu viele Kompromisse ein. Wollen wir Namen nennen, zumindest die aufsehenerregendsten? Welche Art von Kompromissen gehen die italienischen Intellektuellen ein?
Wen verstehen Sie denn als Intellektuellen? Fachleute? Dann ist ein Arzt auch ein Intellektueller. Oder meinen Sie das im marxistischen Sinne? Ich will hier keine Namen nennen, da ich dadurch meine momentane Machtposition hier illegitimerweise ausnützen würde. Der Kompromiss lässt sich in einem Punkt zusammenfassen: auf unkritische Weise das eigene Vereinnahmtwerden hinzunehmen, denn wäre man kritisch, könnte man das auch zugeben, ja, das wäre meiner Meinung nach sogar unvermeidlich.

Nehmen Sie das nicht auch hin?
Ja, aber auf kritische Weise. Wie Sie sehen, war ich auf diesen Einwand vorbereitet. Selbstverständlich kann ich gar nicht anders, als mein Vereinnahmtwerden hinzunehmen: Auch ich muss zwangsläufig ein Konsument sein, ich brauche Kleidung, ich muss leben, und nicht nur das, ich muss schreiben, ich muss Filme drehen und ich brauche Verlage, Produzenten …

Bignardi: »Also produzierst auch du für den Konsum. Zwar für den intellektuellen Konsum, aber du produzierst für den Konsum …«
Ja, gezwungenermaßen.

Bignardi: »Du produzierst, sagst aber gleichzeitig, dass du damit nicht einverstanden bist.«
Meine Produktion besteht darin, jene Gesellschaft zu kritisieren, die es mir in einem gewissen Sinne erlaubt, zumindest momentan noch, etwas zu produzieren.

Bignardi: »Und die Gesellschaft hat schon immer all jene besonders heftig geliebt, die produzieren und dabei gleichzeitig sagen, dass sie die Gesellschaft nicht lieben.«
Ja, das stimmt: Kann sein, dass die gutbürgerlichen Damen es lieben, verletzt zu werden. Die Gesellschaft versucht natürlich, alle anzupassen, zu vereinnahmen, das muss sie tun, um sich zu verteidigen. Aber nicht immer gelingt ihr das, manchmal kommt es zu Abwehrreaktionen. Und das mittlerweile umso mehr, da man nun wirklich nicht davon reden kann, dass Gedichte eine Ware wären: Du sagst, ich produziere, und das stimmt, aber ich produziere ja eine Ware, die nicht verbraucht werden kann, und deshalb besteht zwischen mir und den Konsumenten ein schräges Verhältnis. Stellen wir uns einmal vor, dass irgendwo in der Lombardei ein Typ daherkommt, der Schuhe erfindet, die sich nie abnutzen, und dass eine Mailänder Firma diese Schuhe herstellt. Denken Sie an die Revolution, die in der Po-Ebene ausbrechen würde, zumindest in der Schuhmacherbranche. Ich produziere eine Ware, Gedichte, die nicht verbraucht werden kann. Ich werde sterben, mein Verleger wird sterben, wir alle werden sterben, unsere ganze Gesellschaft wird sterben, der Kapitalismus wird sterben, aber die Gedichte werden weiter unverbraucht da sein.

Und was ist mit dem *Decameron*?
Mein *Decameron* ist offensichtlich weniger ideologisch als andere meiner Werke. Ich habe mich damit ein wenig amüsiert, denn mit fortschreitendem Alter wird die Zukunft weniger, werden die Probleme weniger, werden die Hoffnungen weniger, wird die Rhetorik weniger, und deshalb wird man selbst heiterer. Dies ist das Werk eines Menschen, der beginnt, ein wenig heiterer zu sein. In gewisser Hinsicht bringt der *Decameron* meinen momentanen Zustand zum Ausdruck.

»WER DEN GENUSS, SCHOCKIERT ZU WERDEN, ABLEHNT, IST EIN MORALIST«

Über Kannibalismus und seinen Hass auf die Bourgeoisie, 1975

Fernsehinterview von Philippe Bouvard am 31. Oktober 1975 im Format Dix de der *(Ortf, Antenne 2). Pasolini war zu diesem Zeitpunkt in Paris, um die französische Fassung von* Salò *zu begutachten, die am 22. November beim ersten Pariser Filmfestival gezeigt werden sollte. Die Fragen wurden auf Französisch gestellt, Pasolini antwortete auf Italienisch.*

Pasolini, Sie waren ein Kino-Pionier. Fühlen Sie sich heute nicht überholt von den erotischen und pornografischen Filmen, die gerade in Mode sind?
Ja, ich fühle mich überholt, und zum gegenwärtigen Zeitpunkt ist mir sogar danach, meine *Trilogie des Lebens* zu widerrufen.

Finden Sie, die Filmemacher sind ein bisschen zu weit gegangen?
Nein, nicht die Filmemacher. Aber vielleicht die Produzenten von Pornofilmen.

Wenn Ihr Film *Salò o le 120 giornate di Sodoma* [dt. *Die 120 Tage von Sodom*] in die Kinos kommt, werden Sie dann wieder einmal das Enfant terrible sein, das alle schockiert?
Nun, ich bin ja der Ansicht, dass es ein Recht ist, zu schockieren, und ein Vergnügen, schockiert zu werden. Wer den Genuss, schockiert zu werden, ablehnt, ist ein Moralist, der ist der Inbegriff eines Moralisten.

Sex ist politisch?
Selbstverständlich!

Und Fäkalien?
Fäkalien natürlich auch. Es gibt nichts, was nicht politisch wäre.

Und Kannibalismus?
In gewissen Milieus ist der ja eine politische Tatsache, in gewissen anderen Milieus eher eine metaphorische Angelegenheit.

Finden Sie, dass das die beste Art wäre, Ihre politischen Gegner loszuwerden?
Sehen Sie, just vor ein paar Tagen habe ich zwei bescheidene Vorschläge in Swift'scher Manier gemacht: Ich habe vorgeschlagen, die Lehrer der Pflichtschule und die Bosse des italienischen Fernsehens aufzufressen.

Die werden ein bisschen zäh sein!
Wir haben gute Mägen.

Hassen Sie die Bourgeoisie immer noch?
Es geht nicht um Hass, sondern um etwas Größeres und um etwas Geringeres. Wir sind jedenfalls an einem Punkt angekommen, an dem man leider auf diese Art von Hass verzichten muss, weil in Italien nun alle Teil der Bourgeoisie geworden sind.

Und macht es Sie traurig, wenn die Bourgeoisie über den Erfolg eines Ihrer Filme entscheidet?

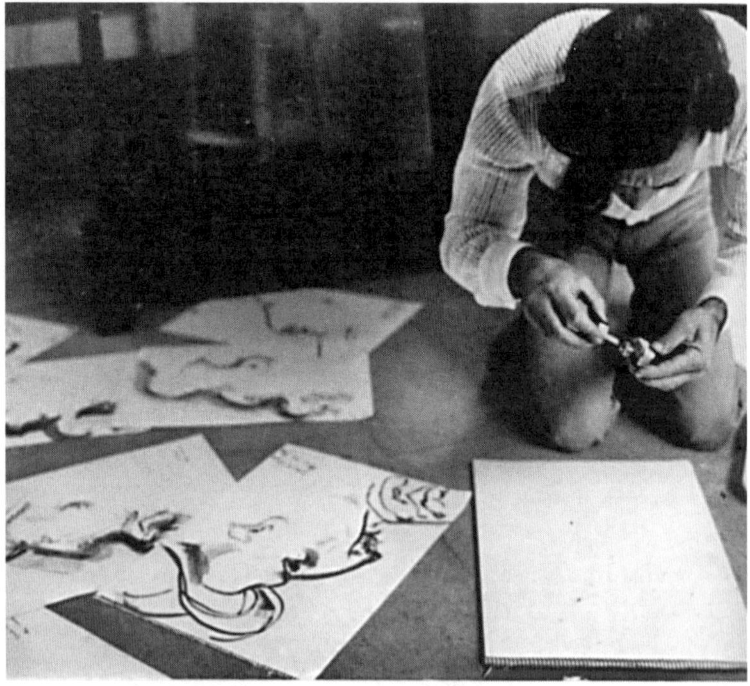

Zeichnend im Turm von Chia, 1975

Es kommt nie vor, dass die Bourgeoisie über den Erfolg meiner Filme entscheidet. Das tun immer die bürgerlichen Eliten, zu denen ich selbst gehöre, und die breite Masse des Publikums, in dem sich ökonomisch bürgerliche Klassen mit ökonomisch armen und proletarischen Klassen vermischen.

Wie kommt es, dass Sie sich heutzutage nicht mehr kämpferisch engagieren?
In welcher Hinsicht?

Sie sind kein politisch Militanter mehr.
Doch, das bin ich, mehr denn je. Ich war nie Mitglied einer Partei. Ich bin ein linker Unabhängiger, ein Marxist, aber militant bin ich mehr denn je.

Sehnen Sie sich manchmal in jene Zeit zurück, als die Leute Sie auf der Straße beleidigt haben?
Ich werde immer noch beleidigt.

Und das bereitet Ihnen einen gewissen Genuss?
Ich lehne es nicht ab, ich bin ja schließlich kein Moralist.

Welche Berufsbezeichnung ist Ihnen die liebste? Dichter, Romancier, Dramatiker, Drehbuchautor, Schauspieler, Kritiker oder Regisseur?
In meinem Pass steht einfach nur »Schriftsteller«.

Weshalb wollten Sie so ein Geheimnis um die Dreharbeiten von *Die 120 Tage von Sodom* machen?
Weil jedes Werk aus einem Geheimnis entsteht. Ich habe versucht, diesen Film mehr als meine früheren zu verteidigen, weil unmittelbare Gefahr bestand, aber nichts Besonderes.

Was meinen Sie mit »unmittelbare Gefahr«?
Das Auftauchen irgendeines Moralisten, der den Genuss, schockiert zu werden, ablehnt.

Mit Ihrem Film erinnern Sie an eine Marionetten-Republik, die in Italien während des Krieges eingerichtet wurde. Hatte die etwas mit dem Vichy-Regime in Frankreich zu tun?
Ja, sie war das exakte Pendant zum Vichy-Regime.

Und wo befand sie sich?
In Norditalien, ihre Hauptstadt war Salò. Deshalb ist der Titel des Films auch *Salò*.

Und wer hat sie ins Leben gerufen?
Nun, ich glaube Mussolini selbst, von den Nazis dazu angehalten… dazu gedrängt.

Handelte es sich dabei Ihrer Ansicht nach um eine Phase der großen Dekadenz?
Es war der Niedergang der Hitler'schen Welt, aber sicher nicht jener des großen westlichen Kapitalismus.

Es ist bekannt, dass in Ihrem Film etwa 100 junge Männer und Frauen einer besonders grausamen und gewalttätigen Behandlung, wahrhaften Torturen ausgesetzt wurden. Wie haben Sie diese Menschen aufgetrieben?
Ich habe mich, um die Wahrheit zu sagen, an de Sades magische Zahlen gehalten: besonders die Zahl Vier. Bei den Opfern handelt es sich um etwa 20, nicht 100 Menschen. Bei der Auswahl bin ich genauso vorgegangen wie bei meinen anderen Filmen. Ich habe Tausende Menschen getroffen und jene ausgewählt, die mir am passendsten schienen.

Die Schauspieler sind also Masochisten?
Wenn ich sie ausgewählt habe, heißt das wohl, dass sie es sind.

»WIR SIND ALLE IN GEFAHR«

Das letzte Interview, 1975

Dieses Interview fand am 1. November 1975 zwischen 16 und 18 Uhr statt, wenige Stunden vor der Ermordung Pasolinis. Ich möchte festhalten, dass der Titel des hier veröffentlichten Interviews von ihm stammt, nicht von mir. Als wir uns am Ende unseres Gespräches, wie so oft in der Vergangenheit, mit unterschiedlichen Überzeugungen und Ansichten gegenüberstanden, fragte ich ihn, ob er seinem Interview einen Titel hinzufügen wolle. Er dachte kurz nach, dann sagte er, dass ihm dies nicht weiter wichtig sei. Schließlich wechselte er das Thema. Irgendetwas hat dann unser Gespräch wieder auf das grundlegende Thema gelenkt, das in den folgenden Antworten immer wieder zum Vorschein kommt. »Hier ist der Kern, der Sinn von allem – so sagte er. Du hast nicht einmal eine Ahnung davon, wer in diesem Moment daran denkt, dich zu töten. Nimm den folgenden Titel, wenn du magst: ›Denn wir sind alle in Gefahr‹«. (Furio Colombo)

Pasolinis Interview mit Furio Colombo erschien erstmals in der Beilage »Tuttolibri« der Turiner Tageszeitung La Stampa *am 8. November 1975 unter dem Titel* Soggiogati e soggiogatori (Unterdrückte und Unterdrücker).

Pasolini, in deinen Artikeln und in deinen Arbeiten hast du das, was du zutiefst hasst, immer wieder und auf unterschiedliche Art und Weise dargestellt. Du hast einen Kampf angefangen, du allein, gegen eine ganze Reihe von Dingen, gegen Institutionen, Überzeugungen, Personen, Machthaber. Um unser Gespräch zu vereinfachen, spreche ich im Folgenden von der »Situation«, und damit meine ich, wie du weißt, ganz allgemein die Szene, gegen die du ankämpfst. Nun, ich möchte dir gerne Folgendes entgegenhalten. Die »Situation« mit all ihren Übeln, die du ständig anprangerst, sie ist es letztlich, die dir erlaubt, Pasolini zu sein. Ich meine, das Verdienst und das Talent sind dir zuzuschreiben. Aber die Mittel? Die Mittel gehören zur »Situation«. Das Verlagswesen, das Kino, die Organisation, ja sogar die Gegenstände. Gehen wir einmal davon aus, dein Gedanke besitze eine magische Kraft. Eine einfache Geste würde dir genügen, um alles verschwinden zu lassen; alles, was du verabscheust. Und du? Was würde dann mit dir geschehen? Würdest

du nicht allein sein, ohne Mittel? Ich meine Ausdrucksmittel, ich meine …

Ja, ich habe verstanden, was du meinst. In Wirklichkeit ist für mich der magische Gedanke, von dem du sprichst, mehr als nur ein Versuch. Ich glaube fest an ihn; natürlich nicht in einem parapsychologischen Sinn. Aber ich weiß, dass, wenn man immer auf denselben Nagel haut, am Ende auch ein ganzes Haus zusammenfallen kann. Ein kleines Beispiel hierfür liefern uns die Radikalen,[53] eine kleine Gruppe von Akteuren, denen es gelingt, das Bewusstsein einer ganzen Nation in Aufruhr zu bringen (und wie du weißt, ich bin keineswegs immer einverstanden mit ihnen, aber just in diesem Moment bin ich dabei, meine Koffer zu packen und abzureisen, um an ihrem Parteitag teilzunehmen). Ein eindeutigeres Beispiel liefert uns die Geschichte. Die Verweigerung ist schon immer eine essenzielle Geste gewesen. Denk nur an die Heiligen, die Eremiten, aber auch an die Intellektuellen. Die Wenigen, die die Geschichte gemacht haben, das waren diejenigen, die Nein gesagt haben, nicht die Höflinge oder die Diener der Kardinäle. Und damit die Verweigerung funktioniert, muss sie groß, nicht klein sein; sie muss total sein, nicht nur diesen oder jenen Punkt betreffend; sie muss »absurd« sein, nicht vernünftig. Nimm Eichmann, der hatte bestimmt eine ganze Menge gesunden Menschenverstand. Was aber hat ihm gefehlt? Er war unfähig, Nein zu sagen, ganz oben, am Anfang, als das, was er tat, noch reine Administration, Bürokratie war. Wer weiß, vielleicht hat er zu seinen Freunden gesagt, »also dieser Himmler ist mir irgendwie nicht sympathisch«. Vielleicht hat er ein wenig gemunkelt, so wie man auch in den Verlagshäusern, in den Zeitungsredaktionen, in den Hinterzimmern der Politik und beim Fernsehen munkelt. Oder wer weiß, vielleicht hat er auch dagegen protestiert, dass dieser oder jener Zug nur einmal anhält für die Bedürfnisse, das Brot und das Wasser der Deportierten, wenn es doch viel funktionaler und ökonomischer gewesen wäre, den Zug zweimal anhalten zu lassen. Nur, die Maschine hat er nie zum Stocken gebracht. Es drängen sich folglich drei Fragen auf: Wie ist die sogenannte »Situation« genau beschaffen? Wieso muss sie angehalten oder zerstört werden? Und auf welche Art und Weise?

Gut, dann beschreib jetzt einmal die »Situation«. Du weißt ja, deine Interventionen und deine Sprache wirken ein wenig wie die Sonne, die durch den Staub hindurchscheint. Ein durchaus schöner Anblick, und doch sieht (oder versteht) man nur wenig.

Danke für das Bild mit der Sonne, aber tatsächlich verlange ich ja viel weniger. Ich verlange, dass du dich umschaust und dir die Tragödie, die sich gerade abspielt, vergegenwärtigst. Worin besteht diese Tragödie? Die besteht darin, dass es keine menschlichen Wesen mehr gibt, es gibt nur mehr komische Maschinen, die aufeinanderprallen. Und wir, die Intellektuellen, schauen auf den Fahrplan vom vergangenen Jahr oder von vor zehn Jahren und sagen: »Das ist aber komisch, diese beiden Züge fahren doch gar nicht hier durch, und wie kommt es, dass sie auf diese Art und Weise zusammengestoßen sind? Entweder der Lokführer ist durchgedreht oder er ist ein krimineller Einzeltäter oder es gibt ein Komplott. Vor allem das Komplott versetzt uns ins Delirium. Es befreit uns von der schwerwiegenden Verantwortung, uns alleine mit der Wahrheit zu konfrontieren. Wie schön ist es, wenn jemand im Keller lauert und plant, uns aus dem Verkehr zu ziehen, während wir hier sitzen und miteinander sprechen. Das ist leicht, das ist einfach, das ist wie beim bewaffneten Widerstand der Resistenza. Wir werden einige Weggenossen verlieren, dann organisieren wir uns und werden schließlich zurückschlagen, um unsererseits einen nach dem anderen aus dem Verkehr zu ziehen, nicht wahr? Ach, ich weiß doch, dass, wenn sie im Fernsehen *Brennt Paris?*[54] ausstrahlen, alle mit Tränen in den Augen dasitzen und eine wahnsinnige Sehnsucht danach haben, dass sich die Geschichte wiederholt, schön, sauber (die Zeit hat es so an sich, dass sie die Dinge »reinigt«, in etwa wie sie die Fassaden von Häusern reinigt). Alles ganz einfach: ich auf dieser, du auf der anderen Seite. Wir sollten uns nicht lustig machen über das Blutvergießen, über den Schmerz, über die Anstrengungen, die die Menschen damals in Kauf nahmen, um »auszuwählen«. Wenn du in dieser Stunde, in dieser Minute der Geschichte mit dem Rücken zur Wand dastehst, dann ist es immer tragisch, eine Wahl zu treffen. Und dennoch müssen wir zugeben, damals war es einfacher. Mit ein wenig Mut und Gewissen war es jedem normalen Menschen gegeben, den Faschisten der Republik von Salò, den Nazi aus den Reihen der SS von sich zu weisen, ja aus dem eigenen Innenleben (dort, wo die Revolution *immer* beginnt) zu verbannen. Aber heute stimmt das nicht mehr. Heute begegnest du Menschen, die als Freund gekleidet daherkommen, sie sind freundlich, anständig und sie »kollaborieren«, weil sie über die Runden kommen müssen, oder aber einfach so, ist ja weiter nichts Schlimmes dabei. Und dann gibt es noch den anderen, oder *die* anderen, das heißt die Gruppen, die auf dich zukommen oder dich bedrängen mit ihren ideologischen Erpressungen, mit ihren Mahnungen, mit ihren Predigten, mit ihren Verurteilungen, und du spürst genau, dass es sich um Drohungen handelt. Sie ziehen mit Fahnen und Spruchbändern durch die Straßen, aber was trennt sie denn eigentlich von der »Macht«?

Was ist denn deiner Ansicht nach die Macht? Wo ist sie? Wo versteckt sie sich? Wie entlarvst du sie?
Die Macht ist ein Erziehungssystem, das uns in Unterdrückte und Unterdrücker einteilt. Aber aufgepasst: Es handelt sich dabei um ein und dasselbe erzieherische System, dem wir alle unterworfen sind, von der sogenannten Führungsklasse, runter bis zu den Armen. Genau deshalb wollen alle dasselbe, deshalb verhalten sich alle auf dieselbe Art und Weise. Wenn ich über einen Aufsichtsrat verfügen kann oder in der Lage bin, an die Börse zu gehen, dann benutze ich diese, andernfalls einen Schlagstock. Und wenn ich einen Schlagstock benutze und damit Gewalt anwende, dann um zu erhalten, was ich haben will.
Aber warum will ich etwas haben? Weil man mir gesagt hat, dass es gut ist, haben zu wollen. Somit übe ich nur mein Recht und meine Tugend aus. Ich bin Gewalttäter und ich bin gut.

Man wirft dir vor, nicht mehr zu unterscheiden zwischen politischen und ideologischen Aspekten, den Sinn für den grundlegenden Unterschied zwischen Faschisten und Nicht-Faschisten verloren zu haben, besonders was die Jugendlichen angeht.
Genau deswegen habe ich gerade eben vom nicht mehr aktuellen Fahrplan gesprochen. Hast du einmal jene Marionetten gesehen, die die Kinder so zum Lachen bringen, weil ihr Körper zu einer Seite, ihr Kopf zur umgekehrten Seite neigt? Totò,[55] scheint mir, hatte diese Pose drauf. Aber genau so kommt mir diese feine Bande von Intellektuellen, Soziologen, Experten und Journalisten vor: Die Dinge passieren hier, ihr Kopf ist aber zur anderen Seite gewandt. Ich behaupte nicht, dass es den Faschismus nicht gibt. Ich sage: Hört endlich auf, vom Meer zu sprechen, wenn wir doch in den Bergen sind. Wir haben es hier mit einer anderen Landschaft zu tun. Hier herrscht die Lust zu töten. Und diese Lust verbindet uns alle wie finstre Brüder des finstren Scheiterns eines ganzen gesellschaftlichen Systems. Auch ich würde mich freuen, wenn alles gelöst werden könnte, indem wir das schwarze Schaf ausfindig machen. Auch ich sehe die schwarzen Schafe. Ich sehe viele davon. Ich sehe sie alle. Das ist das Problem. Wie ich bereits zu Moravia gesagt habe: Für das Leben, das ich lebe, zahle ich einen hohen Preis … wie einer, der in die Hölle hinabsteigt. Aber bei meiner Rückkehr – wenn ich denn zurückkehre –, habe ich andere,

dann habe ich mehr Dinge gesehen. Ich meine, ihr seid ständig dazu gezwungen, das Thema zu wechseln, um euch nicht mit der Wahrheit auseinanderzusetzen.

Und was ist denn die Wahrheit?
Es tut mir leid, dieses Wort verwendet zu haben. Vielmehr meinte ich »Tatsachen«. Lass mich versuchen, die Dinge ein wenig zu ordnen. Der Anfang der Tragödie: eine einheitliche, obligatorische und grundlegend falsche Erziehung, die uns alle in eine Arena drängt, unter dem Zwang zum Besitz. In dieser Arena finden wir uns wieder wie ein Heer finsterer Kämpfer, die einen mit Kanonen, die anderen mit Schlagstöcken. Somit besteht eine erste, klassische Entscheidung darin, »auf der Seite der Wehrlosen zu sein«. Nur, ich sage, in einem gewissen Sinn sind alle wehrlos, denn alle sind Opfer. Und alle sind schuldig, weil alle bereit sind, das blutige Katz-und-Maus-Spiel mitzuspielen. Nur um zu besitzen. Die Erziehung, die uns allen gegeben wurde, besagt: haben, besitzen, zerstören.

Dann lass mich jetzt zur Ausgangsfrage zurückkehren. Mit einer magischen Geste schaffst du alles ab. Aber du brauchst doch Bücher, du benötigst intelligente Menschen, die lesen. Als Kino-Regisseur bist du angewiesen auf ein großes Publikum (und für gewöhnlich hast du ja viel Erfolg, das heißt, das Publikum verzehrt sich nach dir, es »konsumiert« dich). Du bist außerdem auf eine umfassende technische Maschinerie angewiesen, eine Organisationsmaschinerie, eine industrielle Maschinerie. Wenn du nun alles plötzlich aufhebst, mit einem magischen Gestus nach paläokatholischem und neochinesischem Vorbild, was bleibt dir dann noch übrig?
Alles bleibt mir übrig, angefangen bei mir selbst, meiner Lebendigkeit, meinem Auf-der-Welt-Sein, Sehen, Arbeiten, Verstehen. Es gibt Hunderte von Möglichkeiten, Geschichten zu erzählen, Sprachen zu hören, Dialekte wiederzugeben, Puppentheater zu inszenieren. Den anderen bleibt noch viel mehr. Sie können mir Paroli bieten, ob sie nun gebildet sind wie ich oder unwissend wie ich. Die Welt würde dadurch immens, alles würde uns gehören und wir bräuchten weder die Börse noch die Aufsichtsräte noch Schlagstöcke, um uns unsere Beute gegenseitig wegzunehmen. Schau, in der Welt, von der viele von uns geträumt haben (ich wiederhole: Lies den Fahrplan vom vergangenen Jahr, oder aber, in diesem Fall, von vor vielen Jahren), gab es einerseits den hässlichen Besitzer mit seinem Zylinder und den Dollars, die ihm aus den Taschen flatterten, und andererseits die arme, ausgemergelte

Witwe mit ihren Zöglingen. Du weißt schon, die schöne Welt von Brecht.

Du hast also Sehnsucht nach dieser Welt.
Nein! Wenn, dann habe ich Sehnsucht nach den armen und wahrhaftigen Menschen, die darum kämpften, diesen Besitzer niederzuschlagen, ohne damit wie dieser Besitzer zu werden. Da sie von allem ausgeschlossen waren, hatte sie niemand kolonisiert. Ich habe Angst vor diesen Schwarzen in Aufruhr, die ganz so sind wie der Besitzer, genauso habgierig, genauso besessen davon, alles zu besitzen, um jeden Preis. Diese düstere Hartnäckigkeit und Bereitschaft zur Gewalt lässt nicht mehr erkennen, von »welcher Couleur« die Menschen sind. Jeder, der in einem kritischen Zustand ins Krankenhaus gebracht wird und noch einen Hauch Leben in sich trägt, hat selbstverständlich Interesse daran, zu erfahren, was die Doktoren über seine Überlebenschancen sagen, viel mehr als daran, was ihm die Polizisten über den Hergang des Delikts sagen können. Und bedenke, ich mache niemandem den Prozess für seine Absichten, ja überhaupt interessiert mich die ganze Kette der Ursachen und Wirkungen in der Zwischenzeit kaum mehr: Wer waren die ersten Schuldigen, wer kam danach, und wer ist der Hauptverantwortliche? etc. etc. Mir scheint, dass wir die »Situation« nun ausreichend definiert haben. Es ist ein wenig, wie wenn es in einer Stadt regnet, aber die Kanalschächte sind verstopft. Das Wasser steigt und steigt. Es ist ein harmloses Wasser, Regenwasser, das weder die Wut noch die Tücke gewisser Flussströmungen besitzt. Aber aus irgendeinem Grund will es einfach nicht sinken. Es ist dasselbe Regenwasser, das in so vielen Gedichten für Kinder oder in Liedern wie »Singin' in the rain« vorkommt. Und dennoch, es steigt und steigt, und du drohst zu ertrinken. Wenn das unsere aktuelle Lage ist, dann sage ich: Lasst uns keine weitere Zeit damit verschwenden, hier ein und dort ein Etikett anzubringen. Lasst uns viel eher herausfinden, wo genau die Schächte verstopft sind, bevor wir alle elend ertrinken.

Und du willst, dass wir alle wie Unschuldslämmer leben, ohne obligatorische Schulbildung, unwissend und glücklich.
So ausgedrückt klingt das dumm. Tatsache ist, dass die staatliche Schule gezwungenermaßen verzweifelte Gladiatoren hervorbringt. Die Masse wird größer und größer, wie auch die Verzweiflung, die Wut. Aber nehmen wir ruhig einmal an, meine Behauptung wäre eine reine »Boutade« [eine markante, provokante Aussage, Anm. d. Ü.] (wenngleich ich nicht glaube, dass das stimmt). Dann überzeugt mich doch vom Ge-

genteil. Es versteht sich von selbst, dass ich Sehnsucht habe nach der Revolution der einfachen, unterdrückten Leute, die nichts weiter wollten, als frei zu sein und über sich selbst bestimmen zu können. Und natürlich glaube ich fest daran, dass sich irgendwann in der Geschichte Italiens, ja in der Weltgeschichte eine solche Revolution ereignen kann. In meinen optimistischen Gedanken kann ich durchaus die Inspiration für eine meiner nächsten Dichtungen finden; nicht aber in dem, was ich weiß und was ich sehe. Um es geradeheraus zu sagen: Ich steige in die Hölle hinab und weiß Dinge, die den Frieden anderer nicht stören. Aber gebt acht: Die Hölle steigt zu euch hinauf. Klar, auch diese Hölle träumt (manchmal) davon, eine Uniform zu tragen und eine Daseinsberechtigung zu haben. Aber es stimmt auch, dass die Lust, mit dem Schlagstock zuzuschlagen, anzugreifen, zu töten, eine unheimlich starke und allgemein verbreitete Lust ist. Es wird nicht mehr lange dauern, bis diese Erkenntnis nicht mehr nur die private und riskante Erkenntnis jenes Individuums ist, das, wie soll ich sagen, das »Leben der Gewalt«[56] berührt hat. Macht euch keine Illusionen. Ihr und eure Schulen, euer Fernsehen, die Ausgewogenheit eurer Zeitungen, ihr seid die großen Hüter dieser abscheulichen Weltordnung, die auf der Idee des Besitzes

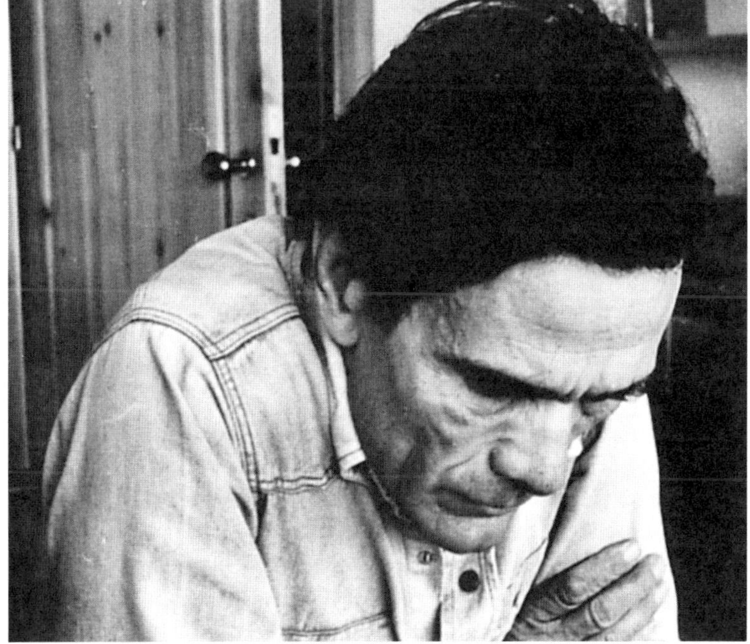

Im Turm von Chia, 1975

und der Zerstörung gründet. Ihr habt es gut: Immer wenn ein Verbrechen geschieht, dann klebt ihr ihm einfach sein schönes Etikett auf und begnügt euch damit. Mir scheint aber, dies ist nichts weiter als eine weitere Machenschaft der Massenkultur. Da man an gewissen Dingen einfach nichts ändern kann, beruhigt man sich, indem man Schubladen schafft.

Aber »Abschaffen« bedeutet doch notwendigerweise auch »Schaffen«. Wenn nicht, dann bist du doch auch nichts weiter als ein Zerstörer. Die Bücher, zum Beispiel, was wird aus den Büchern? Es widerstrebt mir, die Rolle dessen zu übernehmen, der sich mehr Sorgen um die Kultur als um die Menschen macht. Aber die Menschen, die entsprechend deiner Vorstellung von einer anderen Welt »gerettet« werden müssen, die können doch nicht einfach in einem »primitiven« Zustand bleiben (und das ist ja ein Einwand, den man dir ganz oft vorhält); und wenn wir nicht Gebrauch machen möchten von der sogenannten »fortgeschrittenen Unterdrückung« …
Der bloße Begriff lässt mich erschauern.

Wenn wir nicht einfach hohle Phrasen dreschen wollen, dann muss doch irgendein genauerer Anhaltspunkt da sein. In der Science-Fiction-Literatur, zum Beispiel, genauso wie bei den Nazis, ist die Bücherverbrennung immer die Geste, die den Auftakt zur Vernichtung gibt. In diesem Sinne: Wenn die Schulen geschlossen, die Fernseher abgeschaltet werden, wie willst du deine heile Welt am Leben halten?
In meiner Auseinandersetzung mit Moravia habe ich, so scheint mir, Folgendes klargestellt: »Schließen« bedeutet in meiner Sprache »Verändern«. Aber so drastisch und verzweifelt verändern, wie es die ebenso drastische und verzweifelte Situation eben verlangt. Das, was einen wirklichen Dialog mit Moravia, aber vor allem mit Leuten wie zum Beispiel Firpo[57] unmöglich macht, ist, dass sie nicht dieselbe Szene sehen, dass sie nicht dieselben Menschen kennen, dass sie nicht denselben Stimmen zuhören. Für euch geschehen die Dinge erst dann, wenn sie in den Medien unter den Tagesereignissen erscheinen, schön, fertig, gekürzt, betitelt und gesetzt. Aber was versteckt sich dahinter? Es fehlt uns hier der Chirurg, der den Mut hat, das Gewebe zu untersuchen und zu sagen: Meine Herren, das ist keine harmlose Angelegenheit, das ist bösartiger Krebs. Was aber ist Krebs? Ein Übel, das die Zellen verändert, sie auf verrückte Art und Weise wachsen lässt ohne logischen Zusammenhang mit dem, was vorher da war. Aber wenn

der betroffene Kranke, so dumm und unglücklich auch immer er ist, von der Zeit vor seiner Erkrankung träumt, von der Zeit vor dem Krebs meine ich, ist er dann ein Nostalgiker? Wichtig ist jetzt, keine wie auch immer gearteten Anstrengungen zu scheuen, um dasselbe Bild der Realität zu erhalten. Ich höre den Politikern zu, allen Politikern, mit ihren fertigen Formeln, und sie machen mich wahnsinnig. Sie haben keine Ahnung, von welchem Land sie sprechen, sie leben hinterm Mond. Dasselbe gilt für die Literaten, die Soziologen und welche Experten auch immer.

Warum bist du denn so sehr davon überzeugt, für dich seien die Dinge so viel klarer als für die anderen?
Eigentlich möchte ich lieber nicht mehr von mir sprechen, vielleicht habe ich schon viel zu viel gesagt. Alle wissen, dass ich meine Erfahrungen am eigenen Leib mache und dafür teuer bezahle. Aber da sind auch meine Bücher, meine Filme. Vielleicht bin ich es, der falsch liegt. Dennoch bestehe ich weiterhin darauf, zu sagen, dass wir alle in Gefahr sind.

Ich weiß nicht, ob du diese Frage akzeptierst, aber wenn das dein Weltbild ist, Pasolini, wie gedenkst du denn der Gefahr und dem Risiko zu entgehen?

(Es ist spät geworden, Pasolini hat das Licht nicht angeschaltet. Es ist schwierig, Notizen zu machen. Wir schauen uns meine Aufzeichnungen zusammen an. Dann bittet er mich, ihm die Fragen dazulassen.)
Es gibt einige Punkte, die mir etwas zu absolut scheinen. Lass mich noch ein wenig nachdenken, sodass ich sie überarbeiten kann. Gib mir außerdem noch ein wenig Zeit für ein Fazit. Ich habe eine Idee, wie ich auf deine Frage antworten kann. Für mich ist es einfacher, zu schreiben als zu sprechen. Morgen früh lass ich dir die Ergänzungen zukommen.

Am nächsten Tag, Sonntag, 2. November, liegt der leblose Körper von Pier Paolo Pasolini im Leichenschauhaus der römischen Polizei.

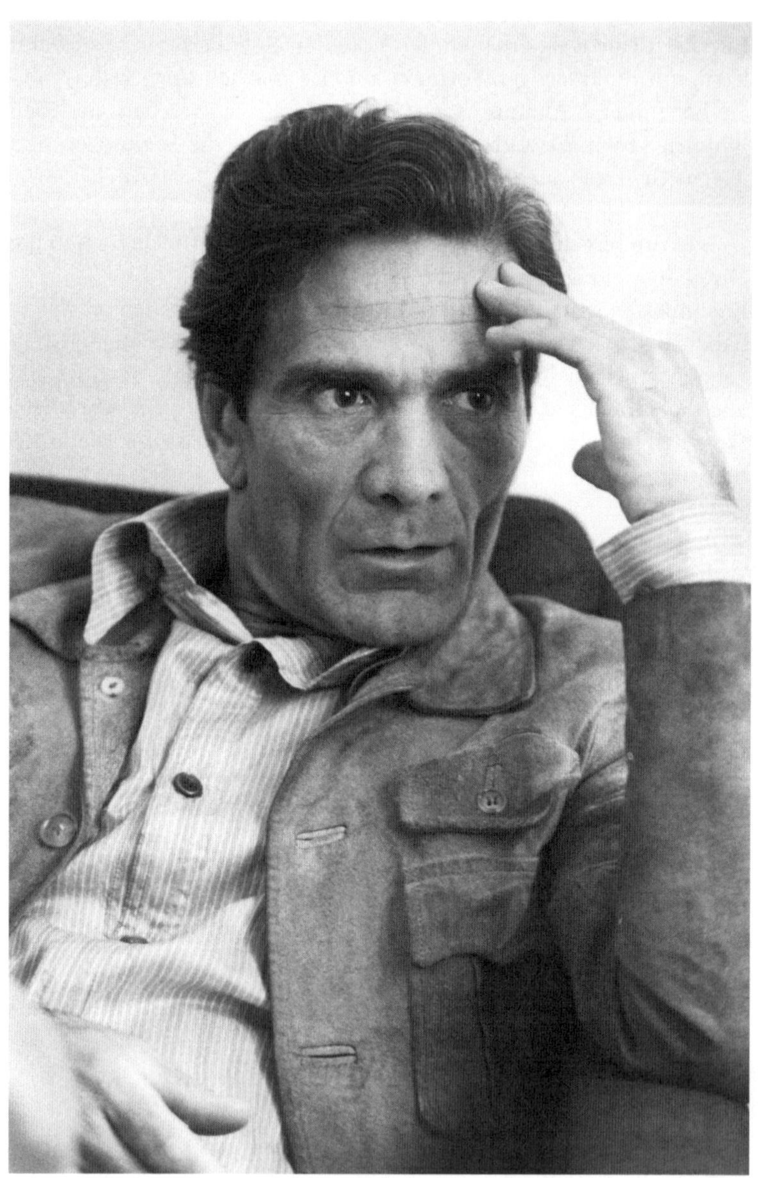

Pasolini, 1971

COCCODRILLO

Nachruf auf mich selbst, 1968

Pasolini verfasste das Gedicht Coccodrillo *im Jahr 1968 im Auftrag der amerikanischen Zeitschrift* Avant Garde *(Pasolini schreibt sie konsequent* Avantgarde, *das Gedicht erscheint dort nie). Der Öffentlichkeit zugänglich gemacht wird es jedoch erst 1981 in französischer Sprache in dem Band* Les dernières paroles d'un impie, *der vor allem Pasolinis langes Interview (1969/1975) mit Jean Duflot enthält. Mit »coccodrillo« wird im italienischen Journalistenjargon ein zu Lebzeiten niedergeschriebener autobiografischer Text bezeichnet, der im Todesfall seines Autors umgehend zur Veröffentlichung verwendet werden kann.*[58]

Er brach mit sich selbst kein sehr bitteres Brot,
vielmehr sogar sehr süßes. Geboren wurde er in der Stadt
Koine-Keltike,
die wieder aufgetaucht war aus dem Backstein des Trecento
und noch nicht verschwunden im Zement.
Die Großmutter aber kam aus Cascinale,[59] dem wichtigsten
Ort im Kreis,
der sich noch als Erde von Selbstverstümmlern und
grobschlächtigen Bauern[60] entpuppen sollte.
Die Familie des Vaters hatte hingegen seit Jahrhunderten
die Byzantagne bewohnt, dieses Land mit ihren sentimentalen
Beischläfern
(gelegen etwas über eine Handbreit oberhalb des Trüben
Meers).
Sein Konformismus war sicherlich doppeldeutig: aber nicht so
doppeldeutig
wie sein Masochismus (übrigens ein nur *verbaler* und *sozialer*):
Während Letzterer (der Masochismus) einsetzte mit den
Streitigkeiten

zwischen den Eltern – die den Sohn in einen Zustand trieben,
aus dem ihn eben nur der Wunsch retten konnte, durch
fremde Hand zu sterben –
war der Erste (der Konformismus) vom Ursprung her rein
mütterlich.
Es ist sehr unwahrscheinlich, dass die Lehrerin Mutter,
einsame Mönchsgrasmücke,
Hegel oder Nietzsche gelesen haben soll: Sie war trotzdem
eine schöne Seele.
So gab es in jener Mutter, die zur Welt kam in einem Land der
Dinge (Ziegen),
im abgeholzten Flachland des Römischen Waldes,
– mit seinen spärlichen Etymona, allerdings von *lucus* und
vielen protoindoeuropäischen –
einen bürgerlichen Snobismus, allerdings in einem so
embryonalen Zustand, dass sie sich kaum unterschied vom
natürlichen
Bauern. Auf diesem Wege jedenfalls brach heraus aus ihm
– dem Meister der Primeln – der bürgerliche Konformismus.
In der Kommunistischen Partei (der er treu blieb trotz
gelegentlicher idealistischer
Kritiken, geübt als streng persönliche Heldentaten –
die ihm zuwider wurden, sobald öffentlich)
suchte er die von der Mutter *gefürchtete* Autorität,
nicht die vom Vater *vorexerzierte* Autorität – er, der Faschist,
ärmliche Kreatur, gekommen aus der vorgenannten
Byzantagne,
nur, um Leid zu bringen und noch mehr Leid zu tun
und dann zu krepieren, wie durch natürlichen Tod, an
Enttäuschung.
Kurzum das, was sich Schicksal nennt – was einschließt ihn,
die Mutter
und den Sohn in einer Sache, die abgeschlossen ist wie ein Stein.
Jetzt, da dieser Stein hinabgerollt ist in die Schlucht,
bleibt nichts, als ihm eine Grabesrede zu halten,
brachyologisch,

verfasst also aus einem *anderen* Blickwinkel heraus: jenem
römischen.
(In der Tat geht die Sache zu Ende, im Licht des heutigen Tags.)
Ein solcher Blickwinkel ist ganz einfach wunderbar,
weil er erlaubt, den Narzissmus zu objektivieren und ihn
folglich
zum letzten Mal vom Staub zu befreien, ohne die Regeln (des
mündlichen Pakts)
zu verletzen. Ah! Keine Betrachtung
angestellt über das Leben, welches sich regt, das verfluchte,
denkbar machend sämtlichen, den extravagantesten Scharfsinn,
unglaubwürdig sämtliche, die tiefsten Einsichten *über sich*:
Aber eine narzisstische Betrachtung, angestellt nach dem Tod,
wenn
die Montage, wie auch immer, fertiggestellt – und die
Geschichte EINE ist.
Kaum ein Gegenstand von Narzissmus war jemals fruchtbarer
als ein Leichnam.
Also: Sein Konformismus – wir wiederholen, *vom Ursprung
her mütterlich,
und nicht väterlich* – hinderte ihn daran, länger als normal,
zu verstehen, was Freiheit und Rebellion sind.
Denn Freiheit und Rebellion waren sein Brot (jenes, sagten wir,
nicht bittere, sondern vielmehr süße: ausdruckslose alltägliche
Speise).
Gewöhnt derart an jenen Geschmack, entscheidet
zwanzigjährig
der Mensch, und wird zum Krieger, als er schon entschieden
hatte,
schon Krieger war. Hatte schon gebrochen, ohne es zu wissen,
was der Tapfere mit zwanzig wissend bricht:
Mit elf Jahren schon, vielleicht auch früher, hatte er den Vater
beseitigt! Und die Autorität hinter der Maske des Idealismus,
der über ihn kam
aus der Welt, der verehrten, durch die milde, bürgerliche
Mutter?

Also gut, jene Autorität schlummerte lange in ihren Tiefen;
mehr noch,
sie war nie eingesperrter. War eingesperrt nur (das ist wahr),
wenn ihr Zusammentreffen mit jener väterlichen offenkundig
war.
So konnte er nie lassen von jener Unterdrückung, die längst
vergangen
und unkenntlich gemacht durch die ländliche Milde.
Er war einer von jenen Professoren oder Schriftstellern, die
Tschechow
beschrieb in seinen Erzählungen, die Lenin mit Sicherheit
kannte.
Seltsam, für einen Extremisten: Aber so ist es. Der Humanismus
macht keine psychologischen Unterscheidungen: Das gilt im
Großen und Ganzen.
So war er, auch wenn er gesetzlos lebte, Humanist.
Gab seine Studien auf, um durch die Peripherien zu streifen
und Filme zu drehen: Trotzdem blieben die Studien in ihm;
Mußestunden, ausgefüllt durch Arbeit, die in Wirklichkeit eine
Droge ist.
So kam er bei sechsundvierzig Jahren an, dem Alter dieses
angenommenen Todes,
und folglich dieser Exhibition narzisstischen Scharfsinns in
einer Reihe
leidenschaftsloser und ironischer Coccodrilli: Tod eines
Humanisten!
Gerade in jenem 1968, dem Jahr, in dem er ohne viel Bedauern
versuchsweise verschied,
hatte er die erste wahre Krise seines Lebens. Warum?
Weil er sich zum ersten Mal darüber bewusst wurde, ein Vater
zu sein.
Danke, *Avantgarde*!, dass ihr mir die Gelegenheit gegeben habt,
noch einmal Analysen zu erstellen »über ihn«,
die umso freisprechender, je grausamer sie sind
(Sondierung über eine feste Loyalität und ein Heldenmut des
Charakters).

Deine Million Leser wird, nehme ich an, die rechte
und entsprechende Anzahl an Kindern haben: und also genau
wissen,
was ein Sohn ist, ein Sohn in den Vereinigten Staaten.
Nicht wissen kann sie, in Ermangelung eines analogen
Charismas,
was ein Sohn in Italien ist, der die Universität erreicht hat
(wir sprechen tatsächlich von wohlhabenden und anständigen
Leuten):
Dieser tapfer zwanzigjährige Sohn beseitigt gerade die Väter:
Aber Väter hat man hier zwei, im Unterschied zu Dallas.
Er muss ihrer also zwei beseitigen:
Aber wenn er den bürgerlichen Vater beseitigt, das ist ganz
einfach logisch,
ist der Zwist nur innerlich.
Wenn er hingegen den Marxisten-Vater beseitigt,
wird er bürgerlich, er, ganz objektiv.
Armer Junge!
Aber für mich als Junggesellen, was bedeutete all das,
wenn nicht, dass meine Kinder waren wie meine Väter?
\- - -
Nicht doch! Beginnen wir alles noch einmal von vorne. Es hatte
keinerlei Bedeutung in seinem Leben: Erstens,
der Ort, wo er geboren wurde und wo geboren wurden die
Seinen;
zweitens, seine zwei Verlangen, zu gehorchen und zu sterben,
(die zu einfachen Angewohnheiten wurden);
drittens, jene Studentenrevolte, die 68 sich begab.
Nicht doch! Beginnen wir alles noch einmal von vorne:
Und holen all das wieder hervor, was ich schon erschöpfend
behandelt habe.
\- - -
Der »kontinuierliche« Hintergrund Gramscis schwand
ganz plötzlich.
Einige dazwischentretende Hintergründe ersetzten ihn:
Don Milani, Malcolm X (während der Genesung

des Magengeschwürs, im Jahr 1965) und andere *wenig gelesene* Autoren.
Beginnen wir alles noch einmal von vorne und vergessen wir
zuerst seinen Namen und das, was er über ihn weiß.
Die Fakten! Die Fakten! Einige Juden hassten ihn,
weil sie die Frage nach seiner Andersartigkeit nicht gestellt hatten.
Sie hielten ihn dummerweise für einen recht Normalen.
Viele Araber liebten ihn, weil sie in ihm auserlesenes Fleisch sahen.
Er liebte die Juden und hielt sie (mit Recht) für Brüder.
Die Kommunisten verstanden nichts und betrachteten ihn
(durch unglückselige Mittelsmänner) als gestörtes Individuum.
Die Bürgerlichen waren betrunken. Sangen vom Morgen bis zum Abend
in *ihren* Stuben, in *ihren* Bahnhöfen, auf *ihren* Plätzen.
Ja, Elsa, ich hasste sie, weil ich sie liebte, du hast Recht.
Aber ich liebte in ihnen den Menschen. Als ich klein war,
wie war es mir möglich, gewisse Unterscheidungen zu treffen?
Für mich gab es nur den *Menschen*, und der lebte in der *Welt*;
und von dort hatte er mich verjagt. Wie schien er mir schön und glücklich!
Wie ich ihn liebte! Ich wusste nicht einmal, natürlich nicht,
dass ich das Opfer war, das seinen Verfolger liebte.
Der Mensch und der Bourgeois schieden sich also
(besser gesagt, ich war imstande, eine solche Unterscheidung zu treffen):
Und ich fuhr fort, auf irritierende Weise den Menschen zu lieben,
und zu hassen auf gleich irritierende Art den Bourgeois.
Einmal weggenommen mein Platz in der Bourgeoisie, war mir weggenommen
mein Platz in der Welt. Wo steht, frage ich mich,
einer, der keinen Platz hat in der Welt?
Worin besteht seine Wandlung, wenn er denn stirbt?
Es gibt keinen Zweifel: Ich lebte ein Leben, das wenig würdig war, gelebt zu werden.

Das Seltsame ist, dass meine Himmlers alle sein konnten,
unterschiedslos. Himmlers (ich wiederhole) unter den Juden,
(viele) Himmlers unter den Kommunisten; sehr viele (fast alle)
Himmlers dann in der Welt par excellence,
der gutbürgerlichen Welt, welche die ganze Geschichte sein
will, Dreckshaufen!
Allerdings, ich muss die Wahrheit sagen, nur unter den
Bürgern als solche gab es noch Menschen, die
für meine Person, glaube ich, mehr Barmherzigkeit hatten.
Doch nur ganz wenige von ihnen waren konfessionslos (na
also, was für Bürger
werden das schon gewesen sein?). Er ging wie ein Bettler durch
die Ghettos
(trat heraus aus dem leidlichen Ghetto, wo die Dichter
untergebracht sind).
Und dort fand er viel Verständnis: Die Wiesen,
wo er Liebe machte, waren zu Hunderten, und alle stinkend.
Von dort brachte er auch Botschaften von Hass: Aber es war …
ein gerechter Hass. Armenhass, Arbeiterhass.
Ein Hass voller Liebenswürdigkeit. Aber habe ich nicht gesagt,
dass die Stimme Gramscis verklungen war?
Vielleicht habe ich gelogen? Egal, man weiß, nichts geht jemals
verloren.
Auf diese Weise, aufgrund der Beharrlichkeit einer Lebensweise,
aufgrund der Unveränderlichkeit eines Befindens,
aufgrund der Begrenzung einer Kultur,
machte er eine unglaubliche Erfahrung: jene,
Vater zu sein. Natürlich benahm er sich wie einer (er,
der auf so kindliche Weise umgebracht hatte den seinen).
Aber das Bild von der Klassengemeinschaft seiner Kinder
war ein wirklich unerträgliches Bild. Umso mehr,
als es Kinder waren, die er adoptieren musste aus Zwang.
Mein Gott, jene vielen tausend Gesichter, alle gleich dem ihres
Vaters!
Oder wenn nicht dem ihres Vaters, denen ihrer Professoren,
ihrer politischen Gegner, ihrer bösen Dichterfreunde,

ihrer Kollegen, den aufstrebenden, blassen und rücksichtslosen;
oder einfach denen beliebiger Städter,
Angehörigen der Mittelschicht, die den Erdball bewohnen,
als wären sie unschuldig, Scheißpack! Halsabschneider!
Danke, *Avantgarde*, dass ihr mich habt vergießen lassen,
den Polizisten und Richtern zum Trotz,
Tränen des Mitgefühls über mich selbst, den Toten: Es ist bekannt,
dass von den Dingen der Welt dies eines der erfreulichsten ist.
Beginnen wir von neuem.
Die Araber waren großzügiger als die friaulischen Bauern,
denen Mutter und Vater lehrten, den eigenen Samen
zu setzen in eine einzige kleine Schale nur, und wehe, wenn nicht!
Alle Araber, weniger die aus Tripolis,
wurden erzogen eben von italienischen Landarbeitern.
Am großzügigsten waren die Einwohner von Tanger,
so schön, dass sie durchsichtig wirkten wie Erscheinungen
von Toten aus anderen Jahrhunderten; genauso die Einwohner
von Casablanca und Marrakesch. Man muss schon
Bauer am Meer sein! Wie viel Samen in den Häfen
von Aden, von Mombasa, von Bari, Barletta, Molfetta,
Reggio Calabria, Villa San Giovanni, Messina, Catania,
Siracusa, Beirut, Istanbul, Antiochien! In den Salons
kann man keine Liebe machen und auch nicht in den Betten.
Man braucht eine entlegene Wiese, ein Stück Wüste,
die Steppe, die Heide – kurzum, all jene Orte,
wo das Gras spärlich, verbrannt ist und heiß; die langen Rippen
am Mittelmeer, wo wilde Pflänzchen wachsen,
die die Mutter nicht erntet, die Mutter, welche dablieb
bei den kleinsten Geschöpfen, in den Gassen.
Es gibt Nächte, in denen ist es absurd, anderes zu machen als Liebe.
Er starb, nachdem er diese Nächte anderer Jahrhunderte gekostet hatte.
Er gehörte zu einer der letzten so glückseligen Generationen.

Er ist wirklich ein Idiot gewesen, der Arbeit zu opfern
so viele jener Nächte, nicht verbracht zu haben das ganze
Leben
in Marokko, auf Sizilien, oder auch nur in der Maremma.
Jene Nächte waren Sommernächte, und seine Liebe für den
Sommer
war vielleicht das stärkste Gefühl seines Lebens …
Wirklich? Aber wie kann man ehrlich sein, wenn man
entweder zu ernsthaft
oder zu oberflächlich ist?
Beginnen wir noch einmal mit allem.
Aus der Tiefe der Welt, pft,[61] der katholischen und reaktionären,
strömten sie aus … Söhne von Bürgern, katholischen und
reaktionären, pft,
(der Bourgeoisie, deren Werden der unsterbliche Gramsci
richtig beschrieb),
und konnten auch, gewöhnt, pft, an den Mangel an
Glaube und Hoffnung,
zur Opposition übergehen: Kommunismus und Sozialismus,
linker und ultralinker, pft; und weil sie sich
auf der *richtigen* Seite befanden,
fühlten sie sich *gerechtfertigt,*
vom Sieg zu singen wie nach einer erfolgten Befreiung:
Sie sangen in Wahrheit Scheiße von Glaube und Hoffnung.
Ja, weil der große Übergang hatte geschehen können, pft,
aufgrund des BÜRGERLICHEN Verstands (von Neurotikern):
Genau deshalb entdeckten sie also
den GLAUBEN und die HOFFNUNG, aber niemals die
BARMHERZIGKEIT.
Es zeichnete sich ein linker Faschismus ab (ich schreibe
im Jahr 1968).
Er starb ausgerechnet, als dieser der Gegenstand seines
Kampfes
war: Und er starb womöglich wirklich aus Schmerz darüber
(eine Flucht in den Tod: besser als eine Flucht nach Vietnam).
(Und danke, *Avantgarde*, dass ihr mich habt aussprechen lassen,

selbst diese stoische Klausel über den geliebten Leichnam.)
Beginnen wir noch einmal: Es ist wahr, der Machtapparat
benutzt auch den Tod
»zur Gewöhnung an die Unterdrückung«: Aber, aber …
ist die Ergebenheit nicht ein erhabenes Gefühl? Während
das Bewusstsein von den eigenen Rechten (herrliche Sache)
ein gar unsympathisches Gefühl sein kann?
Immer freundlich ist das Klassenbewusstsein der Arbeiter,
selbst dann, wenn sie mit den roten Fahnen voraus
zur Tat schreiten müssten.
Das – bürgerliche – Bewusstsein von den eigenen Rechten,
beigebracht
guten Bürgerkindern von guten Bürgervätern,
in einer Zeit, in der die Verwirklichung der eigenen Rechte
anmutete wie ein Traum – dem ist so, jene Väter
hatten die Gewohnheit angenommen, *nur zu träumen* –
ist nicht (von sich aus) erlösend.
Durch sein Sterben überließ er es folglich den Kindern,
ohne Arbeiterfreundlichkeit für die eigenen Rechte zu kämpfen.
Übrigens, die durch Lernen erworbenen Dinge scheinen
niemals wie Träume:
Das erzeugt beim frühreifen Lehrling Missachtung für die
Träume.
Beginnen wir alles noch einmal von vorne: Er verbrachte
das Leben
exakt in zwei Hälften geteilt (war also zweideutig):
Glaubte an alles, als er an nichts mehr glaubte.
Wie alle *nicht* normalen und daher *nicht* heiligen Personen
hinterließ er weder Schmerz noch gab es Tränen.
Es weinten nur verzweifelt seine Mutter, Graziella und Ninetto.
Beginnen wir noch einmal, da doch der Schiffbruch lieb mir
ist in diesem Meer.[62]

FAST EIN TESTAMENT

Pasolinis »Wörterbuch«, 1967/68

Das Manuskript dieses »Wörterbuchs«, das hier in großen Teilen wiedergegeben ist, findet sich in einer Mappe des Nachlasses, von Pasolini mit »Notizen 67–68« beschriftet. Postum veröffentlicht wurde es durch den britischen Journalisten Peter Dragadze in der Zeitschrift Gente *am 17. November 1975.*

Italienische Kultur

Die italienische Kultur ist eine Kultur der Sesshaften, die alle einander gleichen, alles Kleinbürger und vollständig Angepasste. Die Katholiken sind stolz auf ihren Katholizismus, die Laizisten sind stolz auf ihren Laizismus. Die Avantgarde besteht aus Vertretern des Snobismus und der (gesegnet seien all jene Avantgardisten, die noch immer so naiv sind, an derartige Sachen zu glauben) literarischen Macht! Man darf nicht vergessen, dass Italien kulturell gesprochen mittlerweile zur Provinz gehört. Und man darf auch das nicht vergessen, was Lucien Goldmann über die »Homologie« zwischen einer Gesellschaft und den von ihr hervorgebrachten literarischen Werken gesagt hat. Ein wenig lebendiger ist da schon das Kino (das semiologisch gesprochen kein nationales, sondern ein internationales Zeichensystem ist: Und das ist der Grund, weshalb Regisseure weniger von der Armseligkeit ihres nationalen Umfelds geprägt sind als Schriftsteller).

Die großen Dichter

Der größte Dichter in Italien ist Sandro Penna (Salvatore Quasimodo ist hingegen einer der schlechtesten). Von den Amerikanern liebe ich den frühen Ginsberg. Ich liebe auch noch andere, jüngst verstorbene Dichter: Dylan Thomas, Antonio Machado, Konstantinos Kavafis.

Tiefere Formen des Glaubens

Die Religion in ihrer heutigen Erscheinungsform ist ein altes Phänomen aus der Welt der Hirten, Bauern und Handwerker, also aus der nicht-industrialisierten Welt. Genau betrachtet handelt es sich bei der Religion heutzutage um ein Phänomen der Dritten Welt. Ein indischer

Bauer oder ein arabischer Hirte sind mit Sicherheit religiöser als ein katholischer Bürgerlicher oder ein protestantischer Kapitalist.

(In Italien sind die Berufungen zum Priesteramt in den letzten fünf oder sechs Jahren um fünfzig Prozent zurückgegangen. Warum? Weil sich Italien industrialisiert und weil die klassische bäuerliche Welt verschwindet. Ich komme jedoch an dieser Stelle nicht darum herum, anzumerken, dass andererseits die Zahl der neuen Priester in den USA ansteigt, im industrialisiertesten Land der Welt. Und nicht nur das, auch die Phänomene des Beat, der Hippies und so weiter haben religiösen Charakter. Das bedeutet, dass auch die industrielle Welt langsam ihren religiösen Geist offenbart: der sich allerdings vom klassischen grundlegend zu unterscheiden scheint. So werden beispielsweise Gehorsam und Unterwürfigkeit durch Protest ersetzt, Unterdrückung durch Freiheit und so weiter und so fort.)

Vietnam

Was lässt sich über Vietnam sagen, das noch nicht gesagt worden wäre und daher nicht idiotisch klänge? Ich bin einer derjenigen, die so wenig wie möglich über Vietnam sprechen. Wenn ich über Vietnam spreche, dann in der Regel, um zu sagen, dass es Schlimmeres gibt als Vietnam. Zum Beispiel die konservative Presse und das Fernsehen. Mir liegen die *marines*, die Johnson (wie in einem Traum, sagt Moravia) nach Vietnam in den Tod geschickt hat, sehr am Herzen, und dennoch bin ich gezwungen, zu rufen: »Es lebe der Vietcong!«

Kommunismus und Religion

Die Koexistenz von Kommunismus und Religion ist in einer Welt wie beispielsweise der italienischen vorstellbar. Warum? Weil Italien noch kein vollständig industrialisiertes Land (ideell gehört Süditalien zur Dritten Welt) und die Religion unter den Bauern und letzten Handwerkern ein natürliches und aufrichtiges Phänomen ist. Auch die italienische Bourgeoisie, die eine sehr junge Erscheinung ist (alle unsere Großeltern sind Bauern: 1870, im Jahr der Einigung Italiens, waren neunzig Prozent der Italiener Analphabeten), empfindet die Religion noch, auf bäuerliche Art, als eine Notwendigkeit. Die acht Millionen kommunistischen Wähler sind zum großen Teil nicht nur im Geiste katholisch, sondern praktizieren ihren Glauben auch. Der Laizismus ist in Italien ein aristokratisches Phänomen der bürgerlichen Eliten, die auf europäischer Ebene agieren.

Kalter Krieg und Antikommunismus sind in Italien also als Dummheiten zu betrachten, und der von Johannes XXIII. eingeleitete Dialog war bereits zuvor verwirklicht worden. Alles andere war ein Erbe des Faschismus.

Bei vollständig industrialisierten Ländern mit einer großen und alten Bourgeoisie (England, USA) sind die Dinge ganz anders gelagert. Dort ist der Laizismus (*die Religion des Liberalismus*) weit verbreitet, auch unter den Arbeitern. So wurde die Religion (der Protestantismus, die »traditionelle« Religion der Bourgeoisie) liberalisiert; Kommunisten gibt es nur wenige. Deshalb ist dort auch die Frage eines »Dialogs« überhaupt nicht relevant: beziehungsweise eine Angelegenheit der Außenpolitik.

Kommunismus und Religion können also in vorindustriellen Staaten, in denen sie sich tatsächlich wie zwei unterschiedliche Ideologien gegenüberstehen, koexistieren: In vollständig industrialisierten (oder kapitalistischen oder sozialistischen) Ländern ist eine derartige Koexistenz etwas rein Theoretisches, da es in Wirklichkeit keine historische und objektive Koexistenz gibt.

Zum Abschluss möchte ich jedenfalls festhalten, dass das »Gegenteil« von Religion nicht der Kommunismus ist (der, auch wenn er den laizistischen und positivistischen Geist der bürgerlichen Tradition übernommen hat, im Grunde überaus religiös ist); das »Gegenteil« von Religion ist vielmehr der Kapitalismus (unbarmherzig, grausam, zynisch, durch und durch materialistisch, Ursache der Ausbeutung des Menschen durch den Menschen, Wiege des Machtkults, furchtbare Brutstätte des Rassismus).

Pazifismus

Ich bin nicht von Natur aus Pazifist, sondern habe mich dafür entschieden.

Theater und Kino

Es gibt Ganoven (und es wird sie immer geben), die kommerzielles Kino und Theater mit der Absicht machen, zu unterhalten (um abzukassieren), und es gibt Idioten (und es wird sie immer geben), die Kino und Theater machen, um zu erziehen (ohne abzukassieren). In Wahrheit sind Kino und Autorentheater weder zur Unterhaltung noch zur Erziehung gemacht.

Ein guter Film

Für einen guten Film gibt es nur ein wesentliches Kriterium: dass sich auf der Leinwand etwas Reales abspielt.

Gut und Böse in der Kunst

Kunst ist eine Idee: Sie ist ein stilistisches System innerhalb eines linguistischen Systems. Sie ist eine Botschaft in einem Code. Das bringt viele Kompromisse mit sich. Die reinste Form der Kunst ist natürlich das vollständige Schweigen der Dichter, die nicht schreiben.

Leiden und Kunst

Soweit ich das beurteilen kann, ist Leiden nicht notwendig (denn damit würde ich ja eine Regel aufstellen und einlullende Phrasen dreschen), es ist vielmehr *unvermeidlich*.

Salonkommunisten

Mit den Salonkommunisten halte ich es wie mit den Salons: Ich finde sie scheiße.

Die Welt tendiert nach links

Wir können uns berechtigterweise zwei gegensätzliche Fragen stellen: 1) Weshalb ist die Welt rechts? 2) Weshalb tendiert die Welt nach links? Ich weiß nicht, ob in naher Zukunft das Rechts-Sein oder das Nach-links-Tendieren dominieren wird. Jedenfalls lässt sich festhalten, dass folgende Personen rechts sind oder waren: Franco, Salazar, die griechischen Obristen, der italienische Klerus, selbst die fortschrittlichsten französischen und englischen Neokapitalisten, Johnson, die gesamte amerikanische Provinz und dazu alle Reichen dieser Erde (arabische Könige, indische Maharadschas, sizilianische Feudalherren und so weiter und so fort, zusammen mit ihren Dienern: Letztere sind vor allem konservative Intellektuelle, ihren Worten nach zu urteilen um der Demokratie willen, ihren Taten nach zu urteilen um ihrer Eigeninteressen willen). Nach links hingegen tendieren alle Hirten und Bauern der Dritten Welt (circa zwei Drittel der Menschheit), die amerikanischen Schwarzen, die neue Linke Amerikas, die jungen Nachkommen der englischen und französischen Kapitalisten, ein kleines Häuflein Intellektuelle und, wenn auch nur allmählich, die Arbeiterklassen des Neokapitalismus in aller Welt, einschließlich Kastiliens und Attikas. An der Spitze derer, die rechts bleiben, ist niemand, nur das schreckliche Gesicht einer Fernsehwerbung, die Verkörperung eines unsympathischen und dummen Wohlstands; an der Spitze derer, die nach links tendieren, stehen die lebenden und toten Kämpfer des Vietcong, die Roten Garden und die jungen Menschen in der UdSSR (die in diesem Moment stillsteht).

Genie

Wird man als Genie geboren oder macht man sich selbst dazu? Zunächst einmal wird man als Mensch geboren. In der frühen Kindheit erlebt man dann solche Schrecken oder erfährt solche Zärtlichkeiten, dass das ganze Leben davon bestimmt wird. Ein Genie (ich hasse dieses Wort) wird von den Schrecken oder Zärtlichkeiten (beides Extreme) bestimmt, die es als Kind erlebt hat. Sich selbst zum Genie »machen« ist ein Steuerungsprozess (hartnäckig, verborgen, unbewusst, besessen, unaufhaltsam), um die Zärtlichkeiten der Kindheit nachzubilden oder Schutzmauern gegen die Schrecken der Kindheit zu errichten.

Sexuelle Freiheit

Ist sexuelle Freiheit notwendig für Kreativität? Ja. Nein. Oder vielleicht doch. Nein, nein, sicher nicht. Aber … ja. Nein, besser nicht. Oder doch? Oh wunderbare Zügellosigkeit! (Oh wunderbare Keuschheit!)

Die Verbesserung der Welt

Wenn ein Einzelner etwas tut und dabei die »Verbesserung der Welt« im Sinn hat, ist er ein Idiot. Größtenteils enden diejenigen, die öffentlich an der »Verbesserung der Welt« arbeiten, als Betrüger im Gefängnis. Außerdem gelingt es der Welt letzten Endes immer, die Ketzer zu integrieren. Zum Beispiel durch Selig- und Heiligsprechungen … Gehen wir einmal davon aus, dass Papst Johannes XXIII. heiliggesprochen wird: Schon ist er integriert, aus ihm wird ein Heiligenbild und man hat ihn erfolgreich exorziert. Und es steht außer Frage, dass Johannes XXIII. zur möglichen Verbesserung der Welt beigetragen hat. Wenn man ihn aber gefragt hätte: »Entschuldigen Sie, tragen Sie zur Verbesserung der Welt bei?«, hätte er sich darüber lustig gemacht oder vielleicht den Fragenden zum Teufel geschickt. Zu sich selbst hätte er dann sicherlich mit einem Lächeln gesagt: »Ich tue, was ich kann«.

In Wirklichkeit wird die Welt nie besser. Die Vorstellung von der Verbesserung der Welt ist eine jener Alibi-Vorstellungen, mit denen sich unglückliche oder beschränkte Geister trösten (zu dieser Kategorie zähle ich auch Kommunisten, die von »Hoffnung« sprechen). Eine der Möglichkeiten, der Welt nützlich zu sein, besteht also darin, klar und deutlich zu sagen, dass die Welt nie besser werden wird; und dass ihre Verbesserung metahistorisch ist, es geschieht in dem Moment, in dem jemand etwas Wahres sagt oder intellektuellen Mut oder Zivilcourage beweist. Nur die (unmögliche) Summe all dieser Worte und Taten würde zu einer konkreten Verbesserung der Welt führen. Und das wäre das Paradies und der Tod.

Schlechter werden kann die Welt hingegen, das schon. Und aus diesem Grund müssen wir kontinuierlich weiterkämpfen: und noch dazu für ein Minimalziel, für die Verteidigung der Bürgerrechte (falls sie in vorhergehenden Kämpfen schon erstritten wurden). Denn in der Tat sind die Bürgerrechte stets bedroht, stets kurz davor, beseitigt zu werden. Daher ist es auch notwendig, dafür zu kämpfen, neue Formen von Gesellschaften zu schaffen, in denen das Mindestmaß an Bürgerrechten garantiert ist. Zum Beispiel eine wahrhaft sozialistische Gesellschaft.

Gewalt

Ob ich mich von Gewalt an sich angezogen fühle? Was für eine schwierige Frage! Wie könnte ich mein Unbewusstes kennen? Wenn ich es kennen würde, wäre es nicht mehr unbewusst! Die Psychoanalyse hat uns die verfluchte Angewohnheit geschenkt, andere auch aufgrund der Neigungen ihres Unbewussten zu »beurteilen« (als könnten wir sie wie erfahrene Psychoanalytiker analysieren!). Wird beispielsweise jemand von einem Auto überfahren, der Arme, singen wir alle im Chor: »Na, wenn er von einem Auto überfahren worden ist, heißt das, dass er das so *wollte*. Umso schlimmer für ihn!« Ich kann im Vollbesitz meines Bewussten sagen: Ich trage in mir den mütterlichen Mythos der Güte und der Sanftmut, und diesen Mythos möchte ich in meinem Leben verwirklichen. Andererseits hat dieser Mythos in den realen Erfahrungen meines Lebens so viele Angriffe und Enttäuschungen erlitten, dass ich nicht anders konnte, als mich empört dagegen aufzulehnen.

Und da Sanftmut und Güte unerschrocken sein müssen, um als solche existieren zu können (das gab mir meine Mutter mit, vielleicht nicht in Worten, aber durch ihr ganzes Sein), durchdringen das Sanfte und das Gute alles, wenn man sich auflehnt. Das Bild, das ich von meiner Gewalt zeichne, ist also sehr idyllisch: Dennoch handelt es sich bei meiner Gewalt um eine gänzlich und ausschließlich intellektuelle.

Lieblingsregisseure

Carl Theodor Dreyer (heilige Absolutheit der Gegenstände und Gesichter); Buster Keaton (formale Perfektion); Friedrich Wilhelm Murnau (der schönste Film der Welt ist *Der letzte Mann*); Kenji Mizoguchi (großartig wie Giuseppe Verdi); Jean Renoir und Jacques Tati (die Einzigen, denen es gelungen ist, aus dem Kleinbürgertum Poesie zu machen); Ingmar Bergman (nicht der feudale, sondern der bürgerliche von *Licht im Winter*); Jean-Luc Godard (wie kann man ihn nicht lieben?); der gute und verrückte Federico Fellini; Charlie Chaplin (die größten Freuden des Kinos). Um das Bild zu vervollständigen, füge ich noch hinzu, dass ich keinen der großen Helden der »Cahiers du cinéma« mag, also Hawks, Hitchcock, Ford. Und ich verabscheue Eisenstein.

Glaube ich an Gott?

Seitdem ich vierzehn Jahre alt war, habe ich mich stets als nicht-gläubig definiert. In den letzten Monaten habe ich zum ersten Mal irgendwie eine wenn auch vollkommen intranszendente und wissenschaftliche Vorstellung von Gott entwickelt.

Wie ich dahingekommen bin, ist äußerst kurios. Ich habe mich immer schon für linguistische Fragestellungen interessiert, wenn auch nur auf rein italianistischem Gebiet, und in Italien gehe ich als interessanter Linguist durch, wenn auch als ein schlecht informierter und sonderbarer. In jüngster Zeit habe ich eine Leidenschaft für linguistische Forschungen über das Kino entwickelt. Und dabei musste ich natürlich auf die Semiotik zurückgreifen: eine Disziplin, für die es unendlich viele Zeichensysteme gibt, und nicht nur linguistische.

Ich bin zu dem Schluss gekommen, dass das »Kino« eine vollkommene semiologische Beschreibung der Realität liefert, indem es diese nachbildet. Und dass das Zeichensystem des Kinos praktisch identisch ist mit dem Zeichensystem der Realität. *Also ist die Realität eine Sprache!* Man muss die Semiotik der Realität betreiben und nicht so sehr die des Kinos! Wenn aber die Realität *spricht*, wer spricht dann da und mit wem? Die Realität spricht mit sich selbst: Sie ist ein Zeichensystem, mithilfe dessen die Realität mit der Realität spricht. Ist das nicht alles spinozaisch? Ähnelt diese Vorstellung der Realität nicht jener von Gott?

Staatsstreiche

Sowohl der versuchte italienische Staatsstreich von 1964 als auch der gelungene Staatsstreich in Griechenland sind Ereignisse, die sich innerhalb der NATO zugetragen haben. In Italien wurden die Journalisten von *L'Espresso*, die einige der Verantwortlichen des versuchten Staatsstreichs öffentlich angeprangert hatten, vor Gericht gestellt. Die parlamentarische Untersuchung wurde jedoch von der katholischen (christdemokratischen) Partei mit Unterstützung der Sozialisten verhindert. Offensichtlich will man keine internationale Verantwortung mehr übernehmen.

Wir Intellektuellen glänzen (in dieser äußerst ernsten Angelegenheit) durch Abwesenheit. Es stimmt schon, beim Abendessen im

Salon geigen wir der herrschenden politischen Klasse die Meinung, auch der italienischen Bourgeoisie, die sie verkörpert, und allgemein diesem kleinen, randständigen, provinziellen, politisch desinteressierten, erbärmlichen Land, das Italien ist. Und wir? Was tun wir? Sind wir vielleicht besser? Woran liegt es, dass wir abwesend sind und stumm bleiben? An unserer Angst? Unserer Vorsicht? Unserem Misstrauen? Unserer Faulheit? Unserer Ignoranz? Ja, an allen diesen Dingen.

Lumpenproletariat

Was mich am Lumpenproletariat fasziniert, ist sein Gesicht, weil es sauber ist (das der Bourgeoisie hingegen schmutzig), weil es unschuldig ist (das der Bourgeoisie hingegen schuldbeladen), weil es rein ist (das der Bourgeoisie hingegen vulgär), weil es religiös ist (das der Bourgeoisie hingegen heuchlerisch), weil es verrückt ist (das der Bourgeoisie hingegen besonnen), weil es sinnlich ist (das der Bourgeoisie hingegen kalt), weil es kindlich ist (das der Bourgeoisie hingegen erwachsen), weil es spontan ist (das der Bourgeoisie hingegen vorausschauend), weil es liebenswürdig ist (das der Bourgeoisie hingegen unverschämt), weil es wehrlos ist (das der Bourgeoisie hingegen würdevoll), weil es unvollständig ist (das der Bourgeoisie hingegen vollkommen), weil es vertrauensvoll ist (das der Bourgeoisie hingegen hart), weil es zärtlich ist (das der Bourgeoisie hingegen ironisch), weil es gefährlich ist (das der Bourgeoisie hingegen verweichlicht), weil es wild ist (das der Bourgeoisie hingegen erpresserisch), weil es bunt ist (das der Bourgeoisie hingegen weiß).

Kennedy

Was soll ich nur über John F. Kennedy sagen! Er ist der einzige Machthaber, der einzige Politiker, mit dem ich gerne eng befreundet gewesen wäre.

Amerikanischer Protest

Wie ich schon unzählige Male bei unzähligen Gelegenheiten gesagt habe: *Ich will kein Italiener sein*. Ich wäre gerne Amerikaner. Ich wäre natürlich ein Amerikaner *des anderen Amerika*. Damit wäre meine Art des Protests endlich *frei*! *Absolut, vollständig, wahnsinnig frei!* In Italien ist selbst der Protest konformistisch. Der liberale Protest bedient sich einer gymnasiastenhaften Sprache, die nach Leichen stinkt, der marxistische Protest ist gänzlich vorgefertigt wie ein Formular. Dabei gibt es doch nichts Schöneres, als *jeden Tag aufs Neue die Sprache des Protests zu erfinden*!

Das amerikanische System

Am politischen System Amerikas gefällt mir die Art des Protests, die es zulässt und die man in einer verrückten und wunderbaren Maxime auf den Punkt bringen kann: »Nur die wahre Demokratie kann die falsche Demokratie zerstören«.

ANMERKUNGEN

1 *Student Nonviolent Coordinating Committee*, amerikanische Bürgerrechtsbewegung

2 Etwas frei nach Lk 14:26: »So jemand zu mir kommt und hasst nicht seinen Vater, Mutter, Weib, Kinder, Brüder, Schwestern, auch dazu sein eigen Leben, der kann nicht mein Jünger sein.« (Lutherbibel 1912)

3 Gianfranco Contini (1912–1990), Romanist und Literaturkritiker

4 Faschistische Jugendorganisation

5 Im Original: Pierino; entspricht dem deutschen Klein-Fritzchen, als Diminutiv von Piero hier Wortspiel mit Pasolinis eigenem Namen.

6 Später unter dem Titel *Le belle bandiere* veröffentlicht (Garzanti: Mailand 2021).

7 Spielt vermutlich auf die Vereinsfarben der beiden großen römischen Fußballklubs AS Roma und Lazio an.

8 Zum Begriff der Prähistorie als vorgeschichtliches Zeitalter bei Pasolini, siehe das Interview von F. Camon vom Mai 1968 in diesem Band, S. 48

9 Im Genueser Stadtviertel Portoria löste wohl der Steinwurf des kleinen Jungen Giovan Battista Perasso, genannt Balilla, 1746 einen Volksaufstand gegen die Habsburgerherrschaft aus.

10 *»Garibaldi fu ferito«:* Beginn eines Kinderliedes, das weitergeht: *»fu ferito in Aspromonte«* (»er wurde im Aspromonte verletzt«)

11 Zitate aus Pasolinis Gedicht *L'uomo di Bandung*

12 Landkarte des fiktiven Landes Tendre (dt. »Zärtlichkeit/Liebe«) aus der Mitte des 17. Jahrhunderts, entstanden nach einem Roman der Schriftstellerin und Salonnière Madeleine de Scudéry im Kontext der französischen Preziosität, Sinnbild für die idealen emotionalen Beziehungen einer Person.

13 Roberto Longhi (1890–1970), Kunsthistoriker und -kritiker, der Pasolini an der Universität von Bologna unterrichtete; Fachmann für venezianische Malerei und die Schule von Ferrara, Herausgeber der Kulturzeitschrift *Paragone*. Pasolini widmete ihm seinen Film *Mamma Roma*: »A Roberto Longhi, cui sono debitore della mia folgorazione figurativa« (Für Roberto Longhi, dem ich meine bildnerischen Geistesblitze verdanke). Zu Gianfranco Contini s. Anm. 3.

14 Tageszeitung der sozialistischen Partei Italiens

15 Nicht realisiertes Filmprojekt

16 Vgl. »Bürgerkrieg« in: Pasolini, *Ketzererfahrungen. Schriften zu Sprache, Literatur und Film*, Hanser: München 1979, übers. von Reimar Klein, S. 179–186.

17 Aus Pasolini, »Fragment an den Tod«, in: *Nach meinem Tod zu veröffentlichen. Späte Gedichte*, hg. und übers. von Theresia Prammer, Suhrkamp: Berlin 2021, S. 113

18 Aus Pasolinis Gedicht *Io sono una forza del passato* (*Ich bin eine Kraft des Vergangenen*) aus *Mamma Roma*, das in seinem Kurzfilm *La ricotta* von Orson Welles rezitiert wird.

19 Alberto Asor Rosa (geb. 1933), marxistischer italienischer Intellektueller, Literaturkritiker und Politiker

20 Franco Fortini (1917–1994), italienischer marxistischer Literat

21 Ausschnitt des Gedichts »Prophezeiung« in: Pasolini, *Ali mit den blauen Augen* [1965], übersetzt von Bettina Kienlechner und Hans-Peter Glückler, Piper: München 1990, S. 97–101, Übersetzung leicht angepasst

22 Dt. *Das Karussell*, italienische Fernsehsendung, die von 1957 bis 1977 täglich ausgestrahlt wurde, bestehend aus kurzen, oft musikalischen Sketchen und Werbung; auch Pasolini war an dem Format als Regisseur beteiligt.

23 Francesco Leonetti (1924–2017), Dramatiker und Herausgeber der Avantgardezeitschrift *Che fare?* [dt. *Was tun?*], hat in mehreren Filmen Pasolinis mitgewirkt: als Herodes II. in *Das erste Evangelium – Matthäus*, als Stimme der Krähe in *Große Vögel, kleine Vögel*, als Laius' Diener, den Ödipus aufsucht, in *Edipo re* und als Puppenspieler in *Was sind die Wolken?*. Roberto Roversi (1923–2012), Dichter, Kritiker und Herausgeber von *Rendiconti*, das wie *Officina* in seiner Buchhandlung in Bologna entstand.

24 Alberto Carocci (1904–1972), italienischer Schriftsteller und Journalist, dessen Sohn 1980 den Verlag Carocci Editore gründete

25 Lucien Goldmann (1913–1970), jüdisch-rumänischer, französisch schreibender Literaturtheoretiker, dessen *Soziologie des modernen Romans* sich Pasolini auch in den *Ketzererfahrungen* widmet

26 Neoklassizistische, anti-avantgardistische Literaturzeitschrift, die von 1919 bis 1923 erschien

27 Eine der »sprechenden Statuen« Roms in der nach ihr benannten Straße Via del Babuino im Stadtzentrum

28 Häretische katholische Bewegung im 17. und 18. Jahrhundert

29 Im Sommer 1968 begann Pasolini wieder Gedichte zu schreiben, um die Studentenbewegung anzugreifen. Vgl. »Il PCI ai giovani«, in: *Nuovi Argomenti* 10. Zu den unmittelbaren Reaktionen siehe *Nuovi Argomenti*, ebd., und *L'Espresso*, 16. Juni 1968

30 Gruppi Universitari Fascisti, die faschistische Universitätsjugend

31 Zu Francesco Leonetti s. Anm. 23

32 Zu Roberto Roversi s. Anm. 23

33 Die Zeitschrift erschien Mitte der Fünfzigerjahre in Bologna. Die meisten der von Pasolini darin veröffentlichten Arbeiten finden sich in dem Band *Passione e ideologia* [dt. *Literatur und Leidenschaft*, Wagenbach: Berlin 1989].

34 Zu Roberto Longhi s. Anm. 13

35 Mit Giovanni Pascoli (1855–1912) beschäftigte sich Pasolini in einem Aufsatz, der im Mai 1955 in *Officina* und dann in etwas veränderter Form in *Literatur und Leidenschaft* erschien.

36 Die *crepuscolari* waren die ersten literarischen Gegner Gabriele d'Annunzios. Die Protagonisten der Gruppe, deren Name (*crepuscolo* = Dämmerung) von Giuseppe Antonio Borgese stammt, waren Guido Gozzano und Sergio Corazzini, ihr Thema fast ausschließlich der Tod.

37 Vor allem Alberto Asor Rosa in *Scrittori e popolo* [dt. *Die Schriftsteller und das Volk*], Samonà & Savelli: Rom 1965

38 Vgl. dazu Pasolinis Ausführungen über den Moralismus von Asor Rosa und anderen im Interview mit Ferdinando Camon, S. 50 f. im vorliegenden Band

39 In »Le poesie italiane di questi anni« [dt. Die italienische Dichtung dieser Jahre], *Il Menabò* 2, 1960, einer brillanten Darstellung der italienischen Dichtung der späten Fünfzigerjahre

40 Alberto Asor Rosa (wie Anm. 37)

41 Giorgio Bassani hat mehrfach mit Pasolini zusammengearbeitet, nicht zuletzt für *Die lange Nacht von 43*, einem Film nach einer seiner Erzählungen. Er sprach auch den Part von Orson Welles in *Der Weichkäse*.

42 Vgl. zum Begriff der »Verunreinigung« bei Pasolini das Interview mit Jon Halliday in diesem Band S. 117 f.

43 Das Länderspiel Italien–Irland wurde am 8. Dezember 1970 in Florenz ausgetragen: Das italienische Team gewann 3:0 durch Tore von De Sisti (Elfmeter), Boninsegna und Prati.

44 »Reportage sul Dio« veröffentlicht in *Il Giorno* am 14. Juli 1963, jetzt in: Pasolini, *Il mio calcio*, Garzanti: Mailand 2020, S. 31–53

45 Helenio Herrera (1910–1997), französisch-argentinischer Fußballtrainer, unter dem Inter Mailand in den Sechzigerjahren, vor allem dank ausgewiesener Defensivtaktik, beachtliche Erfolge erzielte.

46 Vgl. den Text »Sport e canzonette« in: Pasolini, *Il mio calcio* (wie Anm. 44), S. 59 ff.

47 Gianni Brera (1919–1992), Sportjournalist

48 Dt. »Riegel«, defensive, als »typisch italienisch« geltende und von Herrera perfektionierte Fußballtaktik

49 Antonio Ghirelli (1922–2012), Journalist und Autor, der auch an Pasolinis Publikumsgespräch in der Sendung *Cinema 70* teilnahm, vgl. S. 124 ff. in diesem Band.

50 Vgl. das Interview mit Dacia Maraini in diesem Band, S. 17 ff.

51 Zu Franco Fortini s. Anm. 20

52 Vgl. dazu das Interview mit G. Gerosa im vorliegenden Band, S. 147 ff.

53 *Partito radicale* [Radikale Partei], eine 1955 gegründete Partei strikt laizistischer Prägung, die in den Siebzigerjahren unter der Führung Marco Pannellas, vor allem im Zusammenhang mit der Diskussion um das Scheidungs- und Abtreibungsrecht, beträchtliche politische Erfolge erzielte. Mit ihr unterhielt Pasolini stets eine freundschaftliche Beziehung in Gestalt einer (polemischen) gesellschaftspolitischen Diskussion, wie es zahlreiche seiner Artikel aus den *Freibeuterschriften* und den *Lutherbriefen* dokumentieren.

54 Eine Anspielung auf den berühmten ameriknisch-französischen Spielfilm von René Clément (unter anderem mit Alain Delon, Orson Welles, Yves Montand) über den bewaffneten Widerstand und die Befreiung der Hauptstadt Paris von den Nationalsozialisten.

55 Totò, mit bürgerlichem Namen Antonio de Curtis (1898–1967), neapolitanischer Komiker und als solcher Ikone des italienischen Films. Pasolini hat Totò zum Protagonisten dreier seiner Filme ausgewählt, *Uccellacci e uccellini* (1966), *La terra vista dalla luna* (1966) und *Che cosa sono le nuvole* (1968)

56 Nach dem Wortlaut der Originalfassung »una vita violenta«, eine Anspielung auf Pasolinis gleichnamigen Roman (veröffentlicht 1959 bei Garzanti, dt. *Vita violenta*, 1963)

57 Luigi Firpo (1915–1989), Historiker und Politikwissenschaftler, der wiederholt scharf gegen Pasolini polemisiert hatte; in seinen *Lutherbriefen* wiederum nimmt Pasolini dazu mehrfach Stellung.

58 Die italienische Erstveröffentlichung (in: Pier Paolo Pasolini, *Il sogno del centauro*, Editori Riuniti: Rom 1983) gibt den Originaltext samt Korrekturen wieder und bildet zugleich die Grundlage für die hier vorliegende deutsche Übertragung. [Anm. d. Ü.]

59 Ital. »cascinale«, ein landwirtschaftlicher Hof innerhalb einer kleinen Siedlungsstruktur, etwa nach Art eines Weilers; hier Chiffre eines ländlichen Mikrouniversums. [Anm. d. Ü.]

60 Im ital. Original mehrdeutig »orecchioni«: Neben der gängigen Bedeutung von »Ziegenpeter« einerseits gleichlautend mit dem Herkunftsort der Großmutter Pasolinis, andererseits eine ältere Bezeichnung für grobschlächtige, ungeschliffene Menschen »ohne Manieren«, aber auch für Päderasten und pejorativ für Homosexuelle. [Anm. d. Ü.]

61 Im Original »pct«. Steht bei Pasolini für eine Art »pernacchia«, ein mit gepressten Lippen bei angelegter Hand erzeugtes furzähnliches Geräusch, das vornehmlich in südlicheren Regionen Italiens mit Ironie gebraucht wurde, um sich beispielsweise gegenüber Autoritätspersonen (etwa deutschen Besatzern in Pasolinis Roman *Ragazzi di vita)* oder »schnöselhaften« Angehörigen der Bourgeoisie respektlos zu verhalten und sich über sie lustig zu machen. [Anm. d. Ü.]

62 Mit dem letzten Vers zitiert Pasolini beinahe vollständig den Schlussvers des berühmten Gedichts *L'infinito* von Giacomo Leopardi. [Anm. d. Ü.]

EDITORISCHE NOTIZ

Anders als bei anderen publizistischen Genres lässt eine kritische Gesamtausgabe der Interviews und Gespräche Pasolinis bis heute auf sich warten. Eine umfangreiche Auswahl bieten zwei in Italien publizierte, fast deckungsgleiche Bände: *Interviste Corsare sulla politica e sulla vita, 1955–1975*, hg. von Michele Gulinucci, Liberal Atlantide Editoriale: Rom 1995 (IC), sowie *Povera Italia. Interviste e interventi, 1949–1975*, hg. von Angela Molteni, Kaos edizioni: Mailand 2013 (PI). Einige der hier veröffentlichten Interviews sind auch in der *Meridiani*-Gesamtausgabe Pasolinis enthalten, im Band *Saggi sulla politica e sulla società*, hg. von Walter Siti und Silvia De Laude, Mondadori: Mailand 1999 (SPS). Wenn nicht anders angegeben, folgt die vorliegende Ausgabe der Textgrundlage und Betitelung dieser Bände. So dies möglich war, wurden die Einzeltexte aber mit ihrer Ersterscheinungsform sowie dem Manuskript zu einer neuen Interviewauswahl (hg. von Graziella Chiarcossi) abgeglichen und mitunter ergänzt. Wenn sich in der Übersetzung Auslassungen oder Kürzungen finden, ist dies verzeichnet. Aufschluss über Entstehungs- und Publikationskontext geben die kurzen Beschreibungen zu Anfang jedes Texts. Die Übertragungen der TV-Interviews Pasolinis basieren auf Transkripten, die zugehörigen Links, meist zur Mediathek der *Teche Rai*, sind angegeben.

Die deutschen Übersetzungen dieses Bandes stammen, so nicht anders verzeichnet, von Martin Hallmannsecker, dem besonderer Dank gebührt. Herausgeber und Verlag danken zudem Sabrina Bartolozzi für die Transkripte, Moshe Kahn, Peter Kammerer, Tamara Labas, Fabien Vitali sowie Graziella Chiarcossi für ihr noch unveröffentlichtes Manuskript und für die freundliche Genehmigung zum Abdruck, Dank gebührt ebenso allen weiteren Rechteinhabern. Last but not least dankt der Herausgeber herzlich seinem Lektor Linus Guggenberger für immer kompetente Betreuung und große Zugewandtheit *a canone sospeso.*

QUELLEN

Ein Marxist in New York (Un marxista a New York), in: SPS, 1597–1606

Erinnerungen wie Träume (Titel d. Hg., Intervista rilasciata a Dacia Maraini), in: SPS, 1670–1681

»Die Gesellschaft bietet jungen Menschen unendliche Möglichkeiten, die Gegenwart zu vergessen« (Titel d. Hg., Neocapitalismo televisivo), in: SPS, 1553–1555

Italien? Eine Bruchbude mit Fernseher (Titel d. Hg., Intervista rilasciata a Alberto Arbasino), in: SPS, 1569–1575

Ekel oder Mitleid? (Schifo o pietà?), Ausschnitt aus *Comizi d'Amore / Gastmahl der Liebe* (P. P. Pasolini, Italien 1964), aus: Moritz Rauchhaus: »Utopierpaolo«, in: *Metamorphosen* 25 (Oktober 2019), S. 41 ff. – übersetzt von Moritz Rauchhaus

»Die Studenten fachen einen Bürgerkrieg an, keine Revolution« (Titel d. Hg., Intervista rilasciata a Ferdinando Camon), in: SPS, 1631–1646

»Verdrängung, Unterdrückung, Unfreiheit, Konformismus, Heuchelei – alles aus dem Schoß der Familie« (Titel d. Hg.), Ausschnitt der Sendung *Donna donna* (RAI TV), 21.9.1974, Transkript nach http://www.teche.rai.it/2015/02/intervista-a-pasolini-su-donna-e-famiglia-21091974/

Who Is Me. Dichter der Asche (Who Is Me. Poeta delle ceneri), in: Pier Paolo Pasolini, *Wer ich bin. Mit einer Erinnerung von Alberto Moravia*, Wagenbach: Berlin 1995, S. 9–33 – übersetzt von Peter Kammerer

»Mein Leben ist in meinen Büchern« (Titel d. Hg.), Ausschnitt aus der TV-Dokumentation *Pier Paolo Pasolini: Primo piano. Personaggi e problemi dell'Italia d'oggi*, Transkript nach http://www.teche.rai.it/2015/01/pier-paolo-pasolini-un-poeta-scomodo-1997-quarta-parte/ (16'25–27'03)

»Ein kleines Land kann keinen großen Schriftsteller hervorbringen« (Titel d. Hg., Se nasci in un piccolo paese sei fregato), in: SPS, 1612–1622

»Stilistisch bin ich ein Pasticheur« (Titel d. Hg.), Ausschnitt aus: Pier Paolo Pasolini, *Pasolini über Pasolini. Im Gespräch mit Jon Halliday*, Folio Verlag: Wien–Bozen 1995, S. 23–45 – übersetzt von Wolfgang Astelbauer

Filme für die neue Elite (Titel d. Hg.), Ausschnitt einer zweiteiligen Episode der Sendung *Cinema 70* (RAI TV), Transkript nach https://www.teche.rai.it/2015/02/pasolini-e-il-pubblico-cinema-70-1970/ sowie http://www.teche.rai.it/2015/01/pasolini-e-il-pubblico-cinema-70-seconda-parte-1970/

»Ich meide die Fiktion. Ich mache nichts Professionelles« (Titel d. Hg.), in: *Bachmann-Gespräche*, Vol. 1. *Pasolini. Bachmann. Gespräche 1963–1975*, hg. von Fabien Vitali und Gabriella Angheleddu, Galerie der abseitigen Künste: Hamburg 2022 – übersetzt von Fabien Vitali

Sex als Machtmetapher (Il sesso come metafora del potere), in: IC, S. 261–264

»Das letzte Mysterienspiel unserer Zeit« (Titel d. Hg.) als *La guerra di Troia continua* in: Pier Paolo Pasolini, *Il mio calcio*, Garzanti: Mailand 2020, S. 63–68

»Nein, ich kann hier nicht alles sagen, was ich sagen will.« (Titel d. Hg.), Sendung *Terza B facciamo l'appello* (RAI TV), Transkript nach https://www.youtube.com/watch?v=1svqr4PG6uM

»Wer den Genuss, schockiert zu werden, ablehnt, ist ein Moralist« (Chi rifiuta il piacere di essere scandalizzato è un moralista), in: IC, S. 287–289, sowie abrufbar unter: https://www.youtube.com/watch?v=M_6ZM54VCU4

»Wir sind alle in Gefahr« (Siamo tutti in pericolo), in: SPS, S. 1723–1730 – übersetzt von Fabien Vitali

Coccodrillo, in: Pier Paolo Pasolini, *Der Traum des Centaur. Dialoge 1968–1975*, Oberbaum Verlag: Berlin 2002, S. 235–247 – übersetzt von Hermann Zanier

Fast ein Testament (Quasi un testamento), aus einem nachgelassenen Text Pasolinis, freundlicherweise zur Verfügung gestellt von Graziella Chiarcossi

ABBILDUNGSVERZEICHNIS

Frontispiz, S. 88, 166, 175: © Dino Pedriali / VG Bild-Kunst, Bonn 2022
S. 27, 132, 140: Archiv Verlag Klaus Wagenbach
S. 30: © Toti Scialoja / VG Bild-Kunst, Bonn 2022
S. 35, 138: © Deborah Beer / Cinemazero
S. 38, 40: https://www.youtube.com/watch?v=hilyoQeCTSc
S. 57: https://www.teche.rai.it/2015/02/intervista-a-pasolini-su-donna-e-famiglia-21091974/
S. 91: http://www.teche.rai.it/2015/01/pier-paolo-pasolini-un-poeta-scomodo-1997-quarta-parte/
S. 100 f.: https://www.youtube.com/watch?v=e6ki-p1eW20
S. 123, 126 f.: https://www.teche.rai.it/programmi/cinema-70-incontro-con-pier-paolo-pasolini/
S. 146: © Gianni Girani / Reporters Associati & Archivi / Mondadori Portfolio
S. 148: http://www.storiastoriepn.it/pier-paolo-pasolini-storie-di-provincia/
S. 151, 154 f., 158 f.: https://www.youtube.com/watch?v=JrfMfZjrsE8
S. 178: © Hulton-Deutsch Collection / CORBIS / Corbis

PIER PAOLO PASOLINI BEI WAGENBACH

Teorema oder Die nackten Füße Roman

Der Messias ist zu Gast bei der Bourgeoisie – und er hat Liebe für alle mitgebracht: In diesem so analytischen wie verspielt-ironischen Roman, das literarische Gegenstück zum gleichnamigen Film von 1968, trifft der Dichter Pasolini auf den Polemiker der »Freibeuterschriften«.

Aus dem Italienischen von Heinz Riedt
WAT 847. Broschiert. 192 Seiten

Ragazzi di vita Roman

Dies ist der Roman von Riccetto und seinen Freunden, die, von Eltern, Gott und der Welt verlassen, durch die Eingeweide des römischen Großstadtuniversums streunen. Es ist eine schreckliche, lächerliche, tragische, unverschämte, ans Herz greifende Geschichte, eine Reise durch Dantes Inferno aus unserer Zeit, mit der Pasolini das bigotte Italien aus Kirche, politischen Parteien, kommunistischen zumal, bis ins Mark erschreckte.

Aus dem Italienischen und mit einem Nachwort von Moshe Kahn
WAT 614. Broschiert. 288 Seiten

Petrolio Roman

Pasolinis großes Buch ist das furchtlose und radikale Porträt einer Gesellschaft, die von ihrer Ich-Besessenheit zerstört wird, und möglicherweise einer der Gründe, warum er so gewaltsam sterben musste.

Aus dem Italienischen von Moshe Kahn
WAT 742. Broschiert. 720 Seiten

Amado mio

Ein Roman über die Freundschaft

Amado mio zeichnet das zarte Bild einer ungehörigen Sommerliebe: beim Dorftanz, beim Baden im hitzeflimmernden Fluss, beim Toben, im Kreis der Jugendlichen. Ein Roman voller Ausgelassenheit, Eifersucht, Herzklopfen und Zärtlichkeit – durchwoben von der Erinnerung.

Aus dem Italienischen von Maja Pflug
WAT 663. Broschiert. 96 Seiten

Freibeuterschriften

Die Zerstörung der Kultur des Einzelnen durch die Konsumgesellschaft

Warum verschwinden die Glühwürmchen? Ist der Untergang der bäuerlichen Welt Mord? Wie herzlos ist die Aufklärung? Der gefeierte Ungehorsam – ist er so destruktiv wie unsere Welt? Pasolinis berühmte Polemiken gegen die Konsumgesellschaft – radikal und inkonsequent, rhetorisch brillant und bedrückend aktuell.

Herausgegeben von Peter Kammerer
Aus dem Italienischen von Thomas Eisenhardt
WAT 317. Broschiert. 176 Seiten

Rom, Rom Erzählungen

Jede dieser Geschichten aus und über Rom ist eine zärtliche Liebeserklärung. Der junge Pasolini schreibt einen anderen Baedeker der ewigen Stadt: Grausam kann sie sein – und dann wieder mild, im weichen Abendlicht und am Ufer von Trastevere. Selbst gerade erst in Rom angekommen, erzählt Pasolini, wie alles zusammenkommt – Lebensängste und Zukunftsträume, Überlebenstaktiken und Dolce Vita.

Aus dem Italienischen von Annette Kopetzki u. a.
SVLTO. Rotes Leinen. Fadengeheftet. Gebunden mit Schildchen und Prägung. 120 Seiten

Nico Naldini Pier Paolo Pasolini

Eine Biographie

Eine umfangreiche, reich bebilderte Chronologie zum Leben und Werk Pasolinis, geschrieben vom besten Kenner seiner Biographie. Das Porträt eines ungewöhnlichen, sanften und doch streitbaren Künstlers, der Italien bewegt hat und von ihm bewegt war.

Aus dem Italienischen von Maja Pflug
WAT 679. Broschiert. 392 Seiten

Verlag Klaus Wagenbach Emser Straße 40 / 41 10719 Berlin
www.wagenbach.de

Covergestaltung Julie August unter Verwendung einer Fotografie, die Pasolini am Set seines Films *Porcile* (1969) zeigt. © akg / Reporters Associati & Archivi / Mondadori Portfolio. Gesetzt aus der Futura und der Dante. Vorsatzpapier von peyer GmbH, Leonberg. Gedruckt auf Schleipen und gebunden bei Pustet, Regensburg. Printed in Germany.

ISBN 978 3 8031 3716 6